Peter Schoenen

Fit in WiSo 2

Prüfungstrainer Abschlussprüfung
Programmierte Übungsaufgaben und erläuterte Lösungen
für kaufmännische Ausbildungsberufe

Lösungsteil

Bestell-Nr. 784

U-Form Verlag · Hermann Ullrich (GmbH & Co) KG

Deine Meinung ist uns wichtig!

Du hast Fragen, Anregungen oder Kritik zu diesem Produkt?

Das U-Form Team steht dir gerne Rede und Antwort. Einfach eine kurze E-Mail an

feedback@u-form.de

oder direkt auf

Facebook.com/Pruefungscheck

fragen, diskutieren, stöbern und weiteres Wichtige und Wissenswerte rund um Ausbildung erfahren.

Bitte beachten:

Zu diesem Prüfungstrainer gehören auch noch ein Aufgabenteil und ein Lösungsbogen.

Sollte es für diesen Prüfungstrainer Änderungen oder Korrekturen geben, so können diese unter **www.u-form.de/addons/784-1.zip** heruntergeladen werden. Ist die Seite nicht verfügbar, so sind keine Änderungen eingestellt!

COPYRIGHT

U-Form Verlag, Hermann Ullrich (GmbH & Co) KG
Cronenberger Straße 58 · 42651 Solingen
Telefon 0212 22207-0 · Telefax 0212 208963
Internet: www.u-form.de · E-Mail: uform@u-form.de

11. Auflage 2013 · ISBN 978-3-88234-784-5

Bereich **Seite**

Inhaltsverzeichnis Lösungsteil

Bereich **Seite**

Inhaltsverzeichnis Lösungsteil

Bereich **Seite**

Inhaltsverzeichnis Lösungsteil

Bereich **Seite**

1 Grundlagen des Wirtschaftens

Ihre Notizen

Basistext:

Die subjektiven Voraussetzungen des **Wirtschaftens (06)** sind die Bedürfnisse des Menschen, die in ihrer Unendlichkeit vielseitig ausgeprägt und größtenteils wiederholbar sind. Diese Motive zielen in der Vorstellungskraft des Menschen auf bestimmte konkrete Güterarten ab, die wir als **Bedarf (16)** bezeichnen. Die Güter sind die objektiven Voraussetzungen des Wirtschaftens.

In einer arbeitsteiligen Wirtschaft, die sich ständig durch **Berufsspaltung (09)** und -bildung verändert, nutzen die Betriebe der verschiedenen Wirtschaftsbereiche von der **Urerzeugung (03)** bis zur direkten Konsumnähe alle **Produktionsfaktoren (12)** für die Erstellung und Verteilung von Gütern. Ob ein Gebrauchs- oder **Verbrauchsgut (13)** als Konsum- oder **Produktionsgut (18)** hergestellt wird, ist eine Frage der Verwendbarkeit. Der Betrieb versucht dabei stets die Produktionsfaktoren wie Betriebs-, Roh- und **Hilfsstoffe (11)**, Betriebsmittel und Arbeit so zu kombinieren, dass ein optimales Produktionsergebnis zu minimalen Kosten möglich ist. Die Suche nach dieser Minimalkostenkombination (**MKK**) **(15)** ist Aufgabe des dispositiven Faktors.

Doch auch **Produktivität (02)**, Wirtschaftlichkeit und **Rentabilität (17)** gehören zu den Zielen, die ein Wirtschaftsbetrieb erreichen will. Während die Wirtschaftlichkeit Ausdruck des Quotienten aus betrieblicher Leistung und betrieblichem Aufwand (Kosten) ist, drückt die Rentabilität den prozentualen Anteil des Gewinns zu einer Bezugsgröße (z. B. Kapital, Umsatz) aus. Bei der Produktivität wird versucht, das Verhältnis von Output- zu Inputgrößen zu messen. Da diese Größen in quantitativer Betrachtung oft nicht gleichnamig sind, behilft man sich mit der Messung von Teilproduktivitäten, wie z. B. der Arbeitsproduktivität, indem man die betriebliche **Wertschöpfung (07)** (Differenz zwischen Gesamt- und Vorleistungen) in Relation zur Arbeitszeit betrachtet. Die betriebliche Wertschöpfung steigert den **Mehrwert (01)** der Produkte.

Das Streben danach, **wirtschaftlich (08)**, produktiv und rentabel zu sein, erfolgt nicht planlos, sondern setzt rationale Entscheidungen voraus, die das ökonomische Prinzip bestimmen. Dieses Prinzip gilt nicht nur für Betriebe der Weiterverarbeitung im sekundären, sondern auch für Betriebe im primären und tertiären Wirtschaftsbereich.

Eine derart gegliederte arbeitsteilige Wirtschaft funktioniert nur, wenn die Geld- und Güterströme zwischen den einzelnen Sektoren fließen. So dienen die Geldströme, die in die privaten **Haushalte (14)** fließen, zu einem großen Teil dem Konsum, der andere Teil dient der Kassenhaltung oder fließt als Spargeld zu den Banken und stellt insofern Konsumverzicht dar. Durch dieses Sparen überlassen die Haushalte den Banken Kaufkraft. Der Preis für die Überlassung dieser Kaufkraft sind die **Zinsen (05)**. Das **Kapital (10)** wird andererseits als Geldkapital den Unternehmen zum Zwecke der **Investition (04)** (Umwandlung von Geld- in Sachkapital) zur Verfügung gestellt.

Fachbegriffe im Gitterrätsel:

Lösungswort →

01.	M E H R W E R T
02.	P R O D U K T I V I T A E T
03.	U R E R Z E U G U N G
04.	I N V E S T I T I O N
05.	Z I N S E N
06.	W I R T S C H A F T E N
07.	W E R T S C H O E P F U N G
08.	W I R T S C H A F T L I C H
09.	B E R U F S S P A L T U N G
10.	K A P I T A L
11.	H I L F S S T O F F E
12.	P R O D U K T I O N S F A K T O R E N
13.	V E R B R A U C H S G U T
14.	H A U S H A L T E
15.	M K K
16.	B E D A R F
17.	R E N T A B I L I T A E T
18.	P R O D U K T I O N S G U T

1.01 Bedürfnisse, Bedarf

1.01.1 Rangfolge von Bedürfnissen

Bedürfnispyramide (nach Abraham H. Maslow, 1908 – 1970)

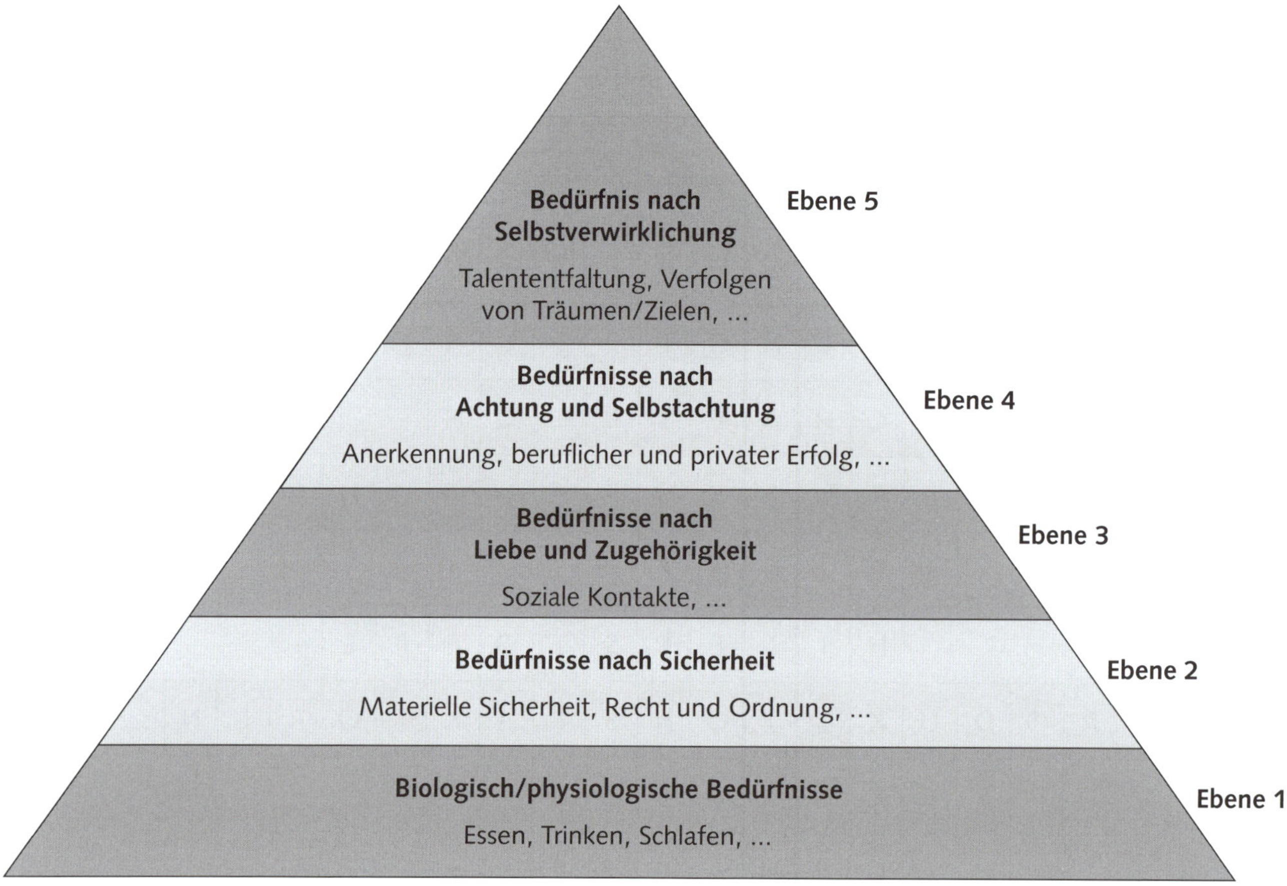

Nicht alle Bedürfnisse des Menschen können im Alltag zu hundert Prozent befriedigt werden. Maslow selbst vermutete eine bestimmte graduelle Befriedigung:

„Eine realistischere Beschreibung der Hierarchie wäre in den Begriffen abnehmender Prozentsätze der Bedürfnisbefriedigung auf dem Weg hinauf in der Hierarchie der Vormächtigkeit möglich. Zum Beispiel, wenn es gestattet ist, willkürliche Zahlen zu Illustrationszwecken anzunehmen, wird der durchschnittliche Bürger vielleicht

zu 85 % in seinen physiologischen Bedürfnissen befriedigt sein,

zu 70 % in seinen Sicherheitsbedürfnissen,

zu 50 % in seinen Liebesbedürfnissen,

zu 40 % in seinen Selbstachtungsbedürfnissen und

zu 10 % in seinen Selbstverwirklichungsbedürfnissen.“

Rangfolge von Bedürfnissen 1.01.1

a) Auf dieser Ebene strebt der Mensch nach Macht, Anerkennung und Prestige (Ansehen, Ruf). Herr Bellini „lässt sich feiern“.	4
b) Herr Koch geht seiner schriftstellerischen Leidenschaft nach und verwirklicht sich durch das Schreiben seiner Autobiografie. Auf dieser Ebene strebt der Mensch nach seelisch-geistigem Wachstum, nach der Nutzbarmachung innewohnender Fähigkeiten und der Verwirklichung kreativer Potenziale.	5
c) An der Basis der Bedürfnishierarchie sind die überlebenswichtigen Bedürfnisse nach Sauerstoff, Nahrung, Unterkunft, Schlaf und Arterhaltung (biologische Sexualität) anzutreffen. Herr Huber befriedigt demnach ein Grundbedürfnis.	1
d) Dr. Felser sucht die Geselligkeit und Zugehörigkeit zu einer Gruppe Gleichgesinnter auf. Hier strebt der Mensch nach Vertrauen, Zusammengehörigkeitsgefühl und Akzeptanz in der Gruppe.	3
e) Herr Kayser betreibt Vorsorge. Er möchte sich vor möglichen Risiken des Lebens absichern. Auf dieser Ebene befriedigt der Mensch seine Bedürfnisse nach Vorratshaltung, Versicherungsschutz u. dgl.	2

1.01.2 Bedürfnisbefriedigung als Regelkreissystem

Der Verbraucher durchläuft bei seinem Konsumverhalten mehrere Stationen:

1. Antriebsstation A

Ausgangspunkt der Bedürfnisbefriedigung ist das Mangelempfinden, mit dem Wunsch, den Mangel zu beseitigen (**Motiv**, **Bedürfnis**, z. B. **Hunger**); das Bedürfnis ist eine Triebkraft, die als Motiv auf bestimmte Ziele gerichtet ist; es kann als bewusste und befriedigbare Wunschvorstellung, als Schätz- und Erwartungsgröße bezeichnet werden.

2. Zielstation Z

Eine Summe von Normen hilft, das Bedürfnis zum Bedarf werden zu lassen; das Mangelempfinden wird transformiert zum Bedarf; **Bedarf** ist konkretisiertes (in Gütervorstellungen ausgedrücktes) Bedürfnis bzw. der Sachausdruck eines Wunsches (z. B. **Nahrungsmittel**), der noch nicht mit Geld bewertet sein muss.

3. Handlungsstation H

Erst dann, wenn die Absicht besteht, das konkrete Gut zu erwerben (Kaufwille) und entsprechende Mittel zur Verfügung stehen (Kaufkraft), kommt es zu einem **Kauf** (am Markt wirksam werdende Nachfrage, Umsatz).

4. Ergebnisstation E

Der Verbrauch oder Gebrauch des erworbenen Gutes stiftet einen **Nutzen** (Grund- und Zusatznutzen); das Ergebnis des Konsumierens (Grundnutzen: „Ich bin satt.", Zusatznutzen: „Es hat geschmeckt.") wird mit der ursprünglichen Schätz- und Erwartungsgröße verglichen (Abweichungsanalyse, Kontrolle) und führt zum Setzen neuer Motive; der Prozess beginnt von vorne:

„Ein jeder Wunsch, wenn er erfüllt, kriegt augenblicklich Junge."
Wilhelm Busch

a)	Z
b)	H
c)	A
d)	K
e)	E

Prozessbeispiel der Bedürfnisbefriedigung 1.01.3

a)	Der Hunger gehört zu den physiologischen **Bedürfnissen** des Menschen (vgl. dazu die Bedürfnispyramide der Erläuterungen zu Aufgabe 1.01.1).	3
b)	Die Sättigung ist als **Grundnutzen** hier das Ergebnis des Verzehrs. Das Gut (hier: ein Stück Streuselkuchen) stiftet einen Grundnutzen (Sättigung) aber auch einen Zusatznutzen („es hat ihm vorzüglich geschmeckt").	5
c)	Kaufwille und Kaufkraft (1,80 EUR) versetzen Herrn Huber in die Lage, das Gut (ein Stück Streuselkuchen) zu **erwerben**. Dies wird vorwiegend käuflich sein; alternative Erwerbsformen wie Schenkung, Erbschaft oder gar Entwendung sind denkbar.	2
d)	Das Stück Kirschstreuselkuchen ist das in Gütervorstellung ausgedrückte Bedürfnis. Herr Huber hat das Bedürfnis Hunger konkretisiert – es wurde somit zum **Bedarf**.	1
e)	Die Annahme, dass Herr Huber in seiner Lieblingsbäckerei demnächst wieder seinen Hunger stillen wird, ist Ausdruck einer positiv bestätigten Erwartungshaltung, die sich über den **Vergleich der Nutzenstiftung mit der Nutzenerwartung** ergibt.	4

1.02 Güter

1.02.1 Güterarten

- **Verbrauchsgüter** stiften einmaligen Nutzen und zehren sich auf.
- **Gebrauchsgüter** stiften längerfristig Nutzen und unterliegen dem Verschleiß.
- **Konsumgüter** finden privat im nicht-gewerblichen Bereich Verwendung.
- **Produktionsgüter** finden im gewerblichen Investitionsbereich Verwendung.

a)	Die Tonerkartuschen sind Verbrauchsgüter. Sie werden gewerblich verwendet (Büro eines Immobilienmaklers).	3
b)	Der Schreibtisch ist ein Gebrauchsgut. Seine Nutzung erfolgt hier für nicht gewerbliche Zwecke (Jugendzimmer des Sohnes).	2
c)	Gebrauchsgüter (Bücherregale) werden privat genutzt (Feriendomizil).	2
d)	Die Kreuzfahrt wird privat konsumiert; sie ist ein Verbrauchsgut.	1
e)	Das Verbrauchsgut (Druckerpapier) wird zu Produktionszwecken verwendet (Bauplanungsbüro der Mahnke KG).	3
f)	Die kostenpflichtige Beratung des Anwaltes stellt eine Dienstleistung dar, die für eine private Angelegenheit (Nachbarschaftsstreit) erbracht wird und ist insofern ein Konsum- und Verbrauchsgut.	1
g)	Die Gabelstapler (Gebrauchsgüter) werden für produktive Zwecke (Auslieferungslager der BGA GEURTS GmbH) eingesetzt.	4
h)	Das Stromkontingent ist zum Verbrauch im produktiven Sinne (Energieversorgung der BGA GEURTS GmbH) bestimmt.	3
i)	Das Verbrauchsgut Benzin dient einem produktiven Zweck (Dienstreise mit dem Firmen-PKW).	3
j)	Der Auszubildende verbraucht die Tintenpatronen für private Zwecke (Drucker im häuslichen Arbeitszimmer).	1

Gütereigenschaften 1.02.2

a) Der Absatz von Batterien ist abhängig von der abgesetzten Menge an Handgeräten zur Fernbedienung (komplementäre Güter).	2
b) Der Tintenstrahldrucker kann durch einen Laserdrucker ersetzt werden (substitutive Güter).	1
c) Der in Nussbaum furnierte Schreibtisch ist das Konkurrenzprodukt zum Schreibtisch, der aus massivem Holz gefertigt ist (substitutive Güter).	1
d) Der Umsatz der Tankstellen wird maßgeblich beeinflusst durch die Anzahl der zugelassenen Kraftfahrzeuge (komplementäre Güter).	2
e) Die EDV-Anlage funktioniert nur bei Stromversorgung (komplementäre Güter).	2
f) Ein Ledersessel kann durch einen Kunststoffsessel, der ggf. preiswerter ist, ersetzt werden (substitutive Güter).	1
g) Die Nutzanwendung des Dachgepäckträgers ist abhängig vom Einsatz des Lieferwagens (komplementäre Güter).	2
h) Das Druckerkabel ergänzt sinnvoll den Drucker bei dessen Inbetriebnahme (komplementäre Güterbeziehung).	2

Die Wirkungen bei Mengenveränderungen auf den Umsatz konkurrierender bzw. kombinierbarer Produkte zeigen folgende Abbildungen:

Umsatzkurve bei substitutiver Güterbeziehung

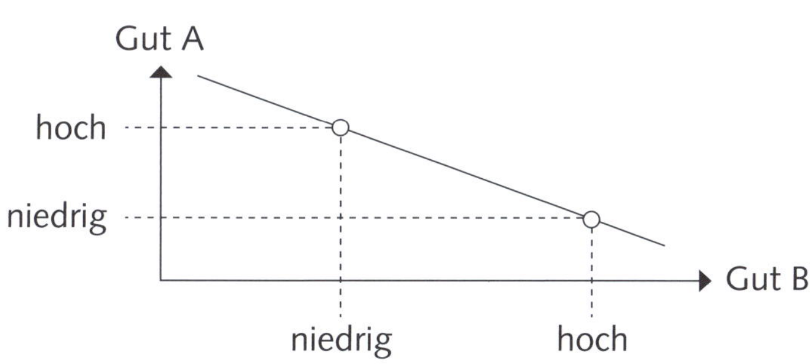

Substitutionsgüter können sich gegenseitig ersetzen und behindern sich deshalb oft im Absatz.

Umsatzkurve bei komplementärer Güterbeziehung

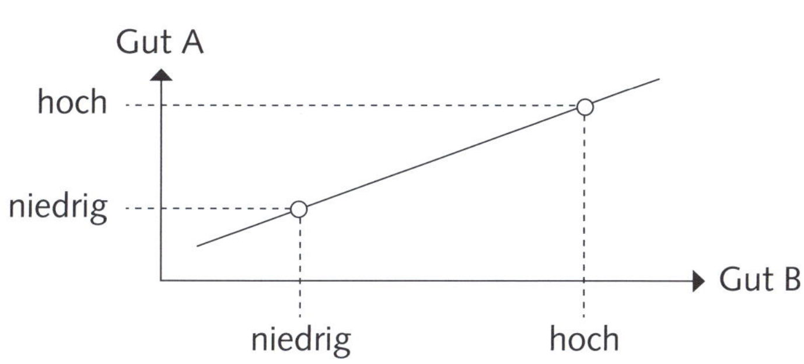

Wer ein Komplementärgut absetzt, hat gute Chancen auch das ergänzende Gut abzusetzen.

1.03 Gliederung der Wirtschaft

Das Statistische Bundesamt in Deutschland ermittelte für das Jahr 2012 folgende Anteile von inländischen Arbeitnehmern in den Sektoren:

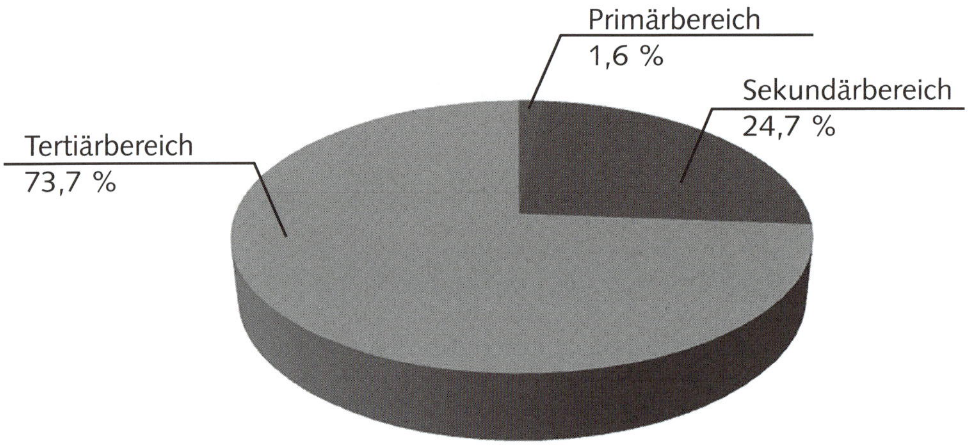

Primärbereich:

Die klassischen Vertreter der Urproduktion (Primärbereich) sind Land- und Forstwirtschaft, Fischerei, Jagd und Bergbau.

HINWEIS: Rechnet man auch die Energiegewinnung (primär aus Erdöl, Atom-, Wind-, Wasser- und Sonnenkraft) dem primären Sektor zu, dürfte die Quote von 1,6 % für den Primärbereich höher ausfallen.

Sekundärbereich:

Den Sekundärbereich bilden die Betriebe der Weiterverarbeitung und -bearbeitung von Gütern (Industrie und Handwerk).

Tertiärbereich:

Der Tertiärbereich besteht aus Handels- und Dienstleistungsbetrieben. Verkehrsbetriebe, Betriebe der Kredit- und Versicherungswirtschaft gehören genau so dazu wie Unternehmen und Organisationen aus dem Bereich Bildung, Kultur und Gesundheit.

Gliederung der Wirtschaft 1.03

Zeilen

a) Die **Ölbohrplattform**, das **Kernkraftwerk** und die **Windparks** sind konkrete Stätten des primären Sektors (Urerzeugung).
Siehe auch Erläuterung auf der vorigen Seite. 01 03 07

b) Die im Artikel genannten Tätigkeiten weiterverarbeitender Betriebe (sekundärer Sektor) sind die **Herstellung von LED-Leuchten**, die **Produktion von Elektromobilen bzw. umweltfreundlicher PKW**. 08 10 14

c) Ein klassischer Betrieb des tertiären Sektors (Handel und Dienstleistungen) ist der **Automobileinzelhandel**. 14

Zeile

… so sind es der blowout auf der **Explorations-Ölbohrplattform** *deepwater horizon* im Golf von Mexiko (April 2010) oder die Katastrophe von *Tschernobyl* von 1986, bei der eine Kernschmelze und Explosion in einem **Kernkraftwerk** die Welt aufschreckte.

Der Weg zu erneuerbaren Energien ist – global gesehen – ein zeitraubender und noch mehrere Generationen dauernder Lernprozess, der eine starke politische Willensbildung und Umsetzung verlangt. **Windparks** in Wüsten oder auf hoher See sowie die **Herstellung von LED-Leuchten** sind ein hoffnungsvoller Anfang für die Abkehr von traditioneller Energiewirtschaft. Auch ist die **Produktion von Elektromobilen** ein richtiger Weg. Fahrzeuge, die über einen Hybridantrieb verfügen, können nur als „Übergang" in eine noch weiter zu entwickelnde Technologie gesehen werden. Hierbei muss in marktwirtschaftlich ausgerichteten Staaten die Konsumnachfrage über den **Automobileinzelhandel** langfristig die **Produktion umweltfreundlicher PKW** motivieren und steuern. (…)"

Begriffserklärungen:

blowout = unkontrolliertes Austreten einer Bohrspülung mit Erdöl bzw. Erdgas aus einem Bohrloch, welches zu einer Explosion führen kann

LED = Light Emitting Diode (Leuchtdiode)

1.04 Wirtschaftskreislauf

1.04.1 Geschlossene Volkswirtschaft

GE: 4 2 0

a) Das disponible Einkommen beträgt 420 GE.

	Arbeitsentgelt	450 GE
+	Transferleistungen	90 GE
–	Steuern	120 GE
=	verfügbares Einkommen	420 GE

%: 5 0

b) Das Steueraufkommen übersteigt die staatlichen Zuwendungen um 50 %.

Staatl. Zuwendungen
(Transferleistungen + Subventionen) = 150 GE

Steueraufkommen = 225 GE

$$150\text{ GE} \triangleq 100\ \%$$

$$225\text{ GE} - 150\text{ GE} = 75\text{ GE} \triangleq x\ \%$$

$$x = \frac{100\ \% \cdot 75\text{ GE}}{150\text{ GE}} = \underline{\underline{50\ \%}}$$

1.04.2 Erweiterter Wirtschaftskreislauf

a) Die privaten Haushalte verwenden ein Großteil ihres Einkommens für konsumtive Zwecke.	1
b) Für die Bereitstellung und Überlassung von Geldern zu Investitionszwecken zahlen die Unternehmen den Banken Zinsen.	5
c) Für die Bereitstellung und Überlassung von Geldern zu Konsumzwecken zahlen die privaten Haushalte den Banken Zinsen.	4
d) Von den ausländischen Abnehmern erhalten die inländischen Unternehmen Zahlungen für geleistete Exporte.	12
e) Die Banken stellen den Unternehmen Gelder für Investitionsvorhaben zur Verfügung.	6
f) Die Unternehmen entlohnen die privaten Haushalte für die betriebliche Nutzung der Produktionsfaktoren Arbeit, Kapital und Boden.	2

Fortsetzung der Lösung, siehe nächste Seite

Erweiterter Wirtschaftskreislauf 1.04.2

Fortsetzung

g) Der Staat und sein Sozialsystem versorgen die privaten Haushalte mit finanziellen Leistungen verschiedener Art (z. B. Wohngeld, Kindergeld, Sozialrenten u. dgl.).	8
h) Der Staat besteuert das Besitzeinkommen der privaten Haushalte.	7
i) Der Staat besteuert das Besitzeinkommen der Unternehmen.	9
j) Von den inländischen Abnehmern erhalten die ausländischen Unternehmen Zahlungen für geleistete Importe.	11
k) Die Banken stellen den privaten Haushalten Gelder für Konsumzwecke zur Verfügung.	3
l) Der Staat fördert die wirtschaftliche Aktivität der Unternehmen durch direkte Zuwendung bzw. über öffentliche Aufträge in Form von Geldleistungen.	10

Ökonomisches Prinzip 1.05

Auswahlantwort **1.** ist richtig. 1

Minimalprinzip: Ökonomisch handelt, wer ein bestimmtes Ergebnis (EDV-Anlage) mit dem geringstmöglichen (minimalen) Mitteleinsatz (preisgünstigste Anlage) zu erreichen versucht.

Zu 2. **Maximalprinzip:** Ökonomisch handelt, wer mit gegebenem Aufwand (begrenzter Rohstoffvorrat) den größtmöglichen (maximalen) Nutzen (möglichst viele Erzeugnisse) erstrebt.

Zu 3. **Maximalprinzip** (gegebene Größe = Anzahl der Fahrzeuge; gesuchte Größe = möglichst viele Beförderungskilometer).

Zu 4. **Maximalprinzip** (gegebene Größe = Kapital; gesuchte Größe = möglichst gute Betriebsausstattung).

Zu 5. **Maximalprinzip** (gegebene Größe = Urlaubsbudget; gesuchte Größe = Verkehrsmittel, das die weiteste Reise in den Süden ermöglicht).

1.06 Produktivität

a) Bodenproduktivität $= \dfrac{\text{Getreideertrag in dz}}{\text{Anbaufläche in ha}}$

für Jahr 1: 300.000 dz/ha : 5.000 ha = 60 dz/ha
für Jahr 2: 279.000 dz/ha : 4.500 ha = 62 dz/ha

60 dz/ha ≙ 100%
2 dz/ha ≙ x %

$$x = \frac{100\ \% \cdot 2\ \text{dz/ha}}{60\ \text{dz/ha}} = \underline{\underline{3{,}33\ \%}}$$

% 3,33

Die **Bodenproduktivität** ist im zweiten Jahr um 3 ⅓ % angestiegen, und dies, obwohl der Ertrag auf 279.000 dz gesunken ist. Dies liegt daran, dass die Anbauflächen prozentual stärker verringert wurden als der Ertrag.

b) Die **Wertschöpfung** ist die Differenz zwischen der Gesamtleistung des Betriebes und den Aufwendungen für die Vorleistungen anderer Betriebe (z. B. Materialaufwand, Abschreibungen).

	Umsatzerlöse	(= Absatzleistung)
+	Bestandsmehrungen	(= Lagerleistung)
=	Bruttoproduktionswert (Rohertrag)	(= Gesamtleistung)
–	Materialaufwand	(= Vorleistung)
–	Abschreibungen	(= Vorleistung)
=	Wertschöpfung	

Die vom Betrieb „geschöpften Werte" sind gleich dem von ihm erzeugten Geldeinkommen, nämlich der Summe von:

Arbeitserträgen (= Personalaufwand)

Gemeinerträgen (= Steuern, Abgaben)

Kapitalerträgen (= Zinsen, Gewinn)

ba) **Jahr 1:** 1.227,6 + 12 – 580 – 44 = $\underline{\underline{615{,}6}}$

Mio. € 615,6

bb) **Jahr 2:** 1.409,4 + 22 – 700 – 46 = $\underline{\underline{685{,}4}}$

Mio. € 685,4

Produktivität 1.06

c) Produktivität im engeren Sinne erfasst als mengenmäßiger Leistungsmaßstab die Beziehung zwischen Output- (z. B. Stück) und Inputgrößen (z. B. Arbeitszeit, Betriebsmittel). Um die unterschiedlichen Output-/Inputgrößen gleichnamig zu machen, werden sie in Euro bewertet:

Output = Wertschöpfung
Input = Arbeitszeit (Arbeitsproduktivität)
Betriebsmittel (Kapitalproduktivität)

Dadurch ergeben sich folgende **Teilproduktivitäten:**

ca) Arbeitsstundenproduktivität (Jahr 2)

$$\frac{685{,}4 \text{ Mio. €}}{(10\,000 \text{ Beschäftigte} \cdot 1.700 \text{ Std.})} = \underline{\underline{40{,}32 \text{ €/Std.}}}$$

€ , 4 0 | 3 2

cb) Kapitalproduktivität (Jahr 2)
Bezugsgröße sind die Abschreibungen der Betriebsmittel:

$$\frac{685{,}4 \text{ Mio. €}}{(46 \text{ Mio. €})} = \underline{\underline{14{,}90 \text{ €}}}$$

€ , 1 4 | 9 0

Wirtschaftlichkeit 1.07

a) Die Wirtschaftlichkeit misst das Verhältnis von betrieblicher Leistung (Absatz- und Lagerleistung) zum betrieblichen Aufwand (Kosten).

aa) $(1.227{,}6 + 12) : 1.207{,}4 = 1{,}026 \approx \underline{\underline{1{,}03}}$ **im Jahr 1**

Kennzahl , 1 | 0 3

ab) $(1.409{,}4 + 22) : 1.373{,}8 = 1{,}041 \approx \underline{\underline{1{,}04}}$ **im Jahr 2**

Kennzahl , 1 | 0 4

b) Die Anstiegsrate der Wirtschaftlichkeit muss in Bezug auf die Kennzahl des Jahres 1 gesehen werden, danach steigt die Wirtschaftlichkeit absolut von 1,03 (= 103 %) auf 1,04 (= 104 %) um 1 Prozentpunkt, relativ jedoch nur um 0,97 %:

1,03 ≙ 100 % (Basisjahr)

1,04 ≙ x % (Vergleichsjahr)

$$x = \frac{100\ \% \cdot 1{,}04\ \%}{1{,}03\ \%} = 100{,}97\ \%$$

Die Differenz (Anstiegsrate) in der Textilindustrie beträgt demnach 0,97 % und ist damit geringfügig kleiner als im Bereich Maschinenbau, deswegen ist Aussage **2.** richtig. 2

1.08 Rentabilität

Die Rentabilität drückt den prozentualen Anteil des Gewinnes zu einer Bezugsgröße (z. B. Kapital, Umsatz) aus.

a) Das durchschnittlich gebundene Eigenkapital ist das einfache arithmetische Mittel aus Anfangs- und End(eigen-)kapital:

aa) **im Jahr 1:**

$$\frac{32{,}2 \text{ Mio. €} \cdot 100\ \%}{\frac{1}{2} \cdot (312 \text{ Mio. €} + 300 \text{ Mio. €})} = 10{,}522\ \% \approx \underline{\underline{10{,}52\ \%}}$$

% 10,52

ab) **im Jahr 2:**

$$\frac{57{,}6 \text{ Mio. €} \cdot 100\ \%}{\frac{1}{2} \cdot (360 \text{ Mio. €} + 312 \text{ Mio. €})} = 17{,}142\ \% \approx \underline{\underline{17{,}14\ \%}}$$

% 17,14

b) Bei genauer Untersuchung stellt sich heraus, dass die ermittelten Renditen nicht identisch sind mit der echten Verzinsung des Eigenkapitals. Der Gewinn (Unternehmereinkommen) deckt neben der Eigenkapitalverzinsung auch noch andere Größen ab:

Unternehmereinkommen = „Gewinn"			
Risikoprämie	Unternehmerlohn	Gewinneinbehalt	Eigenkapitalverzinsung
↓	↓	↓	↓
Maßstab: abhängig vom Einschätzen des betriebsspezifischen Wagnisses	Maßstab: Gehalt eines leitenden Angestellten in vergleichbarer Position	Maßstab: Bedarf an Mitteln zur Selbstfinanzierung von Erweiterungs-investitionen	Maßstab: Zinssatz für langfristige Kapitalanlagen

Bringt man die vom Umsatz berechnete 2,5 %ige Risikoprämie vom Gewinn des Jahres 2 in Abzug, erhält man die bereinigte Rendite:

	Gewinn im Jahr 2:	57,600 Mio. €
–	Risikoprämie: 2,5 % von 1.409,4 Mio. € =	35,235 Mio. €
=	bereinigter Gewinn	22,365 Mio. €

$$\text{bereinigte Rendite} = \frac{22{,}365 \text{ Mio. €} \cdot 100\ \%}{\frac{1}{2} \cdot (360 \text{ Mio. €} + 312 \text{ Mio. €})} = 6{,}656\ \% \approx \underline{\underline{6{,}66\ \%}}$$

% 6,66

Rentabilität 1.08

c) Aussage **2.** ist richtig, denn angesichts der Tatsache, dass die bereinigte Rendite neben der Eigenkapitalverzinsung auch noch kalkulatorische Unternehmerlöhne (bei Einzel- und Personengesellschaften) und Mittel für Neuinvestitionen abdecken soll, können die 6,66 % mit einem 6 %igen Kapitalmarktzins nicht wirklich konkurrieren. 2

d) Bei der Ermittlung der Gesamtkapitalrentabilität gilt das für die Eigenkapitalverzinsung Gesagte entsprechend. Lediglich der Gewinn ist um die Fremdkapitalzinsen zu erweitern, da diese dem Fremdkapital zufließen und somit vom Gesamtkapital erwirtschaftet werden müssen:

da) **im Jahr 1:**

$$\frac{(32{,}2 \text{ Mio. €} + 19{,}6 \text{ Mio. €}) \cdot 100\ \%}{\frac{1}{2} \cdot (520 \text{ Mio. €} + 504 \text{ Mio. €})} = 10{,}117\ \% \approx \underline{\underline{10{,}12\ \%}}$$

% 10,12

db) **im Jahr 2:**

$$\frac{(57{,}6 \text{ Mio. €} + 26{,}4 \text{ Mio. €}) \cdot 100\ \%}{\frac{1}{2} \cdot (600 \text{ Mio. €} + 520 \text{ Mio. €})} = \underline{\underline{15\ \%}}$$

% 15

e) Bei der Berechnung der Umsatzrentabilität wird der Gewinn zum Umsatz in Bezug gesetzt:

ea) **im Jahr 1** entfielen 2,62 € Gewinn auf 100 € Umsatz:

$$\frac{32{,}2 \text{ Mio. €} \cdot 100\ \%}{1.227{,}6 \text{ Mio. €}} = 2{,}623\ \% \approx \underline{\underline{2{,}62\ \%}}$$

% 2,62

eb) **im Jahr 2** entfielen 4,09 € Gewinn auf 100 € Umsatz:

$$\frac{57{,}6 \text{ Mio. €} \cdot 100\ \%}{1.409{,}4 \text{ Mio. €}} = 4{,}086\ \% \approx \underline{\underline{4{,}09\ \%}}$$

% 4,09

1.09 Produktionsfaktoren

1.09.1 Einteilung

Teil I

Richtig sind die Auswahlantworten **2.**, **4.** und **5.** 2 4 5

Bei allen anderen Aussagen handelt es sich um Produktionsfaktoren aus betriebswirtschaftlicher Sicht, siehe nachstehende Grafik:

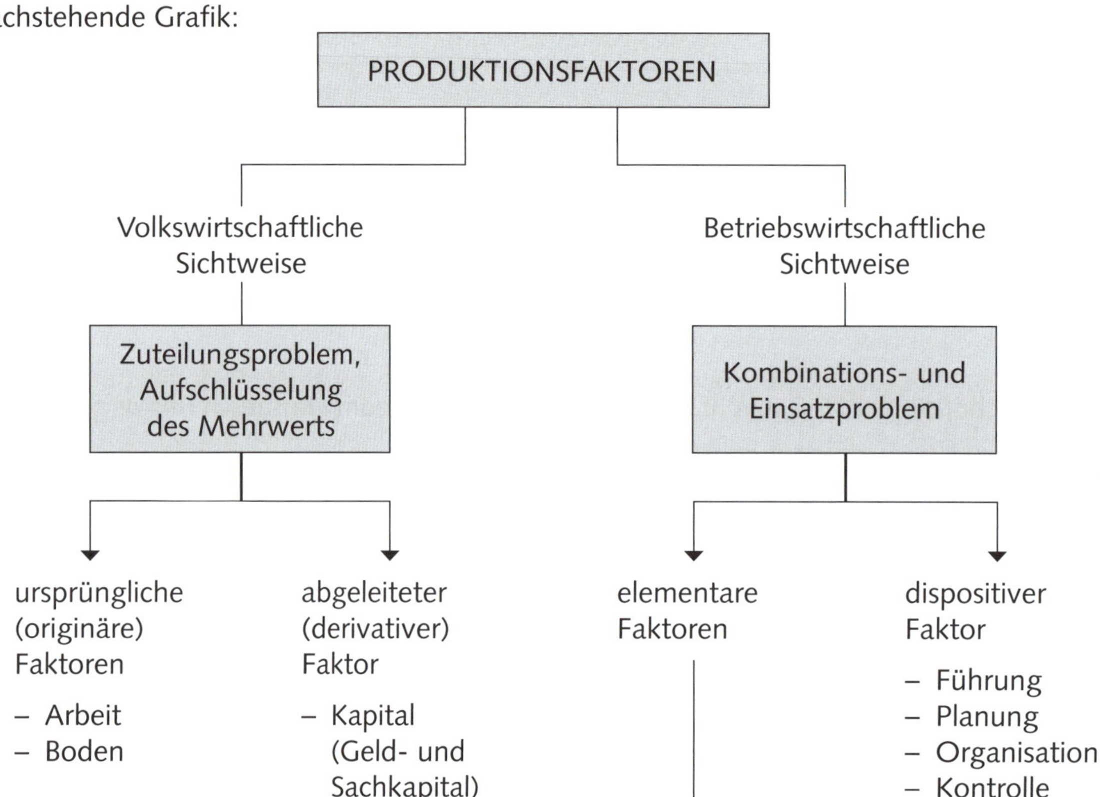

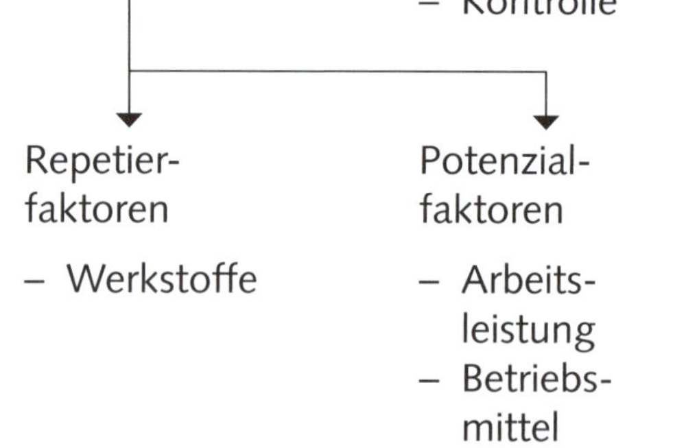

- Arbeit ist jede persönliche Leistung gegen Entgelt im Dienste der Bedürfnisbefriedigung.
- Boden umfasst alle wirtschaftlich nutzbaren Elemente der Natur.
- Geldkapital ist Sparkapital zur Finanzierung von Investitionen.
- Sachkapital sind alle produzierten Produktionsmittel, wie z. B. Maschinen.

- Repetierfaktoren sind Stoffe, die in anderen Stoffen untergehen (z. B. Roh- und Hilfsstoffe) und wiederholend produziert werden müssen.
- Potenzialfaktoren sind solche Faktoren, die in einem Arbeitsgang nicht schon verbraucht sind (z. B. ausführende Tätigkeiten, Maschinen, Werkzeuge).

Einteilung

1.09.1

Teil II

Zu den Materialaufwendungen des Betriebes zählen Roh-, Hilfs- und Betriebsstoffe (siehe auch: Repetierfaktoren):

Rohstoffe sind Hauptbestandteil des Produktes, d. h., sie gelten als wesentlicher Bestandteil des Fertigerzeugnisses (Beispiele: Holz bei Schränken, Stahlblech bei Automobilen, Kunststoffe bei PC).

Hilfsstoffe sind Nebenbestandteile des Produktes, d. h., sie gehen zwar in das Fertigerzeugnis ein, gelten aber aus quantitativer Sicht nicht als Hauptbestandteil (Beispiele: Kleiderstangen und Türscharniere bei Schränken, Lacke und Leim, Farben und Säuren, Nägel und Schrauben). Werden diese Stoffe fremd bezogen (z. B. lohnt die eigene Herstellung der Kleiderstangen oder Scharniere nicht), bezeichnet man diese Stoffe auch als Fremdbauteile oder Vorprodukte; sie zählen dann nicht zu den Materialaufwendungen im engeren Sinne.

Betriebsstoffe sind nicht Bestandteil des Produktes, d. h., sie dienen lediglich zur Erstellung des Erzeugnisses, gehen aber nicht in das Produkt ein (Beispiele: Schmierfette der Produktionsmaschine, Brenn- und Treibstoffe, Schmieröle, Reparaturmaterialien).

Betriebsmittel dienen der Herstellung des Produktes, gehen nicht in das Produkt ein und werden im Produktionsprozess fortlaufend eingesetzt (siehe auch: Potenzialfaktoren). Hierzu zählen insbesondere Maschinen und Werkzeuge.

a)	4
b)	2
c)	2
d)	1
e)	4
f)	2
g)	2
h)	3

1.09.2 Ausprägungen

Die gesuchten Ausprägungen sind **fett** kenntlich gemacht:

Zeile	Text
01	Der **Geschäftsführer** einer GmbH möchte für die Herstellung be-
02	stimmter Produkte eine neue **Fließbandanlage** installieren lassen.
03	Um diese Investition finanzieren zu können, überweist er vom be-
04	trieblichen Tagesgeldkonto eine Anzahlung von **600.000,00 Euro**
05	an den Lieferanten.
06	Im Zuge der Produktionserweiterung werden **Arbeiter(innen)**
07	eingestellt, die im Akkord arbeiten sollen.
08	Um eine möglichst reibungslos ineinander greifende Wertschöp-
09	fungskette bilden zu können, wählt man für die Fertigung eine
10	**verkehrsgünstige Lage** in der Nähe der Autobahn.
11	In der näheren Umgebung finden sich neben **Weizenfeldern** auch
12	eine ausgebeutete **Kiesgrube**.

Ausprägungen	**in Zeile**
a) Anbauboden	11
b) Abbauboden	12
c) Standortboden	10
d) Leitende Arbeit	01
e) Ausführende Arbeit	06
f) Geldkapital	04
g) Sachkapital	02

Austausch 1.09.3

a) Durch die Neueinstellung von Frau Zeisig wird die ausscheidende Arbeitskraft (Lohnbuchhalter Braisig) „ersetzt“ (Produktionsfaktor Arbeit). 1

b) Die Investition in Fahrkartenautomaten (Produktionsfaktor Kapital) führt zur Freisetzung der dreißig Mitarbeiter (Produktionsfaktor Arbeit) und ist damit ein Ersatz von Arbeitskraft durch Sachkapital. 4

Zu 2. Die Beförderung zum Abteilungsleiter stellt keine Ersatzinvestition dar. Es scheidet weder eine Arbeitskraft aus noch wird eine neue eingestellt.

Zu 3. Die Entlassung der Kassiererin stellt Personalabbau dar. Der Produktionsfaktor Arbeit wird dadurch zahlenmäßig verringert (die Personalkosten sinken).

Zu 5. Die Einführung der Selbstbedienung führt zum Abbau von Personal. Auch hier wird der Produktionsfaktor Arbeit zahlenmäßig verringert. Lediglich dann, wenn die Selbstbedienung durch Aufstellen von Getränke- oder Speisen-Automaten ermöglicht würde, läge eine Investition vor, bei der der Produktionsfaktor Arbeit durch den Faktor Kapital ersetzt würde.

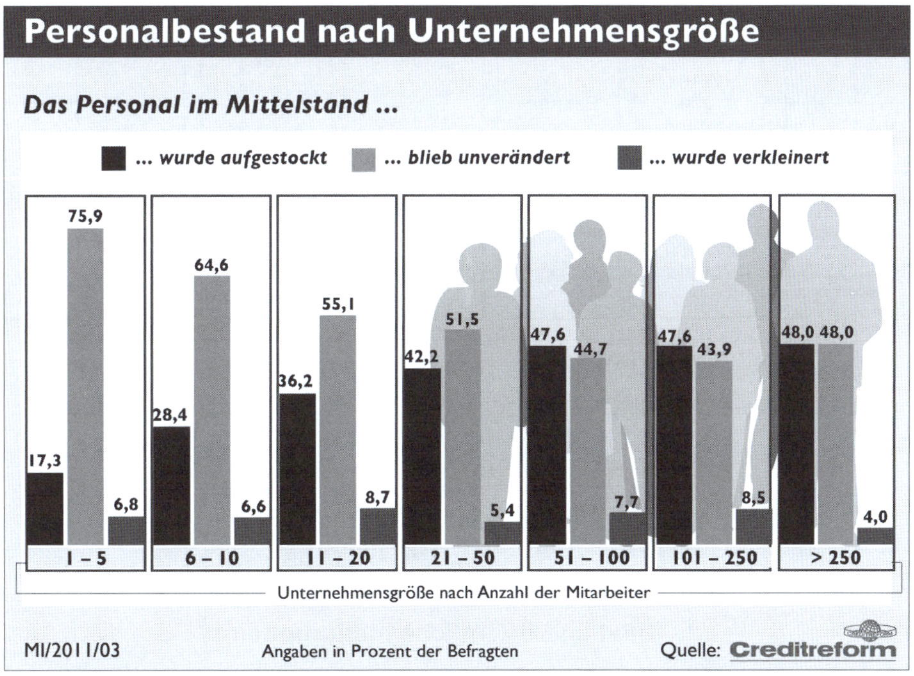

1.10 System Unternehmung

Die Abbildung enthält die zu ergänzenden Begriffe sowie die Zuordnung der gesuchten Finanz- und Güterbewegungen:

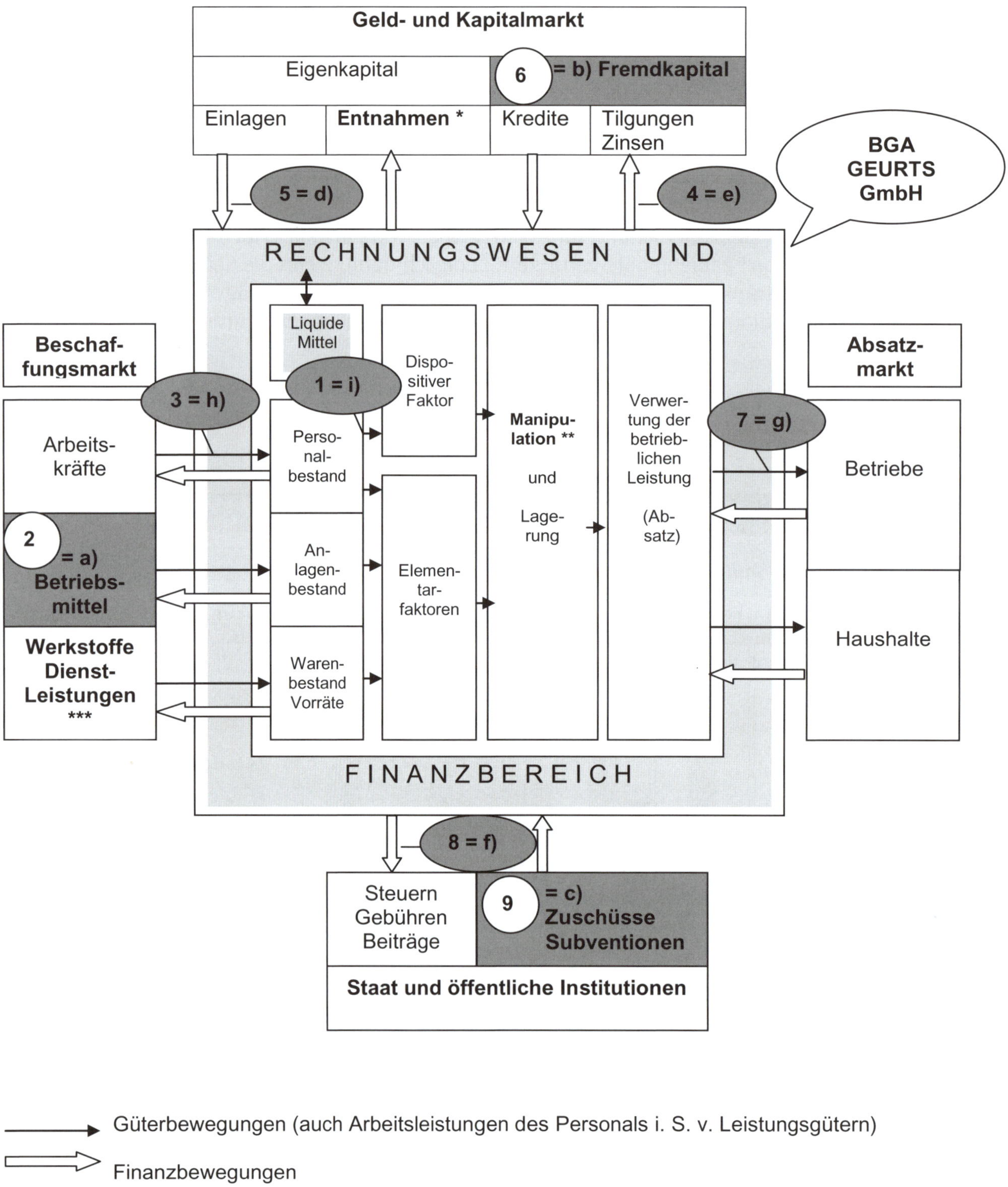

Abb.: In Anlehnung an Wöhe, G., Einführung in die Allgemeine Betriebswirtschaftslehre, 24. Auflage, München 2010, S. 28.

System Unternehmung 1.10

Erläuterungen zur Abbildung:

*) Im oberen Teil der Darstellung ist die Möglichkeit der **Entnahmen** von Eigenkapital angegeben. Denkt man hier an Privatentnahmen, trifft dies nicht zu für Unternehmen, die in der Rechtsform einer juristischen Person des Privaten Rechts (wie z. B. GmbH, AG) firmieren. Bei diesen Unternehmensformen gehört das gezeichnete Kapital (Stamm- bzw. Grundkapital) zum Haftungskapital der juristischen Person (Formkaufmann). Dieses Kapital darf nicht durch Privatentnahmen der Gesellschafter gemindert werden. Für die BGA GEURTS GmbH bedeutet dies:

- keine Privatentnahmen (mitarbeitende Gesellschafter beziehen aber ein Gehalt von der GmbH)
- Gewinnentnahmen der Gesellschafter jedoch sind möglich. Näheres regelt der Gesellschaftsvertrag.

) Die **„Manipulation" gehört neben der Produktion zur sog. Transformationsaufgabe eines Betriebes. Da die BGA GEURTS GmbH kein Industrie- oder Handwerksbetrieb i. e. S. ist, also nichts „produziert", jedoch neben Dienstleistungen auch mit Gegenständen der Betriebs- und Geschäftsausstattung handelt, wird sie die von ihren Lieferanten bezogenen Artikel ihres Sortimentes verändern, um sie ihrer Kundenzielgruppe bedarfsgerecht zur Verfügung stellen zu können. Diese Veränderungen können z. B. sein:

- Veredeln (technisch und/oder optisch verbessern)
- Umbauen (Funktionen reduzieren oder erweitern)
- Umverpacken und Umetikettieren (sog. Neutralisieren, um die eigene Bezugsquelle nicht offen zu legen)
- Konfektionieren (z. B. kleinere Verpackungseinheiten wählen oder das sog. Sleeven = Ummanteln von Kabelsträngen bei EDV-Anlagen)
- Kommissionieren (Zusammenstellen von auftragsbezogenen Teilmengen)

Diese Veränderungen stellen die vorwiegend in Handelsbetrieben anzutreffende „Manipulation" dar.

***) Der Bezug von **Werkstoffen** ist für die BGA GEURTS GmbH nicht im industriellen Verständnis zu sehen, da sie ja keine Produkte i. e. S. herstellt. Hier geht es vorwiegend um bezogene Materialien, Vor- und Endprodukte für die betriebliche Leistungserstellung (EDV-Anlagen, Zubehör- und Ersatzteile, Reparaturmaterial, Handelsware der Betriebs- und Geschäftsausstattung usw.). Diese Stoffe können verarbeitet, bearbeitet oder verändert werden. Hierzu zählen die Warenvorräte (z. B. durch Umverpacken). Die Beschaffungsaufgabe der BGA GEURTS GmbH kann aber auch die Inanspruchnahme von Dienstleistungen beinhalten (z. B. Beratungen, Versicherungen, Wartungs- und Reparaturleistungen durch Fremde etc.).

Fortsetzung der Lösung auf der nächsten Seite

1.10 System Unternehmung

Fehlende Begriffe in der Abbildung

a) Betriebsmittel (mobile und immobile Produktionsmittel)
Hierzu zählen Maschinen, Produktionsanlagen aber auch Grundstücke und Gebäude, die auf Investitionsgüter- und Immobilienmärkten angeboten werden. 2

b) Fremdkapital (Verbindlichkeiten Dritten gegenüber)
Nahezu jedes Unternehmen ist auf Fremdkapital angewiesen. Bank- und Lieferantenkredite der Gläubiger müssen, je nach Laufzeit, früher oder später zurückgezahlt werden. 6

c) Zuschüsse, Subventionen
Der Staat gewährt den Unternehmen unter bestimmten Voraussetzungen finanzielle Vergünstigungen (z. B. bei der Absetzung für Abnutzung beweglicher Wirtschaftsgüter) aber auch Erhaltungssubventionen, wenn dies im öffentlichen Interesse liegt (z. B. bei drohender Massenarbeitslosigkeit). 9

Finanzbewegungen

d) Dr. Simon Felser erhöht seine Stammeinlage um 50.000,00 EUR.
Erhöht ein GmbH-Gesellschafter seine Stammeinlage, wird von außen dem Unternehmen Eigenkapital zugeführt. Dies erfolgt in der Regel durch Beschlussfassung in der Gesellschafterversammlung. 5

e) Die Annuität für ein Darlehen wird fällig.
Bestimmte Kredit- oder Darlehensformen kennen als Kapital- und Zinsdienst die sog. Annuität. Sie wird in immer gleich hoher Rate geleistet und besteht aus einem Tilgungs- und Zinsanteil. Da mit zunehmender Tilgung der Darlehensschuld immer weniger Zinsen gezahlt werden müssen, kann die Zinsersparnis für eine verstärkte Tilgung eingesetzt werden.
Vgl. auch die Erläuterungen zu Aufgabe 4.08.2 – Teil II (Darlehen). 4

f) Die BGA GEURTS GmbH zahlt für ihre IHK-Mitgliedschaft 500,00 EUR.
Die gesetzlichen Vorschriften sehen für alle im IHK-Bezirk ansässigen Gewerbetreibenden eine Pflichtmitgliedschaft vor, d. h., alle Gewerbetreibende, die zur Gewerbesteuer veranlagt sind, unterliegen der Zwangsmitgliedschaft ihrer ansässigen IHK. 8

Güterbewegungen

g) Die BGA GEURTS GmbH liefert 35 Schreibtische an die Mahnke KG.
Diese Maßnahme zählt zum Geschäftsfeld der BGA GEURTS GmbH. Die Lieferung steht beispielhaft für die Verwertung der betrieblichen Leistung auf dem Absatzmarkt (hier: Lieferung an einen Betrieb). 7

h) Fünf Auszubildende werden eingestellt.
Auszubildende werden auf dem Arbeitsmarkt rekrutiert und erhöhen den Personalbestand. 3

i) Mauro Bellini wird zum Prokuristen der BGA GEURTS GmbH ernannt.
Mit seiner Ernennung zum Prokuristen zählt Herr Bellini zu den leitenden Angestellten und damit zum dispositiven Faktor. Seine Aufgabe besteht u. a. darin, die übrigen Produktionsfaktoren (ausführende Arbeit, Betriebsmittel und Werkstoffe bzw. Vorräte) kostenminimal zu kombinieren. 1

Kapitalbildung 1.11

Der idealtypische Verlauf der Kapitalbildung geschieht durch Verkettung folgender Stufen:

Schritt 1 = b) Die Privathaushalte leisten Konsumverzicht (kaufen also weniger = Erste Voraussetzung zur Bildung von Sachkapital). . .

Schritt 2 = d) . . . und bringen damit ihr Geld zur Bank, (damit es Zinsen abwirft)

Schritt 3 = c) somit steigt das Angebot an Sparkapital, . . .

Schritt 4 = a) . . . sodass die Zinsen sinken. (Gesetz von Angebot und Nachfrage)

Schritt 5 = e) Aufgrund des niedrigen Zinsniveaus nimmt die Investitionsbereitschaft der Unternehmen zu , . . .

Schritt 6 = g) . . . sodass Investitionskredite verstärkt nachgefragt werden

Schritt 7 = f) Die Unternehmer investieren. (Zweite Voraussetzung zur Bildung von Sachkapital)

a)	4
b)	1
c)	3
d)	2
e)	5
f)	7
g)	6

Investitionen 1.12

Teil I

a) **Anlageinvestitionen** stellen den Zuwachs beim Anlagevermögen dar (von 2.400 Tsd. € im Jahr 1 auf 3.000 Tsd. € im Jahr 2) sowie die zum Ersatz alter Anlagen notwendigen Abschreibungen (200 Tsd. €).

Tsd. € 800

b) **Vorratsinvestitionen** zeigen sich in der Bestandsdifferenz der Vorräte beider Jahre (1.100 Tsd. € – 1.000 Tsd. €).

Tsd. € 100

c) **Ersatzinvestitionen** (Reinvestitionen) spiegeln sich in den Abschreibungen wider, d. h. über die Abschreibungen werden diese finanziert und sind Teil der Anlageinvestitionen.

Tsd. € 200

d) **Erweiterungsinvestitionen** bilden den (Neu-)Zugang an Anlagen und stellen somit eine Kapazitätserweiterung dar (3.000 Tsd. € – 2.400 Tsd. €). Sie sind auch Teil der Anlageinvestitionen.

Tsd. € 600

e) **Bruttoinvestitionen** sind die Summe aus Anlage- (also Ersatz- und Erweiterungs-) investitionen und Vorrats-(Lager-)investitionen.

Tsd. € 900

1.12 Investitionen

Auf **Teil I** bezogen sind die Zusammenhänge auch darstellbar ...

... so:

	Ersatzinvestitionen	200 Tsd. €
+	Erweiterungsinvestitionen	600 Tsd. €
=	Anlageinvestitionen	800 Tsd. €
+	Lagerinvestitionen	100 Tsd. €
=	Bruttoinvestitionen	900 Tsd. €

Nettoinvestitionen

... oder so:

	Ersatzinvestitionen	200 Tsd. €
+	Nettoinvestitionen	700 Tsd. €
=	Bruttoinvestitionen	900 Tsd. €

Teil II

a) Geldkapital ist die **Vorstufe** zum Sachkapital.	8
b) Investition ist die Umwandlung von **Geldkapital** in **Sachkapital**.	4 10
c) Die beiden Voraussetzungen zur Schaffung von Sachkapital sind **Konsumverzicht/ Investition** und **Investition/Konsumverzicht**.	5 2 auch 2 5
d) Die Gesamtheit aller Investitionen eines Jahres bezeichnet man als **Bruttoinvestitionen**.	1
e) Nettoinvestitionen bestehen aus **Lagerinvestitionen/Erweiterungsinvestitionen** und **Erweiterungsinvestitionen/Lagerinvestitionen**.	7 9 auch 9 7
f) Die Differenz zwischen den Bruttoinvestitionen und den Nettoinvestitionen sind die **Ersatzinvestitionen**.	3
g) Die Lagerinvestitionen und die **Anlageinvestitionen** bilden zusammen wiederum die Bruttoinvestitionen.	6

Info

Die Reihenfolge der Begriffe bei den Lücken c) und e) kann beliebig gewählt werden.

Arbeitsteilung 1.13

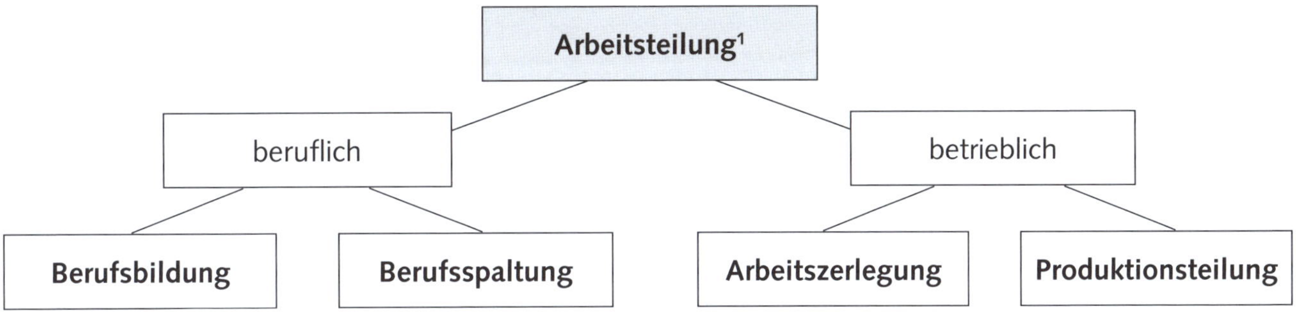

[1] Einteilung in Anlehnung an Karl Bücher.
Weitere Einteilungsmöglichkeiten sind: familiäre (zwischen den Familienmitgliedern), gesellschaftlich-überbetriebliche (zwischen den Wirtschaftsbereichen) und internationale Arbeitsteilung (zwischen den sich spezialisierenden Volkswirtschaften).

Berufsbildung

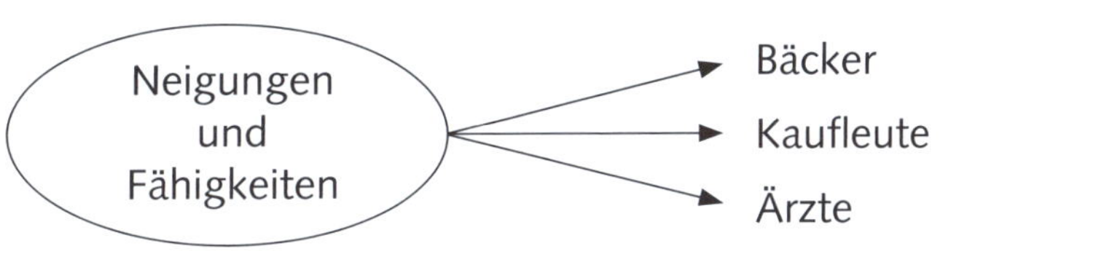

Berufsspaltung

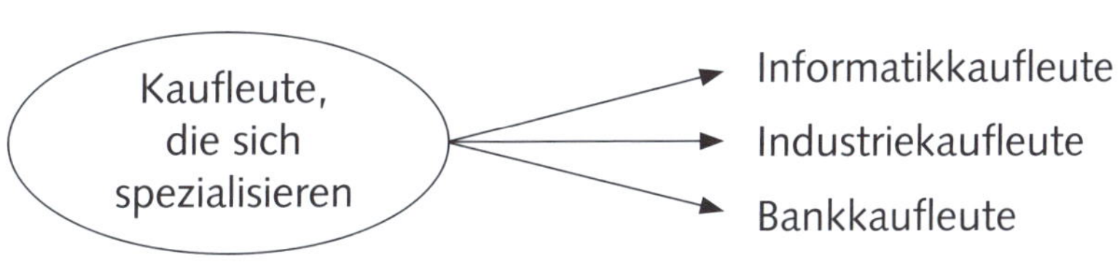

auch als Umstrukturierung eines Berufsbildes (z. B.):

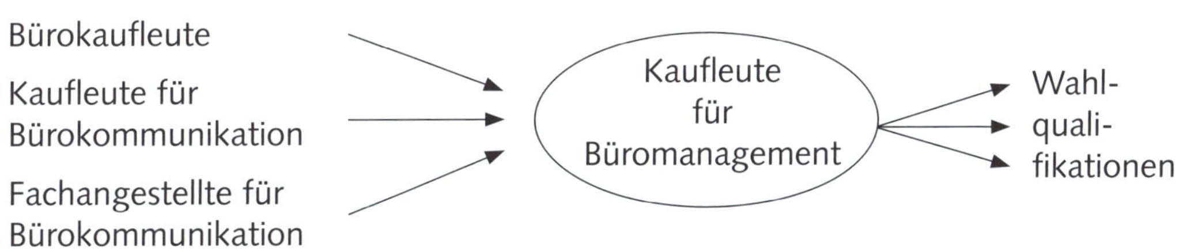

1.13 Arbeitsteilung

Arbeitszerlegung

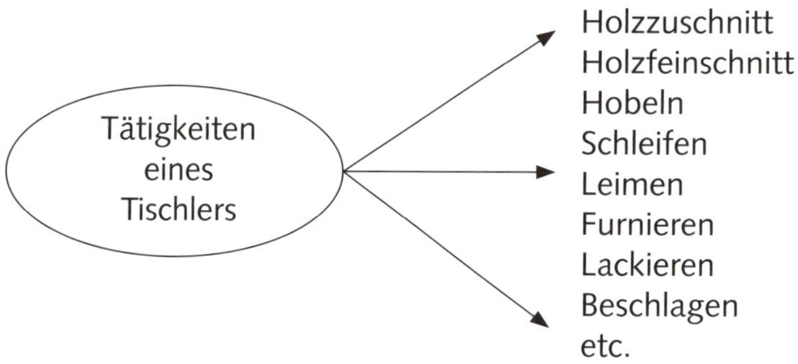

Produktionsteilung

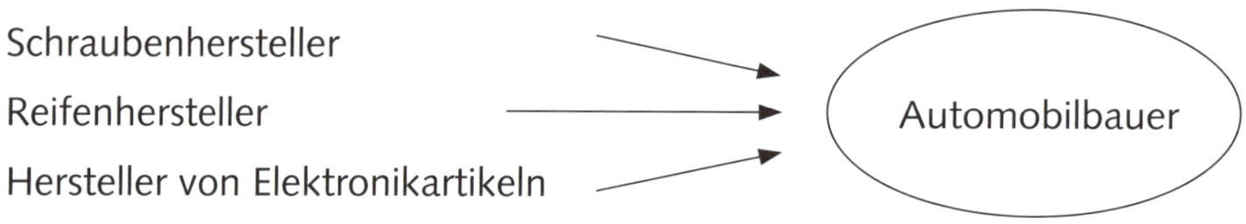

oder aus Sicht des Zulieferers:

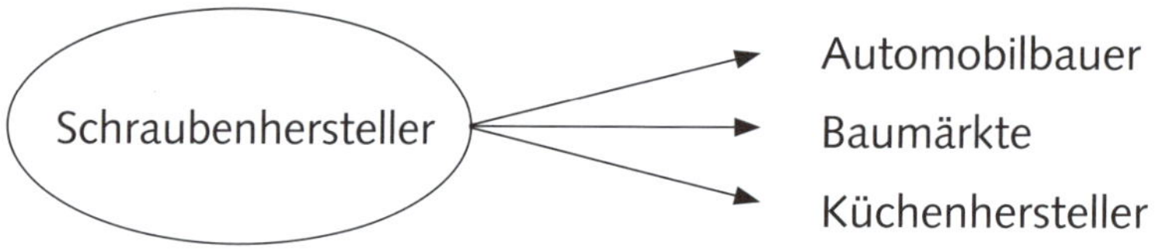

a) **Arbeitszerlegung:** ein gesamter Arbeitsvorgang wird in mehrere Teilleistungsprozesse aufgeteilt. Es kann zwischen einer Artteilung (jeder übernimmt nur einen Teil der Arbeitsabläufe) und einer Mengenteilung (z. B. Aufteilung der anfallenden Arbeitsmenge nach Belastbarkeit der beteiligten Arbeitskräfte) unterschieden werden. 4

b) **Berufsbildung:** verselbstständigte und generalisierende Tätigkeitsfelder führen zur Bildung von Grundberufen. 1

c) **Berufsspaltung:** innerhalb der Grundberufe erfolgt zunehmend eine Spezialisierung, die zur Aufspaltung der Grundberufe führt. Auch kann es zur Umgestaltung von Berufsbildern kommen (Beispiel Büroberufe: Die Ausbildungsberufe Bürokaufleute, Kaufleute und Fachangestellte für Bürokommunikation werden 2014 abgelöst und zusammengeführt durch das neue Berufsbild Kaufmann/-frau für Büromanagement. Eine spezialisierte Aufspaltung ist dabei über sog. Wahlqualifikationen vorgesehen). 2

d) **Produktionsteilung:** Produktionsprozesse werden in zwischenbetriebliche Teilprozesse aufgeteilt; es erfolgt eine räumliche wie sachliche Trennung der Produktionsstätten. Die Arbeitsvereinigung findet über Tausch- bzw. ablauforganisatorische Prozesse statt. 3

2 Rechtliche Rahmenbedingungen des Wirtschaftens

Rechtliche Rahmenbedingungen des Wirtschaftens

Basistext:

Die Rechtsordnung einer Volkswirtschaft kennt verschiedene Rechtsgebiete. So regelt das Privatrecht die Koordination, das Öffentliche Recht die Subordination der Rechtspersonen.

Das Wirtschaftsleben wird rechtlich geregelt durch Gesetze, Verordnungen, Satzungen oder Verträge. So enthält z. B. das Bürgerliche Gesetzbuch (**BGB**) (**12**) sowohl Regelungen zur Rechts- und Geschäftsfähigkeit als auch Bestimmungen über Rechtsgeschäfte und deren Anfechtung und **Nichtigkeit** (**03**). Als Rechtssubjekte können natürliche und juristische Personen des privaten (z. B. Kapitalgesellschaften) bzw. öffentlichen Rechts (z. B. **Anstalten** (**06**) und **Körperschaften** (**11**)) unterschieden werden. Natürliche Personen sind beschränkt geschäftsfähig mit Vollendung des siebenten Lebensjahres (**Minderjährige**) (**17**); die volle Geschäftsfähigkeit beginnt mit Vollendung des achtzehnten Lebensjahres.

Rechtsgeschäfte können ein- oder mehrseitig sein. Während Kündigung, Testament oder die **Auslobung** (**07**) zu den einseitigen Rechtsgeschäften zählen, bilden Verträge wie Miete, **Leihe** (**13**) oder Kauf die mehrseitigen Rechtsgeschäfte. Der Kaufvertrag zählt zu den wichtigsten zweiseitigen Rechtsgeschäften im Wirtschaftsleben. Er kommt konsensual (durch Übereinstimmung) zustande, wobei der **Antrag** (**14**) vom Käufer (Bestellung) oder Verkäufer (**Angebot**) (**18**) ausgehen kann. Der Kaufvertrag regelt u. a. die Zahlungs- und Lieferungsbedingungen. Bei internationalen Kaufverträgen finden sich häufig standardisierte Lieferklauseln in Form von Incoterms (wie **CIF** (**02**) oder FOB), die international anerkannt und eindeutig bestimmt sind.

Der Verkäufer muss dem Käufer Eigentum und **Besitz** (**04**) an der Ware verschaffen, der Käufer muss die Ware annehmen und den Kaufpreis zahlen, sonst gerät er in **Zahlungsverzug** (**21**); der Verkäufer ist dann berechtigt, **Verzugszinsen** (**19**) zu berechnen. Der Verkäufer gerät mit der Lieferung in Verzug, wenn die Leistung fällig war, er trotz Mahnung nicht liefert und (im Falle eines Stückkaufs) ihn ein **Verschulden** (**10**) (Vorsatz oder Fahrlässigkeit) trifft. Erhebt ein Vertragspartner Klage wegen seiner Ansprüche, so bestimmt in der Regel der Erfüllungsort den **Gerichtsstand** (**15**).

Neben dem BGB existiert das Handelsgesetzbuch (HGB). Als Sonderprivatrecht der Kaufleute enthält es weitere wichtige Rechtsvorschriften über Personengesellschaften wie OHG und KG und deren Gesellschafter (**Komplementäre** (**20**) und Kommanditisten) aber auch über die Firma, das Handelsregister und die Prokura. Das Handelsregister enthält als amtliches Verzeichnis Eintragungen, die entweder **konstitutiv** (**05**) (rechtsbegründend) oder deklaratorisch (rechtserklärend) sind. So ist z. B. die Benennung eines **Prokuristen** (**16**) im Handelsregister deklaratorisch, die Eintragung einer Kapitalgesellschaft (z. B. GmbH) hat konstitutive Wirkung.

Kapitalgesellschaften wie die AG oder GmbH sowie deren Organe (z. B. **Vorstand** (**09**), Aufsichtsrat und Haupt- oder Gesellschafterversammlung) sind in gesonderten Gesetzen (z. B. AktG, GmbHG) geregelt. So bestimmt z. B. das GmbHG die Höhe des zu zeichnenden Haftungskapitals (**Stammkapital**) (**08**), Rechtsfolgen bei nicht rechtzeitiger Einzahlung der Einlagen bzw. Nichterfüllung einer beschränkten Nachschusspflicht (**Kaduzierung**) (**01**) oder die Veräußerung der Stammeinlage bei Nichterfüllung einer unbeschränkten Nachschusspflicht (Abandon-Recht).

Fachbegriffe im Gitterrätsel:

Lösungswort

01.	K A D U Z I E R U N G
02.	C I F
03.	N I C H T I G K E I T
04.	B E S I T Z
05.	K O N S T I T U T I V
06.	A N S T A L T E N
07.	A U S L O B U N G
08.	S T A M M K A P I T A L
09.	V O R S T A N D
10.	V E R S C H U L D E N
11.	K O E R P E R S C H A F T E N
12.	B G B
13.	L E I H E
14.	A N T R A G
15.	G E R I C H T S S T A N D
16.	P R O K U R I S T E N
17.	M I N D E R J A E H R I G E
18.	A N G E B O T
19.	V E R Z U G S Z I N S E N
20.	K O M P L E M E N T A E R E
21.	Z A H L U N G S V E R Z U G

2.01 Rechtsgebiete

Die richtige Zuordnung befindet sich in Zeile **4**. 4

Zu 1. ist **falsch**, da zwar das Handelsrecht als besonderes Recht der Kaufleute bzw. Gewerbetreibenden zum Privatrecht gehört, das Bürgerliche Recht jedoch kein öffentliches, sondern privates Recht darstellt.

Zu 2. ist **falsch**, da das Strafrecht öffentliches Recht darstellt und das Handelsrecht Sonderprivatrecht ist (vgl. auch Erläuterung zu 1).

Zu 3. ist **falsch**, da Handelsrecht Sonderprivatrecht darstellt.

Zu 5. ist **falsch**, da Straftrecht öffentliches Recht ist.

2.02 Rechtspersonen

a) Bundesländer zählen zu den **Gebietskörperschaften**. 2

b) Der Westdeutsche Rundfunk zählt zu den selbstständigen **Anstalten des öffentlichen Rechts**. 3

c) Die GmbH ist eine Kapitalgesellschaft und als solche rechtsfähig **(juristische Person des privaten Rechts)**; Entstehung bei Eintragung in das Handelsregister (Abteilung HRB). 1

d) Die IHK zählt zu den **Personenkörperschaften** des öffentlichen Rechts. 2

e) Berufsgenossenschaften als Träger der Unfallversicherungen gehören den **Personenkörperschaften** des öffentlichen Rechts an. 2

f) Der eingetragene Verein („e. V.“) ist eine rechtsfähige **juristische Person des privaten Rechts** (hier als Gesangverein = Idealverein); der Eintrag in das Vereinsregister erzeugt die Vereinsentstehung e. V. 1

g) eG = eingetragene Genossenschaft **(juristische Person des privaten Rechts)**; sie entsteht erst mit Eintrag in das Genossenschaftsregister. 1

Allgemeine Hinweise

Juristische Personen des privaten Rechts sind:

neben den weniger bedeutsamen Stiftungen des privaten Rechts alle rechtsfähigen Vereine; Einteilung in **Idealvereine** e.V. (z. B. Sport-, Gesang- und Theatervereine, sofern e. V.) sowie **Vereine mit wirtschaftlichen Zielen** (hierzu zählen AG, GmbH, KGaA und die eG, aber auch der VVaG).

AG = Aktiengesellschaft
GmbH = Gesellschaft mit beschränkter Haftung
KGaA = Kommanditgesellschaft auf Aktien
eG = eingetragene Genossenschaft
VVaG = Versicherungsverein auf Gegenseitigkeit

Juristische Personen des öffentlichen Rechts

Neben den rechtsfähigen Stiftungen des öffentlichen Rechts (z. B. Stiftung „Preußischer Kulturbesitz"), deren Bedeutung gering ist, unterscheidet man Anstalten und Körperschaften.

Körperschaften des öffentlichen Rechts sind:

Verbände aus einer Vielzahl von Mitgliedern, die ihrerseits natürliche oder juristische Personen sein können. Sie dienen nicht nur den Einzelinteressen der Mitglieder, sondern überwiegend öffentlichen Interessen. Man unterscheidet Gebietskörperschaften (Bund, Länder, Gemeinden), Personenkörperschaften (AOK, Rechtsanwaltskammern, Handwerkskammern, Ärztekammern) sowie Mischtypen (z. B. Wasser- und Deichverbände).

AOK = Allgemeine Ortskrankenkasse

Anstalten des öffentlichen Rechts sind:

Zusammenfassungen sächlicher und persönlicher Mittel (Vermögen und Verwaltungsapparat), die einem bestimmten Verwaltungszweck dienen. Anstalten haben Benutzer, die der Anstaltsordnung unterliegen. Selbstständige Anstalten sind keine Befehlsempfänger, sondern eine Art der Selbstverwaltung (z. B. neben den Rundfunkanstalten gehören die staatlichen Einfuhr- und Vorratsstellen dazu, auch ein Großteil öffentlicher Sparkassen, die Kreditanstalt für Wiederaufbau).

Schulen, staatliche oder städtische Krankenhäuser, Museen und Bundesautobahnverwaltungen sind hingegen **unselbstständige Anstalten** (= keine juristischen Personen, sondern anstaltsähnlich gegliederte technisch verselbstständigte Verwaltungseinheiten; sie unterstehen einer Behörde ihres Hoheitsträgers und können keine Prozesse selbst führen bzw. verklagt werden).

2.03 Rechtsbegriffe

a) Eigentum wird rechtlich als das **Herrschaftsrecht an einer Sache** bezeichnet.	5
b) Ein Konsensualvertrag liegt vor, wenn mindestens **zwei übereinstimmende Willenserklärungen** gegeben sind, die eine Rechtsfolge (hier: Vertragserfüllung) herbeiführen sollen. Die zustimmenden Parteien haben also einen Konsens gefunden.	1
c) Juristische Personen sind **Vereinigungen mit eigener Rechtspersönlichkeit**, z. B. Kapitalgesellschaften wie AG, GmbH (juristische Personen privaten Rechts) oder Körperschaften wie Kommunen bzw. Anstalten wie Westdeutscher Rundfunk (juristische Personen öffentlichen Rechts). Vgl. vorhergehende Seite – Allgemeine Hinweise.	3
d) Geschäftsfähig ist, wer **Rechtsgeschäfte rechtswirksam vornehmen** kann.	4

Zu 2. Die *tatsächliche Verfügungsgewalt über eine Sache* wird als Besitz bezeichnet.

Zu 6. Die *Fähigkeit, Träger von Rechten und Pflichten zu sein*, heißt Rechtsfähigkeit.

2.04 Rechtsgeschäfte

Einseitige Rechtsgeschäfte

Sie entstehen durch Willenserklärungen einer Person. Bestimmte einseitige Rechtsgeschäfte sind jedoch erst dann rechtswirksam, wenn sie in den Verfügungs- bzw. Empfangsbereich des Empfängers gelangt sind (Empfangsbereich meint hier nicht unbedingt die persönliche Aushändigung eines Schriftstückes; es genügt bereits ein fristgerechter Zugang im Briefkasten oder auf dem Schreibtisch des Empfängers). Zu den zugangsbedürftigen einseitigen Rechtsgeschäften zählen z. B. die Erklärung eines **Vertragsrücktritts b)**, die **Kündigung c)** und die **Anfechtung g)**.

Die zweite Gruppe einseitiger Rechtsgeschäfte ist die der nicht empfangsbedürftigen, d. h., diese Willenserklärungen sind bereits dann rechtswirksam, wenn sie „abgegeben" (erklärt) wurden; hierzu zählen z. B. das **Testament f)** und die **Auslobung d)** (das Aussetzen einer Belohnung ist bei Bekanntgabe bereits rechtswirksam).

Zwei- und mehrseitige Rechtsgeschäfte

Hierzu zählen die Verträge und Verfügungsgeschäfte. Verträge entstehen durch übereinstimmende Willenserklärungen (Konsensualverträge) von zwei oder mehreren Personen, die sich zu bestimmten Verhaltensweisen verpflichten (Verpflichtungsgeschäfte); hierzu zählen also die **Vereinssatzung a)**, der **Kaufvertrag e)** und der **Beschluss der Gesellschafterversammlung h)**.

Verfügungsgeschäfte sind mehrseitige Rechtsgeschäfte durch die unmittelbare Rechtsänderungen an Gegenständen bewirkt werden; sie entstehen durch Willenserklärungen und rechtswirksame Handlung (z. B. die **Eigentumsübertragung i)**).

a)	3
b)	1
c)	1
d)	2
e)	3
f)	2
g)	1
h)	3
i)	3

Geschäftsfähigkeit 2.05

a) Gemäß § 110 BGB gilt ein von dem Minderjährigen ohne Zustimmung des gesetzlichen Vertreters geschlossener Vertrag als von Anfang an wirksam, wenn der Minderjährige die vertragsmäßige Leistung mit Mitteln bewirkt, die ihm zu diesem Zwecke oder zu freier Verfügung von dem Vertreter oder mit dessen Zustimmung von einem Dritten überlassen worden sind (sog. **Taschengeldparagraf**). 3

Die aufgewendeten 3,50 € dürften sich im Rahmen dieser „Zuwendungen" bewegen.

b) Der Mofa-Kauf sprengt mit Sicherheit die Bestimmungen des Taschengeldparagrafen. Das Rechtsgeschäft ist „schwebend (un)wirksam". Der gesetzliche Vertreter muss hier entweder **einwilligen** (vorher) oder nachträglich **genehmigen** (letzteres trifft hier zu!).

§ 108 I BGB: Schließt der Minderjährige einen Vertrag ohne die erforderliche Einwilligung des gesetzlichen Vertreters, so hängt die Wirksamkeit des Vertrags von der Genehmigung des Vertreters ab. 0

c) Kreditkauf ist nicht zulässig, auch nicht zu geringen Monatsraten, da der Minderjährige sich langfristig verpflichtet; das Rechtsgeschäft ist **zustimmungsbedürftig**. 0

d) Der 14-Jährige erlangt einen **rechtlichen Vorteil**; die Schenkung der 8.000 € verpflichtet den Minderjährigen zu nichts (keine rechtlichen Nachteile). 1
Umkehrschluss des § 107 BGB; das Rechtsgeschäft ist von Anfang an wirksam.

e) § 112 I BGB: Ermächtigt der gesetzliche Vertreter mit Genehmigung des Vormundschaftsgerichts den Minderjährigen zum selbstständigen Betrieb eines **Erwerbsgeschäfts**, so ist der Minderjährige für solche Rechtsgeschäfte unbeschränkt geschäftsfähig, welche der Geschäftsbetrieb mit sich bringt. [...] (sog. **partielle Geschäftsfähigkeit**) 2

f) Marion ist zur Aufhebung des **Dienstverhältnisses** gem. § 113 BGB berechtigt, wenn der gesetzliche Vertreter bereits der Eingehung des Dienstverhältnisses zugestimmt hat. 4

g) Carl darf **nicht** ohne Zustimmung der Eltern kündigen!
§ 113 BGB gilt nicht für Ausbildungsverträge, da ein Ausbildungsvertrag nach herrschender Meinung kein Dienst- oder Arbeitsverhältnis im Sinne dieses Paragrafen darstellt. 0

2.06 Nichtigkeit und Anfechtung

Teil I

a)	Willenserklärungen, die offensichtlich nicht ernst gemeint sind (sog. Scherzgeschäfte), sind von Anfang an nichtig (vgl. § 118 BGB).	3
b)	Die Kündigung (hier des Berufsausbildungsverhältnisses) gehört zu den zugangsbedürftigen Willenserklärungen, die der Schriftform bedürfen (vgl. § 125 BGB sowie § 15 BBiG).	4
c)	Rechtsgeschäfte bzw. Willenserklärungen, die gegen die guten Sitten verstoßen (hier: Mietwucher), sind von Anfang an nichtig (vgl. § 138 BGB).	2
d)	Die Willenserklärung eines Geschäftsunfähigen (hierzu zählt die Altersgruppe von 0 – 7 Jahren) ist nichtig (vgl. § 104 f. BGB).	1
e)	Kaufverträge über Grundstücke bedürfen der notariellen Beurkundung. Es liegt ein Formzwang vor (vgl. §§ 125 ff. BGB).	4

Teil II

a)	Wille und Erklärung stimmen bei diesem Rechtsgeschäft überein. Der Wille beruht auf einer fehlerhaften Motivation. Dieser **Motivirrtum ist nicht ausreichend**, um ein Rechtsgeschäft anzufechten. Der **Aktienkauf** ist **gültig**.	1
b)	**Nichtigkeit wegen Formmangels** (vgl. §§ 125 ff. BGB sowie Antwort e) aus Teil I dieser Aufgabe).	3
c)	Das Rechtsgeschäft (hier: Arbeitsvertrag) ist **anfechtbar, da** ein **Irrtum über die Eigenschaft der Person** besteht. (vgl. § 119 II BGB).	2
d)	Die **Erklärende** (hier: Frau Nettelbeck) **irrte über den Inhalt und die Bedeutung der abgegebenen Erklärung**. Das Rechtsgeschäft kann **angefochten** werden (vgl. § 119 I BGB).	2
e)	**Motivirrtum**. Vgl. auch Erläuterung zu a). Das Rechtsgeschäft ist **gültig**.	1
f)	Das Rechtsgeschäft kann **angefochten** werden, **da eine Drohung** (Erpressung) **vorliegt**. Die Umstände, unter denen das Rechtsgeschäft (hier: Schuldanerkenntnis) zustande kam, sind widerrechtlich. Zwischen der Drohung und der Willenserklärung besteht ein unmittelbarer Zusammenhang (vgl. dazu § 123 I BGB).	2

Vertragsarten, -inhalte und -beispiele 2.07

Teil I

a) Der **Mietvertrag** ist im Gegensatz zum Leihvertrag entgeltlich.	3
b) Der Pächter hat beim **Pachtvertrag** im Gegensatz zum Mietvertrag neben dem Gebrauchsrecht das Nutzungsrecht (Fruchtgenuss). Der Pächter eines Restaurants darf den genutzten Raum zum Verkauf und damit zur Gewinnerzielung nutzen.	5
c) Der **Werkvertrag** verpflichtet den Unternehmer zur Herstellung eines Werkes; die dafür notwendigen Werkstoffe stellt der Kunde.	7
d) Der **Leihvertrag** ist im Gegensatz zum Mietvertrag unentgeltlich.	4
e) Beim **Schenkungsvertrag** werden die Sachen im Gegensatz zum Leihvertrag übereignet. Es kommt also zu einem Eigentümerwechsel.	2

Zu 1. Der *Kaufvertrag* regelt die Veräußerung von Sachen und Rechten gegen Entgelt.

Zu 6. Der *Dienstvertrag* regelt die Leistung von Diensten gegen Entgelt (meist Arbeitsvertrag).

Teil II

a) Der Kaufvertrag kommt durch zwei übereinstimmende Willenserklärungen (hier: Bestellung und Lieferungszusage) zustande. Der Antrag geht vom Käufer aus (Bestellung). Der Verkäufer nimmt den Antrag an (Zusage der sofortigen Lieferung).	1
b) Die Beteiligten schließen einen Speditionsvertrag über die Besorgung eines Transportes. Die Besorgertätigkeit entspricht dem Vertragstypus eines Dienstvertrages.	6
c) Hier kommt es zum Abschluss eines Frachtvertrages, der die Durchführung (Bewirkung) des Transportes zum Erfüllungsziel hat. Der Frachtvertrag ist ein Werkvertrag.	7
d) Das Notebook wird Frau Wagner für eine bestimmte Zeit zum Gebrauch unentgeltlich überlassen. Es liegt ein Leihvertrag vor.	4
e) Da am Ende der Leihe die unentgeltliche Übereignung des Notebooks an Frau Wagner stattfindet, erfolgt ein Eigentümerwechsel im Rahmen eines Schenkungsvertrags.	2

2.08 Kaufarten

a) **Sofortkauf:** Hierbei muss die Lieferung unmittelbar nach der Bestellung erfolgen. Die Firma Hollebrink entdeckt den Mangel an Rohstoffen und bestellt umgehend. Der Lieferer reagiert entsprechend und sagt sofortige Sendung zu. Gemäß der Klausel: „Lieferung sofort." 3

b) **Fixkauf:** Die Lieferung muss an einem genau bestimmten oder bis zu einem genau bestimmten Datum erfolgen, gemäß der Grundsätze: „Lieferung am 10. Juni fix" oder „Lieferung bis zum 15. Oktober fest." Der Vertrag bleibt nur gültig bei Einhaltung dieser Klauseln. Liefert also die Geschenkefirma erst nach dem 20. Dezember, kann die BGA GEURTS GmbH den Vertrag anfechten. 4

c) **Kauf auf Abruf:** Der Käufer kauft eine größere Menge an Waren und ruft die Ware (ggf. in Teilmengen) je nach Bedarf beim Lieferer ab. 6

d) **Kauf auf Umtausch:** Der Käufer kann verlangen, dass an Stelle der gekauften Ware eine andere Ware gleichen Wertes geliefert wird, falls die Ware nachträglich nicht zusagen sollte (nur bei Gattungskauf möglich). 5

e) **Kauf auf Probe:** Der Käufer hat innerhalb einer vereinbarten oder angemessenen Frist ein Rückgaberecht der Ware, wenn der Gegenstand nicht den Erwartungen des Käufers entsprechen sollte. 2
ACHTUNG: Der Kauf auf Probe darf nicht verwechselt werden mit dem Kauf auf Umtausch.

f) **Bestimmungskauf:** Der Kaufgegenstand ist eine bewegliche Sache, die bei Kauf noch nicht genau beschrieben ist. Die nähere Bestimmung (Spezifikation) über Maße, Form u. dergleichen legt der Käufer erst zu einem späteren Zeitpunkt fest. 1

Vertragsabschluss 2.09

Verträge kommen grundsätzlich durch zwei übereinstimmende Willenserklärungen zustande, die man Antrag und Annahme nennt. Im Allgemeinen besteht Formfreiheit; nur bei bestimmten Verträgen ist die Schriftform (z. B. Bürgschaftsvertrag, zeitlich begrenzte Miet- und Pachtverträge, die länger als 1 Jahr gelten sollen) oder die öffentliche Beurkundung (z. B. Schenkungsversprechen, Grundstückskauf) gesetzlich vorgeschrieben.

In den Vorgängen 1., 3. und 5. ist ein Vertrag abgeschlossen worden. 1 3 5

Zu 1. Die beiden Willenserklärungen stimmen überein. Das Angebot des Verkäufers ist noch bindend.

Zu 3. Aus der Tatsache, dass der Käufer die unbestellte Ware gebraucht, ist zu schließen, dass er den Antrag des Verkäufers auf Abschluss eines Kaufvertrages annimmt.

Zu 5. Obwohl der Spediteur den Antrag weder schriftlich noch mündlich bestätigt hat, ist ein Vertrag zustande gekommen, da unter Kaufleuten mit bereits bestehender Geschäftsverbindung das Schweigen auf einen Antrag des Geschäftspartners als Annahme des Antrages ausgelegt wird.

Zu 2. Die beiden Willenserklärungen stimmen zwar überein; beim Kaufvertrag über ein Grundstück ist jedoch die notarielle Beurkundung gesetzlich vorgeschrieben.

Zu 4. Ein Werberundschreiben ist nicht an eine bestimmte Person gerichtet und infolge dessen kein Antrag. Somit ist die Bestellung des Käufers erst der Antrag zum Abschluss eines Kaufvertrages; erst, wenn der Verkäufer die Bestellung annimmt, indem er dies bestätigt oder unmittelbar liefert, ist ein Kaufvertrag abgeschlossen worden.

Zu 6. Es liegt kein Vertrag vor. Der Widerruf einer Willenserklärung ist dann wirksam, wenn er vorher oder gleichzeitig mit der Willenserklärung beim Empfänger eintrifft. Siehe hierzu § 130 (1) zweiter Absatz BGB.

zu 7. Die Anfrage ist kein Antrag im rechtlichen Sinne. Mit der Anfrage erkundigt sich der Interessent nach näheren Einzelheiten zum möglichen Kaufobjekt. Die Zusendung des TV-Gerätes ist demnach voreilig, ein Kaufvertrag kommt dadurch nicht zustande.

2.10 Kaufvertrag

2.10.1 Anfrage

Die Aussagen **2.** und **3.** sind zutreffend.

2 3

Die Anfrage ist rechtlich nicht bindend. Der Anfragende ersucht den Angefragten um Informationen bzw. bittet ihn um ein Angebot. Dies kann nur als Vorstufe zum Kaufvertragsantrag gesehen werden, welcher vom Verkäufer (Anbieter) ausgehen kann. Er hat nun die Möglichkeit auf die Anfrage zu reagieren mit einem verbindlichen oder freibleibenden Angebot, muss dies aber nicht.

2.10.2 Angebotsvergleich und Angebot

Teil I

Der Einstandspreis des günstigsten Anbieters (BÜROTEC GmbH aus München) beträgt 33.776,20 €.

€ 3 3 7 7 6 | 2 0

Anbieter / **Konditionen**	BÜROTEC GmbH Bürotechnik und Apparatebau Vilshofener Str. 86 81679 München	STAHLBAU AG Spezialmaschinen und Containerbau Trierer Str. 1001 52076 Aachen	PITZKOW & RIEL GmbH & Co. KG Behälterbau Im Steinpilz 14 03130 Spremberg
Gewicht der Container ohne Verpackung	3,35 kg x 2.000 = 6.700 kg	2.980 g je Container	3.150 g
Listenpreis (insgesamt)	18,95 € x 2.000 = 37.900,00 €	20,15 € x 2.000 = 40.300,00 €	17,50 € x 2.000 = 35.000,00 €
Preisnachlässe	abzüglich 10 % Staffelrabatt (3.790,00 €) = 34.110,00 € Zieleinkaufspreis abzüglich 2 % Skonto (682,20 €) = 33.427,80 € Bareinkaufspreis	abzüglich 15 % Artikelrabatt (6.045,00 €) **= 34.255,00 €** Zieleinkaufspreis (zugleich Bezugs- oder Einstandspreis	ohne Rabatt 35.000,00 € Zieleinkaufspreis abzüglich 1,5 % Skonto (525,00 €) = 34.475,00 € Bareinkaufspreis
Lieferungsbedingungen	zuzüglich Bezugskosten 5,20 € x 67 (348,40 €) **= 33.776,20 €** Bezugs- oder Einstandspreis		zuzüglich Bezugskosten 25,00 € x 20 (500,00 €) **= 34.975,00 €** Bezugs- oder Einstandspreis
Angebotsvergleich (Ergebnis)	Günstigster Anbieter	Zweitgünstigster Anbieter	Drittgünstigster Anbieter

Angebotsvergleich und Angebot 2.10.2

Teil II

a) Auswahlantwort **4.** ist richtig. 4

Das Angebot ist **verbindlich**, wenn die Willenserklärung des Antragenden an eine bestimmte Person (hier: Mahnke KG) gerichtet ist und alle wesentlichen Vertragspunkte wie Art, Güte und Beschaffenheit der Ware, Menge und Preis der Ware, enthält.

b) Auswahlantwort **5.** ist richtig. 5

Die Gesellschaft mit beschränkter Haftung (GmbH) ist als juristische Person des privaten Rechts eine **Vereinigung mit eigener Rechtspersönlichkeit** und zählt zu den Kapitalgesellschaften, die in **Abteilung B** des Handelsregisters eingetragen sind.

Zu 1. Das Angebot ist *rechtlich bindend*, da es an eine bestimmte Person gerichtet ist. „Mahnke KG“ ist die Firma. Die Firma ist der Name des Kaufmanns und damit als Person bestimmbar.

Zu 2. Der Betrag von 5.796,70 € ist *falsch*, da weder der Rabatt noch die gesetzliche Umsatzsteuer berücksichtigt wurden. Der korrekte Betrag lautet bei einer 19 %igen Umsatzsteuer auf 6.208,27 €:

35 · 169,00 €	=	5.915,00 €
./. 10 % Rabatt	=	591,50 €
Nettopreis	=	5.323,50 €
+ 19 % USt	=	1.011,47 €
Bruttopreis	=	6.334,97 €
./. 2 % Skonto	=	126,70 €
Überweisung	=	6.208,27 €

Zu 3. Der Antragende ist u. a. nicht mehr an sein Angebot gebunden, wenn die Annahmeerklärung (Bestellung) des Vertragspartners (Mahnke KG) nicht rechtzeitig erfolgt. (Vgl. dazu § 147 I BGB). Dies ist hier nicht der Fall, da *ein schriftlicher Antrag so lange gilt*, wie der Eingang einer Antwort unter gewöhnlichen Umständen (*ca. 1 Woche*) erwartet werden darf. (Vgl. dazu § 147 II BGB).

Zu 4. Die Unterschrift der Geschäftsführerin der GmbH ist für die Verbindlichkeit des Angebotes *nicht erforderlich*. Jan Woldt handelt „im Auftrag“ (i. A.) der GmbH und ist somit bevollmächtigt.

2.10.3 Bestellung

Die richtige Antwort ist **3.** 3

Frau Jensen ist Prokuristin der Mahnke KG und darf gemäß Handelsrecht (vgl. § 49 Abs. 1 HGB) alle gerichtlichen und außergerichtlichen Rechtshandlungen (und dazu zählt auch die Bestellung von Büromobiliar) vornehmen, die der Betrieb eines Handelsgewerbes (hier: die Mahnke KG) mit sich bringt.

Zu 1. Die Anfrage des Herrn Mahnke war unverbindlich. Es tut auch nichts zu Sache, dass Anfrager und Besteller verschiedene Personen sind. Wichtig ist lediglich ihre Befugnis, das Geschäft durchführen zu dürfen.

Zu 2. Die Prokura reicht aus, diese Bestellung vornehmen zu dürfen. Vgl. Erläuterungen zu 3.

Zu 4. Frau Jensen ist nicht die Geschäftsführerin, sondern Herr Mahnke. Um die Bestellung rechtswirksam zu tätigen muss sie auch nicht Mitglied der Geschäftsführung sein.

Zu 5. Der Stückpreis von 152,10 Euro entspricht sehr wohl dem Angebot, da dort ein Artikelrabatt von 10 % aufgeführt wurde (169,00 Euro – 10 % Rabatt).

2.10.4 Mängelrüge

Antwort **4.** ist richtig. 4

Beim Kauf der Schreibtische handelt es sich um einen zweiseitigen Handelskauf, das heißt sowohl Verkäufer (BGA GEURTS GmbH) als auch Käufer (Mahnke KG) sind Kaufleute.

Da für die Warenlieferung keine abweichenden Vereinbarungen getroffen wurden, gelten die gesetzlichen Bestimmungen gemäß dem Angebot der BGA GEURTS GmbH, die von der Mahnke KG bei der Bestellung akzeptiert wurden (siehe Angebotstext und Bestellung aus den Aufgaben 2.10.2 und 2.10.3). Nach der gesetzlichen Regelung sind Warenschulden Holschulden, d. h., der Erfüllungsort für die Warenlieferung ist der Wohn- bzw. Geschäftssitz des Verkäufers.

Mit der Übergabe der Ware an den Frachtführer, geht das Transport- und Verlustrisiko bei einem Versendungskauf auf den Käufer über:

§ 447 BGB – Gefahrübergang beim Versendungskauf

(1) Versendet der Verkäufer auf Verlangen des Käufers die verkaufte Sache nach einem anderen Ort als dem Erfüllungsort, so geht die Gefahr auf den Käufer über, sobald der Verkäufer die Sache dem Spediteur, Frachtführer oder der sonst zur Ausführung der Versendung bestimmten Person oder Anstalt ausgeliefert hat.

Nach § 412 Abs. 1 HGB ist der Frachtführer aber natürlich für eine betriebssichere Verladung verantwortlich (dazu zählt z. B. die Sicherung der Packstücke mittels vorhandener Spanngurte), deshalb trifft ihn hier ein Verschulden.

Die Mahnke KG kann Schadenersatz also nur direkt beim Frachtführer geltend machen und nicht bei der BGA GEURTS GmbH.

Handelsklauseln 2.11

Die **Incoterms (International Commercial Terms)** enthalten einheitliche Regelungen wesentlicher Pflichten des Käufers und Verkäufers für die wichtigsten im internationalen Handel gebräuchlichen Lieferverträge. Mit der Einbeziehung in den Kaufvertrag erreichen die Vertragspartner eine international anerkannte einheitliche Auslegung bestimmter Pflichten und verringern somit die Gefahr von Missverständnissen. Die Incoterms wurden erstmals im Jahre 1936 durch die Internationale Handelskammer in Paris veröffentlicht; die letzten Änderungen stammen aus dem Jahr 2010. Insgesamt 11 Klauseln werden unterschieden.

a) **CIF** benannter Bestimmungshafen (hier: New York) = cost, insurance and freight (Kosten, Versicherung, Fracht). Die Mindestversicherung muss den Kaufpreis zuzüglich 10 % (imaginärer Gewinn) decken und in der Währung des Kaufvertrages abgeschlossen werden. Während die Kosten erst im Bestimmungshafen auf den Käufer übergehen, muss die Gefahr bereits nach der Verladung an Bord des Schiffes im Verschiffungshafen vom Käufer getragen werden. Da Kosten- und Gefahrenübergang örtlich verschieden sind, spricht man von „Zweipunktklauseln". 2

b) **CIF** (siehe vorstehende Erläuterungen) 2

c) **DAT** = deliverd at terminal (geliefert an Terminal), hier: Terminal Hamburg Altenwerder. Es handelt sich um eine Einpunktklausel, da Kosten- und Gefahrenübergang am selben Ort (benanntes Terminal) auf den Käufer übergehen. 3

d) **FOB** = free on board (frei an Bord) … benannter Verschiffungshafen (hier: Hamburg). Der Verkäufer hat die Ware an Bord des vom Käufer benannten Schiffes rechtzeitig vor dem angegebenen Abfahrtstermin zu verladen. Auch hier handelt es sich um eine Einpunktklausel. 4

e) **EXW** = ex works (ab Werk) … benannter Ort der Lieferung. Getreu dem Grundsatz „Warenschulden sind Holschulden" hat der Verkäufer die Ware dem Käufer zur vereinbarten Zeit in seinem Betrieb transportgerecht verpackt zur Verfügung zu stellen und den Käufer zu benachrichtigen. Da der Käufer ab Werk (Lieferort) alle Kosten und Gefahren, die mit dem Transport zum Bestimmungsort verbunden sind, trägt, ist auch diese Klausel eine Einpunktklausel. 1

f) **FOB** (siehe Erläuterungen zu d) 4

2.12 Besitz und Eigentum

Teil I

Aussage Nr. **2.** ist richtig. 2

Das Eigentum in Fall A wurde **rechtswirksam übertragen**.

Die Nachbarin ist gemäß **§§ 929** und **932 BGB** rechtmäßige Eigentümerin des Fahrrades geworden, da sie zum Zeitpunkt der Eigentumsübertragung gutgläubig war.

> **§ 929 BGB:** Zur Übertragung des Eigentums an einer beweglichen Sache ist erforderlich, dass der Eigentümer die Sache dem Erwerber übergibt und beide darüber einig sind, dass das Eigentum übergehen soll.
>
> **§ 932 Abs. 1 BGB:** Durch eine nach § 929 erfolgte Veräußerung wird der Erwerber auch dann Eigentümer, wenn die Sache nicht dem Veräußerer gehört, es sei denn, dass er zu der Zeit, zu der er nach diesen Vorschriften das Eigentum erwerben würde, nicht in **gutem Glauben** ist.

§

Zu Fall B Herr Wellmann ist gemäß **§ 935 BGB nicht Eigentümer** des Handys geworden, da bei gestohlenen Sachen ein gutgläubiger Erwerb nicht möglich ist.

> **§ 935 Abs. 1 BGB:** Der Erwerb des Eigentums (...) tritt nicht ein, wenn die Sache dem Eigentümer gestohlen, verloren gegangen oder sonst abhanden gekommen war. (...)

§

Teil II

a) Es handelt sich um den **sog. erweiterten Eigentumsvorbehalt, auch Verarbeitungsklausel** genannt. Um sich vor dem Verlust des Eigentums durch Verarbeitung (hier des Bankirai-Holzes) zu schützen, vereinbart der Verkäufer mit dem Käufer eine Verarbeitungsklausel, die ihn (auch) zum Eigentümer an der verarbeiteten neu geschaffenen Sache (z. B. Balkon, Terrassenbelag etc.) macht. 3

b) Der **einfache Eigentumsvorbehalt** gemäß *§ 449 BGB* garantiert nur, dass der Verkäufer bei Zahlungsverzug des Kaufpreisschuldners/Käufers die Herausgabe seines Eigentums fordern kann, nachdem er vom Vertrag zurückgetreten ist. Dieser Eigentumsvorbehalt muss kaufvertraglich vereinbart werden. Er geht aber verloren, wenn die bewegliche Sache (hier das TV-Gerät) an einen gutgläubigen Dritten weiter veräußert/verkauft wird oder aber verarbeitet bzw. mit anderen Stoffen verbunden wird. 1

c) **Verlängerter Eigentumsvorbehalt** ist gegeben, wenn der Verkäufer mit dem Erwerber (Verkäufer/Käufer) eine *sog. Vorausabtretungsklausel* vereinbart. Veräußert der Käufer die bewegliche Sache an einen Dritten, wird die aus der Veräußerung entstandene Forderung an den Verkäufer (Erstveräußerer) abgetreten. 2

Besitz und Eigentum 2.12

Teil III

a) Die Eigentumsübertragung erfolgt gemäß **§§ 873** und **925 BGB** durch Einigung (Auflassung) und Eintragung in das Grundbuch. 3

b) Hierbei genügt zum Eigentumserwerb lediglich die Einigung, da die Freundin bereits im Besitz des Buches ist. Vgl. **§ 929 Satz 2 BGB**. 2

c) Die Nichte wird Eigentümerin des TV-Gerätes, wenn sie sich mit ihrer Tante über den Eigentumsübergang einigt. Zusätzlich tritt die Tante der Nichte ihren Herausgabeanspruch gegen ihre Schwester ab, die ja derzeit noch Besitzerin des TV-Gerätes ist. Vgl. **§ 931 BGB**. 4

d) Die Bank wird für die Dauer der Darlehensrückzahlung Eigentümerin (es erfolgt die Aushändigung des Kfz-Briefes an die Bank). Damit der Darlehensnehmer – hier Theo Gülpen – das Auto nutzen kann, wird eine unentgeltliche Überlassung des Fahrzeuges vereinbart, bei der die Bank in den **mittelbaren** Besitz des Autos gelangt, Theo Gülpen aber **unmittelbarer** Besitzer ist (sog. **Besitzkonstitut**). Vgl. **§§ 868, 929** und **930 BGB**. 5

e) Die Eigentumsübertragung erfolgt hier durch Einigung und Übergabe der beweglichen Sache (Armbanduhr). Vgl. **§ 929 Satz 1 BGB**. 1

2.13 Kaufvertragsstörungen

Die Aussagen **1.**, **2.**, **3.** und **5.** sind **falsch**. 1 2 3 5

Zu 1. Diese Aussage ist **falsch**.
Der Verkäufer hat die verkaufte Ware mängelfrei zu liefern. Beim **Handelskauf** muss der Käufer die Ware unverzüglich nach der Ablieferung untersuchen und **offene Mängel unverzüglich**, **verborgene (versteckte) Mängel unverzüglich nach ihrer Entdeckung rügen, (reklamieren)**, spätestens jedoch innerhalb der vertraglich vereinbarten Garantie.
Diese darf nicht kürzer sein als die gesetzlich mindestzulässige Gewährleistung von 2 Jahren (Vgl. dazu §§ 377 HGB, 438 BGB).

Zu 2. Diese Aussage ist **falsch**.
Die **Mängelansprüche** des Käufers **verjähren** gemäß § 438 BGB **frühestens nach 2 Jahren** ab Annahme, es sei denn, es handelt sich um eine gebrauchte Sache. Bei letzterer kann die Gewährleistungsfrist vertraglich auf ein Jahr verkürzt werden (vgl. § 475 BGB). Beim Verbrauchsgüterkauf muss jedoch der Käufer innerhalb von 6 Monaten den Mangel gerügt haben, andernfalls greift die sogenannte Beweislastumkehr, bei der der Käufer nachweisen muss, dass die Ware bereits bei Gefahrenübergang mangelhaft war (Vgl. §§ 475 und 476 BGB).

Zu 3. Diese Aussage ist **falsch**.
Da in vielen Fällen Transportunternehmer die Ware anliefern, wird nicht angenommene Ware oft eingelagert, weil die Fahrzeuge für andere Aufträge wieder bereitstehen müssen. Entstehende **Lagerkosten hat der Käufer zu tragen** (Vgl. dazu § 373 HGB).

Zu 5. Diese Aussage ist **falsch**.
Der **Käufer kann nur bei** einem **Fixhandelskauf**, bei dem die genaue Einhaltung des Liefertermins wesentlicher Bestandteil des Vertrages ist (z. B. „Lieferung am 31.01.2012 fix"), **sofort vom Vertrag zurücktreten**.
In allen anderen Fällen des Lieferungsverzuges ist ein Rücktritt vom Vertrag nur nach Ablauf einer zuvor gesetzten angemessenen Nachfrist möglich (Vgl. dazu § 323 f. BGB).

Zu 4. Diese Aussage ist richtig.
Mit der Nichtannahme *geht die Gefahr* des Untergangs oder der Wertminderung der Ware *auf den Käufer über*. Der Lieferer haftet nur noch für Vorsatz und grobe Fahrlässigkeit, also nicht für leichte Fahrlässigkeit (Vgl. dazu § 300 BGB).

Zu 6. Diese Aussage ist richtig.
Gemäß § 286 (3) BGB tritt diese „*Automatik*" ein. Einer zusätzlichen Mahnung bedarf es nicht (Vgl. auch Art. 1 „*Gesetz zur Beschleunigung fälliger Zahlungen*" vom 1. Mai 2000).

Zu 7. Diese Aussage ist richtig.
Gemäß § 288 (1) BGB darf der Gläubiger im Verzugsfall vom Schuldner (Verbraucher) einen Prozentsatz fordern, der *fünf Prozentpunkte über dem jeweiligen Basiszinssatz* liegt. Eine Vereinbarung höherer Zinsen bei Rechtsgeschäften, an denen kein Verbraucher beteiligt ist, ist gem. § 288 (2) BGB zulässig.

Zu 8. Diese Aussage ist richtig.
Unter Kaufleuten darf der Prozentsatz für die Verzugszinsen (mangels besonderer Vereinbarung) acht Prozentpunkte über dem jeweiligen Basiszinssatz liegen. Vgl. dazu §§ 288 (2) BGB i. V. m. 353 Satz 1 HGB.

Zustandekommen/Widerruf eines Kaufvertrages 2.14

Auswahlantwort **4.** ist richtig. 4

Wenn der Anbieter alle erforderlichen Verbraucherinformationen – und dazu zählt auch der ausdrückliche Hinweis auf ein Widerrufs- und Rückgaberecht – dem Kunden (Verbraucher) auf einem dauerhaften Datenträger (z. B. per E-Mail) hat zukommen lassen und die Ware geliefert wurde, hat der Käufer nach § 312 d BGB ein Recht auf Widerruf.

Zu 1. Verträge müssen zwar grundsätzlich eingehalten werden (pacta sunt servanda), davon unberührt besteht aber ein Verbraucherschutz, der insbesondere dann gilt, wenn sich Verkäufer und Käufer nicht persönlich gegenüberstehen. Das Widerrufsrecht bei Fernabsatzverträgen ist ein solches Schutzbeispiel. Der virtuelle Buchhändler hat Frau Glawe spätestens bis zur vollständigen Erfüllung des Vertrages, also spätestens bei Lieferung der Arbeitsmappe, die Informationen zum Widerrufs- und Rückgaberecht mitzuteilen. Auch wenn Frau Glawe die Informationen bereits vor der Warenlieferung erhält, beginnt ihr Widerrufs- und Rückgaberecht erst mit dem Erhalt der bestellten Ware. Diese Widerrufsfrist beträgt nach § 355 Abs. 1 BGB zwei Wochen, also 14 Tage.

Zu 2. Der Widerruf muss nicht am Tag der Auftragsbestätigung erfolgen. (Siehe zu 1.)

Zu 3. Diese Aussage ist falsch, da noch keine Lieferung erfolgt ist.

Zu 5. Ein Kaufvertrag (hier: Fernabsatzvertrag nach § 312 b BGB) ist definitiv zustande gekommen, da zwei übereinstimmende Willenserklärungen vorliegen. Die Vertragsschließenden bedienen sich hierbei besonderer Fernkommunikationsmittel (hier: E-Mail).

Information

Weniger Werbeanrufe und mehr Verbraucherschutz

Am 4. August 2009 trat das Gesetz zur Bekämpfung unerlaubter Telefonwerbung und zur Verbesserung des Verbraucherschutzes bei besonderen Vertriebsformen in Kraft.

Das Gesetz verbietet Werbeanrufe bei Verbrauchern, wenn diese nicht vorher ausdrücklich ihre Einwilligung erklärt haben. Werbeanrufer dürfen ihre Telefonnummer nicht mehr unterdrücken. Verstöße gegen diese Verbote können mit empfindlichen Geldbußen geahndet werden.

Zudem wurden die Widerrufsrechte von Verbraucherinnen und Verbrauchern bei telefonischen Vertragsschlüssen erweitert.

Verbraucherinnen und Verbraucher bekommen mehr Möglichkeiten, Verträge zu widerrufen, die sie am Telefon abgeschlossen haben. Verträge über die Lieferung von Zeitungen, Zeitschriften und Illustrierten sowie über Wett- und Lotterie-Dienstleistungen können künftig widerrufen werden so wie es bisher schon bei allen anderen Verträgen möglich war, die Verbraucher am Telefon abgeschlossen haben. In diesen Bereichen kommt es besonders zu unerlaubter Telefonwerbung, um Verbraucher zu einem Vertragsabschluss zu bewegen. Bislang gab es hier kein Widerrufsrecht. Diese Ausnahmen wurden beseitigt. Es kommt für das Widerrufsrecht nicht darauf an, ob der Werbeanruf unerlaubt war. Die Vorschrift ermöglicht einen Widerruf, aus welchen Gründen auch immer.

Wenn der Verbraucher den Vertrag fristgerecht widerrufen hat, braucht er ihn nicht zu erfüllen. Die Widerrufsfrist beträgt abhängig von den Umständen des Einzelfalles - zwei Wochen oder einen Monat und beginnt nicht, bevor der Verbraucher eine Belehrung über sein Widerrufsrecht in Textform (etwa als E-Mail oder per Telefax) erhalten hat. Bei unerlaubten Werbeanrufen beträgt die Frist regelmäßig einen Monat.

Quelle: Bundesministerium der Justiz

2.15 Zahlungsverzug

Teil I

a) **Kaufmännisches Mahnverfahren:** Der Verkäufer wird den Käufer zunächst an die noch offene Rechnung erinnern und ggf. mehrmals anmahnen. Dieses Verfahren soll sicherstellen, dass mögliche Irrtümer (auch auf Seiten des Verkäufers wie z. B. „Rechnung wurde nicht verschickt" oder „Zahlungseingang nicht gebucht") aufgeklärt werden können. Dieses Verfahren setzt „Fingerspitzengefühl" voraus, d. h., keinesfalls sollte „mit Kanonen auf Spatzen geschossen" werden. 1

b) **Zwangsvollstreckung:** Hierbei ist der Prozess des Mahnverfahrens bereits weit fortgeschritten. Dem Schuldner kann am Ende eines Klageverfahrens oder infolge eines nicht widersprochenen Vollstreckungsbescheides die Zwangsvollstreckung (mittels Pfändung) ins Haus stehen. Der Vollstreckungstitel berechtigt den Antragsteller (Gläubiger) zur Zwangsvollstreckung in das Vermögen des Antragsgegners (Schuldner). 4

c) **Gerichtliches Mahnverfahren:** Wenn der Käufer (Schuldner) trotz mehrfachen Mahnens seiner Zahlungsverpflichtung nicht nachkommt, kann der Verkäufer (Gläubiger) durch Antrag auf Erlass eines Mahnbescheides das gerichtliche Verfahren einleiten. 2

d) **Klageverfahren:** Ein vom Verkäufer bei Gericht beantragter Mahnbescheid wurde bereits erlassen und zugestellt. Widerspricht der Schuldner diesem Bescheid, bleibt dem Verkäufer nur noch das Klageverfahren, um seine Rechtsansprüche durchsetzen zu können. 3

Teil II

HINWEIS

Die BGA GEURTS GmbH als Schuldner kommt gemäß § 286 Abs. 4 BGB in Verzug, wenn sie die Nichtleistung zu vertreten hat. Die personelle Unterbesetzung der Kreditoren-Buchhaltung hat die BGA GEURTS GmbH zu vertreten.

Auswahlantwort **5.** ist richtig. 5

Da die Verzinsung ab dem Tag nach Fälligkeit erfolgt (hier 05.04.2013), dürfen am 29.04.2013 für 25 Zinstage Verzugszinsen in Höhe von (-) 0,13 % + 8 Prozentpunkte = 7,87 % in Ansatz gebracht werden. Verzugszinsen werden nach der einfachen Zinsformel (Tageszinsformel) berechnet.

Nach der Tageszinsformel:

$$z \text{ (in Euro)} = \frac{K \cdot p \cdot t}{100 \cdot 360} = \frac{5.950\,€ \cdot 7{,}87\,\% \cdot 25\,T}{100\,\% \cdot 360\,T} = 32{,}52\,€$$

HINWEIS

Eine Berechnung nach der Effektivzinsmethode, bei der das Zinsjahr mit 365 (in Schaltjahren mit 366) Tagen und der Zinsmonat 30 bzw. 31 (im Februar 28 bzw. 29) Tage zählt, hat sich trotz EU-Empfehlungen in der Praxis nicht durchgesetzt.

Fortsetzung auf der nächsten Seite.

Zahlungsverzug 2.15

Teil II

Fortsetzung

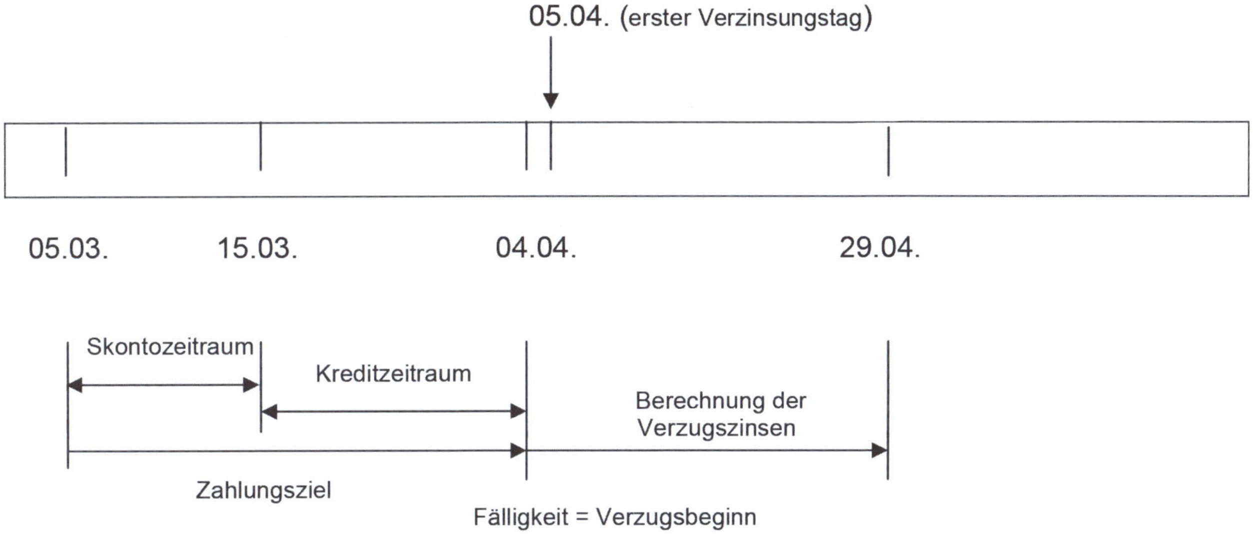

Die Fälligkeit der Rechnung war kalendarisch bestimmt („Zahlbar spätestens am 04. April d. J. netto Kasse"). Damit befindet sich der Käufer ohne dass es einer Mahnung bedarf seit dem 05.04. in Verzug (§ 286 Abs. 2 Nr. 1 BGB). Nach § 288 Abs. 1 BGB ist die Geldschuld während des Verzugs zu verzinsen. Der 05.04. ist somit der erste Tag, für den Verzugszinsen in Ansatz gebracht werden können.

Zu 1. *Falsch.* Die Rechnung ist aufgrund des kalendarisch bestimmbaren Zahlungszieles fällig am 04.04.2013. Leistet der Schuldner nicht, befindet er sich ab dem 05.04. 00:00 Uhr in Verzug. Einer Mahnung bedarf es dabei nicht. Die Skontofrist ist hier unerheblich.

Zu 2. *Falsch.* Eine Mahnung führt nicht zum Neubeginn der Verjährungsfrist. Lediglich ein gerichtliches Mahnverfahren, eine Vollstreckungshandlung, Abschlags- und/oder Zinszahlung, eine Sicherheitsleistung oder ein Schuldanerkenntnis des Zahlungspflichtigen führen zum Neubeginn der Verjährung. Vgl. dazu § 212 Abs. 1 Nr. 1 und 2 BGB.

Zu 3. *Falsch.* Die Büromöbel GmbH ist berechtigt, ab dem Tag nach dem Fälligkeitsdatum, hier 05.04.2013, Verzugszinsen zu berechnen (vgl. § 187 BGB), der Zinssatz darf hierbei 8 Prozentpunkte (nicht 8 %) über dem Basiszinssatz der EZB liegen. Vgl. hierzu § 288 Abs. 2 BGB.

Zu 4. *Falsch.* Zwar darf die Büromöbel GmbH ab dem 05.04.2013 Verzugszinsen berechnen; diese dürfen aber 8 Prozentpunkte über dem Basiszinssatz der EZB liegen (siehe vorstehende Begründung).

2.15 Zahlungsverzug

Teil III

HINWEIS

Da die Rechnung keine gesonderte Zahlungsvereinbarung enthält, ist sie dem Gesetz nach sofort fällig. Vgl. dazu § 271 Abs. 1 BGB

Die Auswahlantworten **3.** und **5.** sind richtig. 3 5

Zu 3. **Richtig.** Fälligkeit alleine bewirkt noch keinen Verzug. Erst durch die Mahnung tritt Verzug ein.

Zu 5. **Richtig.** Gemäß § 286 Abs. 3 BGB „… kommt (der Schuldner einer Entgeltforderung) spätestens in Verzug, wenn er nicht innerhalb von 30 Tagen nach Fälligkeit **und** Zugang einer Rechnung (…) leistet (…)".

Zu 1. *Falsch.* Die Rechnung datiert zwar vom 03.03., ist aber erst am 05.03. zugegangen, d. h., fällig. Zahlungsverzug tritt gemäß § 286 Abs. 1 BGB erst ein, wenn die Forderung fällig ist, also die Rechnung dem Schuldner zugegangen ist, dieser sie nicht begleicht und vom Gläubiger angemahnt wurde.

Zu 2. *Falsch.* Die Rechnung ist zwar mit Zugang am 05.03. fällig, Verzug tritt jedoch erst ein, wenn der Schuldner gemahnt wird.

Zu 4. *Falsch.* Verzugszinsen dürfen nur ab Verzugseintritt berechnet werden. Dies geschieht durch die Mahnung am 20.03.

Zu 6. *Falsch.* Da der Monat März 31 Tage hat, beginnt der Verzug erst am 05.04. um 00:00 Uhr. Bis zum 04.04. (24:00 Uhr) kann der Schuldner ohne vorherige Mahnung noch verzugsfrei leisten, d. h., vom 05.03 bis einschließlich 04.04. befindet er sich in der 30-Tage-Frist.

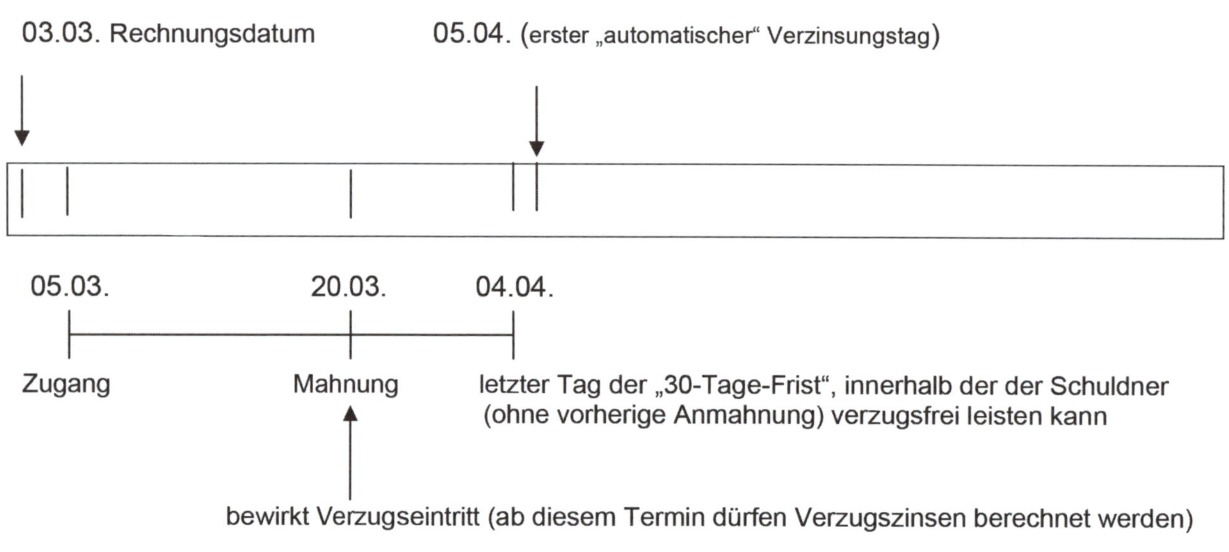

Erfüllungsort

2.16

Information

Allgemeine Informationen zur Lösung:

Der Ort, an dem und von dem aus der Schuldner leisten muss, heißt **Erfüllungsort**.

Vertraglich kann jeder Ort als Erfüllungsort vereinbart werden. Oft setzt sich der wirtschaftlich stärkere Vertragspartner mit der Vereinbarung durch: „Ausschließlicher Erfüllungsort für beide Teile ist ...", wobei er den Ort seines Firmensitzes wählt.

Bei Fehlen einer Vereinbarung gilt nach dem Gesetz der Wohn- und Geschäftssitz des Schuldners als Erfüllungsort. Da es beim Kaufvertrag zwei Schuldner gibt, ist der

- Erfüllungsort für die **Lieferung** der Sitz des **Verkäufers**,
- Erfüllungsort für die **Zahlung** der Sitz des **Käufers**.

Nach § 29 ZPO ist für Klagen aus dem Kaufvertrag der Gerichtsstand des Erfüllungsortes zuständig.

Der Gerichtsstand ist der Sitz des für den jeweiligen Erfüllungsort zuständigen Gerichts.

Erfüllungsort und Gerichtsstand können also geographisch voneinander abweichen.

a) Mangels anderer Vereinbarung ist **Stolberg** der gesetzliche Erfüllungsort für die Lieferung und damit der Gerichtsstand für die Klage auf Lieferung. **2**

b) Da ausdrücklich der Sitz der Lieferfirma als Erfüllungsort vereinbart war, ist **Stolberg** auch der Gerichtsstand für eine Zahlungsklage. **2**

c) Da diese vertragliche Vereinbarung von der gesetzlichen Regelung nicht abweicht, ist **Stolberg** Erfüllungsort und damit Gerichtsstand. **2**

d) Da **Frankfurt am Main** der gesetzliche Erfüllungsort für die Zahlung ist und keine anderslautende Vereinbarung getroffen wurde, muss hier die Zahlungsklage eingereicht werden. **1**

Die Lösungskennziffer **3.** trifft in den unter a) bis d) genannten Beispielen nicht zu.

2.17 Lieferungsverzug

Teil I

4

Auswahlantwort **4.** ist richtig.

Den Umständen des geschilderten Falles ist zu entnehmen, dass hier ein einseitiger Fixhandelskauf zustande gekommen sein muss. Hierbei genügt die Fristüberschreitung (nach 16:00 Uhr) für die Ablehnung der Leistung. Für den Rücktritt vom Kaufvertrag sind weder Nachfrist noch Verschulden des Partyservices von Belang. Vgl. dazu auch § 323 Abs: 2, Satz 2 BGB.

Teil II

Die Auswahlantworten **3.** oder **4.** sind richtig. 3 oder 4

Zu 3. Neben der Fristüberschreitung muss ein Verschulden des Partyservices hinzu kommen, wenn die Leistung abgelehnt und zusätzlich ein Schadenersatz verlangt wird. Vgl. dazu §§ 280 Abs. 1, 281 BGB. Die Aussage 3. ist also richtig, wenn sich der Partyservice entschuldigen kann für den Fall, dass der Verkehrsstau auf der normalerweise Stau unanfälligen Fahrtstrecke nicht zu erwarten war.

Zu 4. Die Aussage 4 ist dann richtig, wenn die Wahrscheinlichkeit des Staus vorhersehbar war, insbesondere dann eine frühzeitigere Abfahrt seitens des Partyservices zumutbar gewesen ist. Fristüberschreitung und Verschulden begründen dann den Anspruch auf Ersatz seitens der Bestellerin. Sie ist so zu stellen, als wäre ordentlich erfüllt worden. Daraus resultiert ein Anspruch auf Ersatz des Differenzschadens von mindestens 250 € Mehrkosten durch den Deckungskauf.

Verjährung 2.18

a) Der am 11.08.2009 fällige Anspruch wäre ohne gerichtliches Mahnverfahren aufgrund der 3-jährigen Verjährungsfrist gem. §§ 195, 199 Abs. 1 Nr. 1 BGB am 31.12.2012 verjährt. Durch Mahnbescheid und Klageerhebung kommt es jedoch zur Hemmung der Frist. Da das Urteil auf Zahlung am 23.08.2013 Rechtskraft erlangt, beginnt gem. § 197 Abs. 1 Nr. 4 BGB die 30-jährige Verjährungsfrist, sodass der Anspruch nunmehr am 23.08.2043 verjährt.

TT.	MM.	JJJJ.
23	08	2043

b) Die Zustellung eines Mahnbriefes im Rahmen eines außergerichtlichen (kaufmännischen) Mahnverfahrens führt nicht zur Hemmung der Verjährung. Die Frist wäre demnach am 31.12.2012 abgelaufen.

TT.	MM.	JJJJ.
31	12	2012

c) In diesem Fall würde bereits ab dem 05.04.2013 die 30-jährige Verjährungsfrist zu laufen beginnen, sodass die Verjährung am 05.04.2043 eintreten würde.

TT.	MM.	JJJJ.
05	04	2043

Anmerkung

Neubeginn der Verjährung (vgl. §§ 212 ff. BGB): Die Verjährung beginnt erneut, wenn der Schuldner z. B. die Schuld anerkennt, eine Teilzahlung oder Zinszahlung leistet oder aber, wenn der Gläubiger den Anspruch gerichtlich **(Mahnbescheid oder Klage)** geltend macht. Eine Mahnung kann die Verjährung demnach **nicht** unterbrechen.

Hemmung der Verjährung (vgl. §§ 203 ff. BGB): Die Verjährung wird gehemmt, solange die Leistung gestundet ist, der Schuldner vorübergehend berechtigt ist, die Leistung zu verweigern (z. B. im gerichtlichen Vergleichsverfahren) oder die Rechtspflege in den letzten sechs Monaten der Verjährungsfrist stillsteht (z. B. infolge Kriegseinwirkung).

Das bürgerliche Gesetzbuch unterscheidet u. a.

Verjährungsfrist nach 30 Jahren	Verjährungsfrist nach 3 Jahren = regelmäßige Verjährungsfrist
• bei Herausgabeansprüchen aus Eigentum und anderen dinglichen Rechten • bei familien- und erbrechtlichen Ansprüchen • bei rechtskräftig festgestellten Ansprüchen (Gerichtsurteile) • bei Ansprüchen aus Vollstreckungsbescheiden • bei Ansprüchen aus Insolvenzverfahren	• bei Forderungen von Kaufleuten untereinander • bei Forderungen von Kaufleuten an Privatleute • bei Forderungen von Privatleuten gegenüber Privatleuten • bei Forderungen von Freiberuflern (Ärzten, Architekten, Rechtsanwälten etc.) • bei Forderungen von regelmäßig wiederkehrenden Leistungen (Miete)
Beginn: mit dem Tag der Fälligkeit	Beginn: mit dem Schluss des Jahres, in dem der Anspruch entstanden ist

Darüberhinaus verjähren andere Ansprüche als Schadensersatzansprüche ohne Rücksicht auf die Kenntnis oder grob fahrlässige Unkenntnis in zehn Jahren von ihrer Entstehung an.

2.19 Firma und Handelsregister

a)

aa) Die BGA GEURTS GmbH ist eine Gesellschaft mit beschränkter Haftung (GmbH) und zählt zu den **Kapitalgesellschaften**, weil sie als juristische Person des privaten Rechts ausschließlich mit ihrem Stammkapital haftet. Kapitalgesellschaften werden in **HRB** eingetragen. 3

ab) Die Abkürzung „e.Kfr." steht für „eingetragene Kauffrau" und ist ein für **Einzelkaufleute** in § 19 I Nr. 1 HGB geforderter Zusatz. Die Firmen der Einzelkaufleute werden in **HRA** eingetragen. 1

ac) Die Offene Handelsgesellschaft (OHG) ist eine **Personengesellschaft**. Der Firmenzusatz „Offene Handelsgesellschaft" oder „OHG" als Abkürzung wird in § 19 I Nr. 2 HGB gefordert. Personengesellschaften sind Unternehmen, bei denen die Gesellschafter persönlich haften (bei der OHG haften alle Gesellschafter unbeschränkt mit ihrem Geschäfts- und Privatvermögen). Personengesellschaften erhalten ihren Registereintrag in Abteilung A des Handelsregisters **(HRA)**. 2

ad) Die GmbH & Co. KG ist eine Kommanditgesellschaft, bei der der Vollhafter (Komplementär) eine juristische Person mit beschränkter Haftung ist. Die Wahl einer solchen Rechtsform hat in der Regel haftungs- aber auch steuerrechtliche Gründe. Die Kommanditgesellschaft (bestehend aus mindestens einem Voll- und einem Teilhafter) zählt zu den **Personengesellschaften** (**HRA**). 2

ae) Die Aktiengesellschaft (AG) ist – wie die GmbH – eine juristische Person des privaten Rechts und zählt zu den **Kapitalgesellschaften**. Das gezeichnete Kapital der AG heißt Grundkapital; Eintrag **HRB**. 3

b) Die Auswahlantworten aa) und ae) sind richtig. a a a e

In der Abteilung A des Handelsregisters (HRA) befinden sich ausschließlich die Firmen der Einzelunternehmungen und Personengesellschaften.

Handelsregister (Wirkung) 2.20

Information

Allgemeine Informationen zur Lösung:

Die **deklaratorische Wirkung** einer Eintragung liegt vor, wenn diese einen bereits bestehenden Rechtszustand bekundet.
Von **konstitutiver Wirkung** spricht man, wenn durch die Eintragung der beabsichtigte Rechtszustand erzeugt wird.

Richtig sind die Auswahlantworten **2.** und **3.** 2 3

Zu 2. Die **Eintragung der GmbH hat konstitutive Wirkung**, d. h., erst mit der Eintragung erlangt die GmbH als juristische Person ihre Rechtsfähigkeit. Dies gilt im Übrigen auch für die AG (vgl. dazu § 7 GmbHG, § 36 AktG).

Zu 3. Nach § 174 HGB ist die **Herabsetzung der Einlage eines Kommanditisten** den Gläubigern gegenüber unwirksam, solange sie nicht in das Handelsregister eingetragen ist. **Erst durch Eintrag wird die Herabsetzung wirksam.**

Zu 1., 5. und 6. Der Widerruf der nach § 48 HGB erteilten Prokura ist gem. § 53 III HGB wie auch die Erteilung im Handelsregister anzumelden. *Widerruf und Erteilung der Prokura wirken unmittelbar bereits vor Eintragung*. Die Eintragung stellt lediglich die Öffentlichkeit eines bereits existierenden Tatbestandes her.

Zu 4. *Der Eintritt des neuen Gesellschafters in eine OHG ist bereits rechtswirksam* (vertragsrechtlich) erfolgt. Auch hier wird lediglich ein bereits bestehender Tatbestand der Öffentlichkeit bekannt gemacht. Die Anmeldung hat aufgrund des § 107 HGB zu erfolgen.

Seit 2009 Handelsregisterbekanntmachungen nur noch online

Bereits seit 1. Januar 2007 erfolgen Anmeldungen zu den Handels-, Genossenschafts- und Partnerschaftsregistern nur noch elektronisch; die Register werden elektronisch geführt. Alle zu den Registern eingereichten Dokumente sind für jedermann elektronisch über die Internetseiten *www.handelsregister.de* sowie *www.unternehmensregister.de* abrufbar. Gleichzeitig wurde die elektronische Bekanntmachung der Registereintragungen verpflichtend eingeführt.

Seit dem 1. Januar 2009 erfolgen Handelsregisterbekanntmachungen durch die Registergerichte nur noch online und nicht mehr zwingend zusätzlich in einem Printmedium. Einen umfassenden Überblick über bekanntmachungspflichtige Veränderungen im Handelsregister bietet für alle Interessierten eine gemeinsame Bekanntmachungsplattform der Länder, erreichbar unter *www.handelsregisterbekanntmachungen.de*. Unter *www.handelsregisterbekanntmachungen.de* werden alle Eintragungen veröffentlicht, bei denen eine öffentliche Bekanntmachung durch die Registergerichte nach dem Handelsgesetzbuch oder sonstigen Vorschriften gesetzlich vorgeschrieben ist. Zu finden sind dort auch solche Eintragungen und Verfügungen, deren Veröffentlichung das Gericht im Einzelfall angeordnet hat.

Fortsetzung nächste Seite

Dazu gehören beispielsweise:

- Eintragung eines neuen Rechtsträgers, z.B. einer GmbH, mit Firma, Unternehmensgegenstand, Sitz, Stammkapital, Vertretungsberechtigten (Geschäftsführern, Prokuristen) etc.
- Änderung der Firma, Sitzverlegung oder Veränderungen bei sonstigen Rechtsverhältnissen eingetragener Unternehmen,
- Löschung von eingetragenen Unternehmen,
- Ankündigungen über beabsichtigte Löschungen.

Die Bekanntmachungsplattform *www.handelsregisterbekanntmachungen.de* ermöglicht eine zielgerichtete Suche nach Informationen. Die Bekanntmachungen, auch zurückliegende, sind auf dieser Plattform zentral verfügbar und mittels verschiedener Suchkriterien recherchierbar. Die Nutzung der Seite ist kostenlos. Eine Registrierung ist nicht erforderlich. Durch die Umstellung auf die rein elektronische Bekanntmachung werden die Unternehmen finanziell entlastet, da die elektronische Bekanntmachung nur pauschal einen Euro kostet. Die Umstellung auf die rein elektronische Bekanntmachung wird von den Registergerichten vorgenommen. Die Unternehmen brauchen dazu nichts zu veranlassen. Es bleibt ihnen aber unbenommen, zusätzlich eine Anzeige in Printmedien zu schalten, um über den Inhalt der neuen Eintragungen zu ihrem Unternehmen zu informieren.

Quelle: BMJ – Mitteilung für die Presse

2.21 Offene Handelsgesellschaft (Haftung)

a) Auswahlantwort **3.** ist richtig. 3

§ 128 HGB: Die **Gesellschafter haften** für die Verbindlichkeiten der Gesellschaft den Gläubigern **als Gesamtschuldner persönlich**. (...)

§ 129 I HGB: Wird ein Gesellschafter wegen einer Verbindlichkeit der Gesellschaft in Anspruch genommen, so kann er Einwendungen, die nicht in seiner Person begründet sich, nur insoweit geltend machen, als sie von der Gesellschaft erhoben werden können.

Die Gesellschafter einer OHG haften der Höhe nach **unbeschränkt** mit ihrem Geschäfts- und Privatvermögen. Bei der zu den Personengesellschaften zählenden OHG stehen die einzelnen (natürlichen) Personen im Vordergrund, nicht die anonyme Haftungsmasse einer juristischen Person wie etwa bei der GmbH.

Im Übrigen haften die Gesellschafter der OHG **unmittelbar** (jeder Gesellschafter kann direkt von Gläubigern der Gesellschaft in Anspruch genommen werden) und **solidarisch** (jeder Gesellschafter haftet gleichzeitig für alle übrigen Gesellschafter).

b) Auswahlantwort **3.** ist richtig. 3

§ 160 I HGB: Scheidet ein Gesellschafter aus der Gesellschaft aus, so haftet er für ihre bis dahin begründeten Verbindlichkeiten, wenn sie vor Ablauf von fünf Jahren nach dem Ausscheiden fällig und daraus Ansprüche gegen ihn gerichtlich geltend gemacht sind; ...

c) Auswahlantwort **1.** ist richtig. 1

§ 130 I HGB: Wer in eine bestehende Gesellschaft eintritt, haftet gleich den anderen Gesellschaftern (...) für die vor seinem Eintritte begründeten Verbindlichkeiten der Gesellschaft.

Grün haftet wie die anderen Gesellschafter unbeschränkt, unmittelbar und solidarisch.

Gewinnverteilung (KG und OHG) 2.22

Teil I

HGB § 168

(1) Die Anteile der Gesellschafter am Gewinn bestimmen sich, soweit der Gewinn den Betrag von **vier vom Hundert** der Kapitalanteile nicht übersteigt, nach den Vorschriften des § 121 Abs. 1 und 2 HGB.

(2) In Ansehung des Gewinns, welcher diesen Betrag übersteigt, sowie in Ansehung des Verlustes gilt, soweit nichts anderes vereinbart ist, ein den Umständen nach **angemessenes Verhältnis** der Anteile als bedungen.

§

Nach § 121 HGB steht jedem Gesellschafter von dem Jahresgewinn zunächst ein Anteil in Höhe von vier vom Hundert seines Kapitalanteils zu. Reicht der Jahresgewinn hierzu nicht aus, so bestimmen sich die Anteile nach einem entsprechend niedrigeren Satz. Bei der Berechnung des Gewinnanteils werden Leistungen, die der Gesellschafter im Laufe des Geschäftsjahres als Einlage gemacht hat, nach dem Verhältnis der seit der Leistung abgelaufenen Zeit berücksichtigt. Hat der Gesellschafter im Laufe des Geschäftsjahres Geld auf seinen Kapitalanteil entnommen, so werden die entnommenen Beträge nach dem Verhältnis der bis zur Entnahme abgelaufenen Zeit berücksichtigt.

Aus diesen gesetzlichen Bestimmungen ergibt sich folgende **Berechnungsgrundlage**:

Kapitalverzinsung = 4 %
Restverteilungsverhältnis = 4 : 1

Kapitalverzinsung:

Mönch	4 % von 600.000 €	=	24.000 €
Zapf	4 % von 180.000 €	=	7.200 €
			31.200 €

Restverteilung:

Restgewinn	= 96.200 € – 31.200 €	=	65.000 €

5 Teile = 65.000 €
1 Teil = 13.000 €

Gesamtgewinnanteile:

a) Mönch:	Kapitalverzinsung	24.000 €	
	Restanteil (4 Teile)	52.000 €	
	Gesamtgewinnanteil	76.000 €	€ 7 6 0 0 0
b) Zapf:	Kapitalverzinsung	7.200 €	
	Restanteil (1 Teil)	13.000 €	
	Gesamtgewinnanteil	20.200 €	€ 2 0 2 0 0

Kontrollrechnung:

Gesamtgewinnanteil Mönch	76.000 €
Gesamtgewinnanteil Zapf	20.200 €
Gesamtgewinn	96.200 € ✓

2.22 Gewinnverteilung (KG und OHG)

Teil II

Die komplette Abrechnung sieht wie folgt aus:

Gesellschafter	Frau Lüscher (Beträge in €)	Herr Prebolz (Beträge in €)
Kapitaleinlage Anfang 2012	60.000	80.000
Verzinsung der Kapitaleinlagen 6 % Habenzinsen	**1.** **3.600**	**2.** **4.800**
Verzinsung der Privatentnahmen 6 % Sollzinsen	**3.** **136**	135
Zinsanteil	**4.** **3.464**	4.665
Restgewinnanteile	**5.** **27.957**	**6.** **27.957**
Privatentnahmen	3.600	4.000
Kapitaleinlage Ende 2012	**7.** **87.821**	**8.** **108.622**

a) Die zu Beginn des Jahres 2012 festgestellte Einlage des Herrn Prebolz (Feld **2.**) verzinst sich mit 6 % von 80.000 € = 4.800 € Habenzinsen

Habenzinsen im Sinne einer Zinsgutschrift

€ 4 8 0 0

b) Der Zinsanteil der Frau Lüscher (Feld **4.**) beträgt:
Einlagenverzinsung: 6 % von 60.000 € = 3.600 € Habenzinsen (Feld **1.**)

Zinsabzug für Privatentnahmen:

Tageszinsformel: $z = \frac{K \cdot p \cdot t}{100 \cdot 360}$

Monatszinsformel $z = \frac{K \cdot p \cdot M}{100 \cdot 12}$

Entnahme 31.01.: $\frac{800 \cdot 6 \cdot 11}{100 \cdot 12}$ = 44 € Sollzinsen

Entnahme 15.04.: $\frac{1.600 \cdot 6 \cdot 255}{100 \cdot 360}$ = 68 € Sollzinsen

Entnahme 31.08.: $\frac{1.200 \cdot 6 \cdot 4}{100 \cdot 12}$ = 24 € Sollzinsen

Sollzinsen im Sinne einer Zinslastschrift

Habenzinsen abzüglich	Sollzinsen ergibt den	Zinsanteil
3.600 €	136 € (Feld **3.**)	3.464 €

€ 3 4 6 4

Mit dem Zinsabzug für Privatentnahmen wird erreicht, dass jeder Gesellschafter im Laufe des Geschäftsjahres sein unterschiedlich hohes Eigenkapital nach den Regeln der kaufmännischen Zinsrechnung verzinst bekommt.

Gewinnverteilung (KG und OHG) 2.22

c) Der Restgewinnanteil des Herrn Prebolz (Feld **6.**) beträgt: € 2 7 9 5 7

	Reingewinn	=	64.043 €
./.	Zinsanteil Lüscher	=	3.464 €
./.	Zinsanteil Prebolz	=	4.665 €
=	Restgewinn	=	55.914 €

Verteilung nach Köpfen: 55.914 € : 2 = 27.957 € (Felder **5.** und **6.**)

d) Die Kapitaleinlage der Frau Lüscher (Feld **7**) beträgt Ende 2012 € 8 7 8 2 1

	Einlage Anfang 2012	=	60.000 €
+	Zinsanteil Lüscher	=	3.464 €
+	Restgewinnanteil	=	27.957 €
./.	Privatentnahmen	=	3.600 €
=	Einlage Ende 2012	=	87.821 €

Die Kapitaleinlage Ende 2012 für Herrn Prebolz beträgt 108.622 € (Feld **8.**).

Personengesellschaften 2.23

a) Alle Gesellschafter der **OHG** haben die Pflicht, aber auch das Recht zur Geschäftsführung. Dies ist im Handelsgesetzbuch (§ 114) geregelt. Allerdings können die Gesellschafter in ihrem Gesellschaftsvertrag auch einem oder mehreren Gesellschaftern die Geschäftsführung übertragen; die übrigen Gesellschafter sind dann von der Geschäftsführung ausgeschlossen. 1

b) Das trifft **weder** auf die Gesellschafter der OHG **noch** auf die Gesellschafter der KG zu, sondern auf die Gesellschafter der GmbH und der AG. 3

c) Diese Art der Gewinnverteilung ist im HGB (Handelsgesetzbuch) geregelt und bezieht sich auf die **OHG**. Durch Gesellschaftsvertrag kann eine andere Regelung getroffen werden. 1

d) Bei der **KG** haftet mindestens ein Gesellschafter mit seinem gesamten Vermögen (= Vollhafter oder Komplementär) und mindestens ein Gesellschafter mit seiner Einlage (= Teilhafter oder Kommanditist). 2

e) Die OHG und die KG entstehen durch einen Vertrag zwischen den Gesellschaftern (= Gesellschaftsvertrag). Dieser ist formlos. In der Praxis ist jedoch die Schriftform üblich. Wenn ein Gesellschafter Sachwerte (z. B. ein Gebäude) in die Gesellschaft einbringt, ist ein schriftlicher Vertrag erforderlich. 3

f) Die Gesellschafter der **OHG** haften solidarisch, d. h., jeder Gesellschafter haftet auch für die Schulden der anderen (= gesamtschuldnerische Haftung). Der Gläubiger kann von jedem Gesellschafter die gesamte oder teilweise Begleichung der Schuld fordern. Hat ein Gesellschafter den Gläubiger befriedigt, so hat er gegenüber seinem Mitgesellschafter einen Regressanspruch, kann also verlangen, dass ihm das Geld zurückerstattet wird. 1

2.24 GmbH (Gründung, Besonderheiten)

Teil I

a) Richtig ist Antwort **4**. 4

Zu 4. Die Gründung einer GmbH kann durch eine oder mehrere Personen erfolgen (vgl. § 1 GmbHG).

b) Richtig ist Antwort **2**. 2

Zu 2. Das Haftungskapital der Gesellschaft muss auf mindestens fünfundzwanzigtausend Euro lauten (vgl. § 5 Abs. 1 GmbHG).

c) Richtig ist Antwort **3**. 3

Zu 3. Das Haftungskapital wird als Stammkapital bezeichnet (vgl. § 5 GmbHG). Grundkapital heißt es bei der AG; gezeichnetes Kapital ist der bilanzrechtliche Ausdruck.

d) Richtig sind die Antworten **2.** und **3**. 2 3

Zu 1., 4., 5. und 6.
Die Firma der Gesellschaft muss die Bezeichnung „Gesellschaft mit beschränkter Haftung" oder eine allgemein verständliche Abkürzung dieser Bezeichnung enthalten (vgl. § 4 GmbHG).

Teil II

Abandonnierung bedeutet die Aufgabe eines Rechtes mit der Absicht, dadurch von einer Verpflichtung befreit zu werden.

Kaduzierung bedeutet den Ausschluss von Gesellschaftern bei Verzug mit der Einzahlung ihres Kapitalanteils bzw. der Nachschusszahlung.

Auswahlantwort **3.** ist richtig. 3

Abandonnierung: Ist die Nachschusspflicht in der Satzung der GmbH nicht beschränkt worden, so hat jeder Gesellschafter, falls er seine Stammeinlage vollständig eingezahlt hat, gem. § 27 I GmbHG das Recht, sich von der Zahlung des auf den Geschäftsanteil eingeforderten Nachschusses befreien zu lassen, indem er seinen Anteil der Gesellschaft zur Verfügung stellt. Er übt das sog. Abandonrecht aus.

Zu 1. *Kaduzierung*: Gemäß § 21 II GmbHG ist der säumige Gesellschafter nach fruchtlosem Ablauf der (Nach-)Frist seines Geschäftsanteils und der geleisteten Teilzahlungen zugunsten der Gesellschaft verlustig zu erklären. Dies führt zum Ausschluss des Gesellschafters.

Zu 2. *Kaduzierung*: Ist die Nachschusspflicht in der Satzung der GmbH beschränkt worden, und kommt ein Gesellschafter der mehrheitlich beschlossenen Nachschusspflicht nicht nach, kann gemäß § 28 I GmbHG genau so verfahren werden wie im Fall des § 21 GmbHG, d. h., ein Kaduzierungsverfahren wird eingeleitet.

Zu 4. *Kaduzierung*: Der durch öffentliche Versteigerung erzielte Mehrerlös steht im Falle einer Kaduzierung der GmbH zu. Dies ergibt sich aus §§ 21 II ff. GmbHG. Ein Mehrerlös bei Ausübung des Abandonrechtes würde dem abandonnierenden Gesellschafter zustehen (vgl. § 27 II letzter Satz GmbHG).

Zu 5. Diese Aussage bezeichnet weder die Kaduzierung noch Abandonnierung.

GmbH (Gründung, Besonderheiten) 2.24

Teil III

Rechtlich nicht umsetzbar sind die Aussagen **3.** und **4.**

3 4

Zu 3. Das Stammkapital (mindestens 1 Euro höchstens 24.999 Euro) ist bei der Gründung voll einzuzahlen (vgl. 5a Abs. 2 GmbHG.)

Zu 4. Nur Bargründungen (also keine Sachgründungen) sind zulässig (vgl. § 5a Abs. 2 GmbHG). Auch sogenannte verdeckte Sacheinlagen sind unzulässig. Stein dürfte z. B. nicht die Einlage in bar leisten, um damit den Ankauf seines Privat-PKW durch die Gesellschaft finanzieren lassen.

Zu 1. Während der Zusatz „Unternehmergesellschaft" mit UG abgekürzt werden darf, ist eine Abkürzung des Zusatzes „haftungsbeschränkt" nicht zulässig. Die gewählte Firma ist demnach zulässig. Vg. § 5a Abs. 1 GmbHG.

Zu 2. Das Stammkapital darf zwischen 1 und 24.999 Euro betragen. Jährlich ist ein Viertel des Überschusses in eine Gewinnrücklage einzustellen, bis das Stammkapital in Höhe von 25.000 Euro erreicht ist.

Zu 5. Zwar muss Stein eine inländische Geschäftsadresse (Satzungssitz) benennen, Verwaltungs- und Satzungssitz dürfen aber auseinander fallen. So sind das operative Geschäft der UG und der Sitz der Verwaltung auch im Ausland erlaubt.

Zu 6. Die Anzahl der Gesellschafter ist gesetzlich auf mindestens 1 Person, maximal 3 Personen beschränkt (falls eine Gründung in vereinfachter Form gemäß Musterprotokoll erfolgen soll). Vgl. dazu auch § 1 GmbHG.

Teil IV

€

5 4 0 0 0

Der Gewinnanteil von Dr. Simon Felser beträgt 54.000,00 €.

Gemäß § 29 (3) GmbHG erfolgt die Gewinnverteilung nach Geschäftsanteilen (sofern der Gesellschaftsvertrag nichts anderes bestimmt hat):

Gesellschafter	Stammeinlage	Teile	Gewinnanteil
Ulla Geurts	420.000,00 €	7	
Achim Kayser	300.000,00 €	5	
Dr. Simon Felser	240.000,00 €	4	**54.000,00 €**
Summe:	960.000,00 €	16	216.000,00 €

16 Teile – 216.000,00 €

1 Teil – $\frac{216.000,00\ €}{16}$

4 Teile – $\frac{216.000,00\ € \cdot 4}{16}$ = **54.000,00 €**

2.25 Aktiengesellschaft (Gründung, Organe)

Teil I

Die Auswahlantworten **2.**, **4.** und **5.** sind richtig. 2 4 5

Zu 2. Nach § 23 AktG muss die Satzung durch *notarielle Beurkundung* festgestellt werden.

Zu 4. Als *Formkaufmann* ist die AG in das Handelsregister (*Abteilung HRB*), das beim zuständigen Amtsgericht geführt wird, einzutragen. Die Eintragung ist rechtsbegründend (§ 6 HGB).

Zu 5. Nach § 8 I AktG können die Aktien entweder als *Nennbetragsaktien oder als Stückaktien* begründet werden.
Nach § 8 II AktG *müssen Nennbetragsaktien auf mindestens einen Euro lauten*.
Nach § 8 III AktG darf der auf die einzelne (Stück-)Aktien entfallende anteilige Betrag des Grundkapitals *einen Euro nicht unterschreiten*.

Zu 1. Diese Vorschrift gilt für die GmbH (vgl. hierzu § 5 GmbHG). Das Gründungskapital (Grundkapital) der AG beträgt lt. § 7 AktG: *50.000 €*.

Zu 3. und 6. § 2 AktG besagt, dass *eine oder mehrere* Personen an der Gründung beteiligt sein müssen.

Zu 7. Der Firmenzusatz „AG" ist zwingend. Vgl. § 4 AktG.

Teil II

a) Diese Aufgabe hat die **Hauptversammlung** nach § 119 I Nr. 5 AktG. Zur Satzungsänderung bedarf es einer Mehrheit von drei Viertel des bei der Beschlussfassung vertretenen Kapitals.	3
b) Der **Vorstand** hat die AG gerichtlich und außergerichtlich zu vertreten (vgl. dazu § 78 I AktG.)	1
c) Gemäß § 119 I Nr. 7 AktG bestellt die **Hauptversammlung** die Abschlussprüfer.	3
d) Der **Vorstand** wird vom Aufsichtsrat auf höchstens fünf Jahre bestellt (vgl. dazu § 84 I AktG.)	2
e) Der **Aufsichtsrat** hat die Aufgabe, den Vorstand zu überwachen. Dazu hat er die Möglichkeit, die Bücher und Schriften der AG einzusehen sowie die Gesellschaftskasse zu prüfen (vgl. § 111 II AktG).	2
f) Der **Vorstand** hat unter eigener Verantwortung die AG zu leiten (§ 76 AktG). Jeder Aktionär hat aber in der Hauptversammlung das Recht, Auskünfte über Angelegenheiten der AG zu verlangen.	1
g) Über die Auflösung der AG beschließt die **Hauptversammlung** mit mindestens **75 vom Hundert** des bei der Beschlussfassung vertretenen Grundkapitals, sofern die Satzung keine höhere Mehrheit vorschreibt. (Vgl. dazu §§ 119 I Nr. 8 sowie 262 I Nr. 2 AktG.)	3
h) Der **Aufsichtsrat** hat nach § 111 III AktG die Hauptversammlung einzuberufen, wenn das Wohl der Gesellschaft es erfordert. Es genügt die einfache Mehrheit.	2

Vollmachten 2.26

Handlungsvollmacht und Prokura 2.26.1

Auswahlantworten **1.**, **2.**, **4.** und **5.** sind richtig. 1 2 4 5

Zu 1. Diese Aussage ist richtig. (Vgl. § 48 I HGB.)

Zu 2. Diese Aussage ist richtig. Neben dem Inhaber oder dessen gesetzlichen Vertreter darf auch der Prokurist Vollmacht erteilten, falls ihm dies nicht ausdrücklich untersagt ist.

Zu 4. Diese Aussage ist richtig. Der Umfang der Prokura ist in § 49 I HGB festgelegt. Die Prokura erstreckt sich nicht nur auf die gewöhnlichen, sondern auch auf die außergewöhnlichen Geschäfte, z. B. Ankauf von Grundstücken und Aktien.

Zu 5. Diese Aussage ist richtig. Die Befugnisse des Handlungsbevollmächtigten werden gegenüber denen des Prokuristen im § 54 HGB eingeschränkt. Dazu gehört u. a. das Recht zur Prozessführung. Hierzu benötigt der Handlungsbevollmächtigte eine besondere Ermächtigung.

Zu 3. Die Erteilung der Prokura ist zwar an keine Form gebunden, kann also auch mündlich geschehen, sie muss jedoch ausdrücklich erklärt werden (vgl. § 48 I HGB).

Zu 6. Wegen des großen Umfangs der Prokura kann sie jederzeit widerrufen werden. Sie erlischt ferner mit dem Ausscheiden des Prokuristen aus der Unternehmung, mit Geschäftsauflösung und bei Veräußerung des Geschäftes. Sie erlischt jedoch nicht mit dem Tod des Firmeninhabers (vgl. dazu § 52 III HGB). Löschung im Handelsregister und Bekanntmachung gem. § 53 HGB.

Zu 7. Nicht nur dem Handlungsbevollmächtigten, sondern auch dem Prokuristen ist die Veräußerung (und Belastung) betrieblicher Grundstücke generell untersagt (§§ 49 II und 54 II HGB). Zu solchen Rechtshandlungen benötigen beide eine besondere Ermächtigung.

Zu 8. Diese Aussage ist falsch. Vgl. § 48 I HGB und Anwort zu 1.

2.26.2 Vollmachten bei einer GmbH & Co. KG

Teil I

Die Aussage **5.** ist zutreffend. 5

Da die CC Interweb GmbH die Komplementärin der Kommanditgesellschaft ist, gelten für sie die Haftungsprinzipien für voll haftende Gesellschafter. So kann sie auch unmittelbar (auf direktem Wege) von Gläubigern der Gesellschaft in Anspruch genommen werden.

Zu 1. Max Lundt ist als Kommanditist zur Vertretung der Gesellschaft nicht ermächtigt. (Vgl. § 170 HGB.)

Zu 2. Die unbeschränkte Haftung bei einer KG bezieht sich ausschließlich auf den Komplementär. Da bei der GmbH & Co. KG der Komplementär eine GmbH ist, begrenzt sich die unbeschränkte Haftung durch das gezeichnete Haftungskapital der GmbH (hier: 30.000,00 EUR).

Zu 3. Die GmbH & Co. KG ist eine Personengesellschaft, bei der eine juristische Person des privaten Rechts (die GmbH nämlich) die Komplementärin ist.

Zu 4. Siehe Erläuterung zu 3.

Teil II

Die Aussagen **1.** und **5.** sind zutreffend. 1 5

Die Prokura kann ihrem Umfang nach im Außenverhältnis (also Dritten gegenüber) nicht beschränkt werden. Siehe dazu § 50 Abs. 1 HGB. Das Rechtsgeschäft ist demnach in vollem Umfang gültig zustande gekommen.

Die Missachtung der Prokurabeschränkung durch Frau Kandowsky wirkt sich nur im Innenverhältnis aus. Der Gesellschaft gegenüber ist sie schadenersatzpflichtig.

Zu 2. bis 4. sowie 6.

Ein in der Höhe begrenzt zustande gekommenes Rechtsgeschäft liegt hier nicht vor. Auch kann von Nichtigkeit oder Anfechtung keine Rede sein. Es bedarf auch keiner zusätzlichen Willenserklärung der GmbH-Prokuristin Vera Lundt.

2.27 Verbraucherschutzgesetze

Richtig ist die Kennziffer **3.** (BGB). 3

Fernabsatzgeschäfte sind Geschäfte zwischen Verbrauchern (Käufer) und Unternehmen (Verkäufer), die unter ausschließlicher Verwendung sogenannter Fernkommunikationsmittel (z. B. Internet, E-Mail, Brief, Telefon, Fax) abgeschlossen werden.

Da der Käufer die Ware oder Dienstleistung in diesem Fall nicht vorab begutachten kann, wurden ihm bestimmte Rechte zum Schutz eingeräumt. Diese Rechte wurden bis 2002 in einem eigenen Gesetz geregelt („Fernabsatzgesetz“) und sind heute im BGB durch die §§ 312 b – f abgedeckt.

Internationale Unternehmensformen 2.28

a) Die Firmen **Nr. 5** und **Nr. 7** sind keine Kapitalgesellschaften. 5 7

Der Zusatz „sp. j." bei Firma **Nr. 5** steht für „spólka jawna" und kennzeichnet eine polnische Rechtsform, die in etwa der in Deutschland bekannten OHG (Offene Handelsgesellschaft) entspricht. Die Gesellschafter der Spólka jawna haften beim Ausfall einer vorherigen Zwangsvollstreckung in das Gesellschaftsvermögen gesamtschuldnerisch.

Die bei **Nr. 7** genannte „LLP" ist ebenfalls eine Personengesellschaft (britischen/amerikanischen Rechts) und ähnelt der Kommanditgesellschaft (KG) nach deutschem Recht, wobei die „LLP" den Gesellschafterstatus eines Vollhafters (Komplementär) nicht kennt. Die Buchstaben „LLP" stehen für „Limited Liability Partnership". Diese Rechtsform wird vorwiegend von Freiberuflern (Steuerberater, Anwälte usw.) gewählt.

Zu 1. K.K steht für „Kabushiki kaisha" und ist die japanische Form der Aktiengesellschaft. Diese im japanischen Recht ältere Rechtsformbezeichnung wird international oftmals mit „Company, Incorporated" oder „Company, Limited" übersetzt.

Zu 2. Die Lavouré S.A. ist eine Kapitalgesellschaft. „S.A."steht für „Société anonyme" und ist die französische Variante der Aktiengesellschaft.

Zu 3. Die „PLC" (Public Limited Company) ist ein Firmenzusatz britischen Rechts für börsennotierte Unternehmen, deren Aktien öffentlich (an der Börse) handelbar sind.

Zu 4. „S.r.l". steht für "Società a responsabilità limitata", einer vorwiegend in Italien anzutreffende Rechtsform und ist in etwa vergleichbar der deutschen Gesellschaft mit beschränkter Haftung (GmbH).

Zu 6. Die „Incorporated" (Inc.) ist (ähnlich der Corp. „Corporation") eine vorwiegend in den USA anzutreffende Form der juristischen Person (Kapitalgesellschaft).

Zu 8. Die „S.p.A." ist eine Aktiengesellschaft nach italienischem Recht. Die Abkürzung steht für „Società per azioni".

Zu 9. Die „Limited" (Private Company Limited by Shares) ähnelt am ehesten der Unternehmergesellschaft (haftungsbeschränkt), auch als Mini-GmbH bezeichnet, bzw. der kleinen Aktiengesellschaft nach deutschem Recht. Nach britischem Recht handelt es sich um eine nicht an der Börse notierte Kapitalgesellschaft (Aktiengesellschaft). Im Gegensatz zur deutschen GmbH benötigt die Ltd. kein haftendes Stammkapital.

b) Bei den Firmen **Nr. 2, 4 und 8** besteht kein Währungsrisiko. 2 4 8

Frankreich (Nr. 2) sowie Italien (Nr. 4 und 8) haben den Euro als gesetzliches Zahlungsmittel.

Die heimische Währung bei den übrigen Geschäftspartnern lautet jeweils auf ...

JPY (japanische YEN) für **Nr. 1**,

GBP (britisches Pfund) für **Nr. 3** und **Nr. 9**,

PLN (polnische Zloty) für **Nr. 5**,

USD (US-Dollar) für **Nr. 6** und **Nr. 7**.

2.28 Internationale Unternehmensformen

c) Nicht zutreffend sind die Aussagen **3.** und **5.** 3 5

Aussage 3. ist falsch!
Der NAFTA (North American Free Trade Agreement) gehört nur eines der aufgeführten Länder, nämlich die USA, an. Die Firmen Nr. 6 und Nr. 7 haben ihren Sitz dort. Die NAFTA ist eine nordamerikanische Freihandelszone, der neben den USA auch Kanada und Mexiko angehören.

Aussage 5. ist falsch!
Die Firma Nr. 1 ist eine japanische Firma. Japan liegt zwar in Asien (Fernost), gehört aber nicht der ASEAN (Association of Southeast Asien Nations) an. Zu diesem Verband südostasiatischer Staaten zählen neben Singapur und Indonesien weitere acht Staaten.

Aussage 1. ist richtig!
Sechs Unternehmen, das sind 2/3 der aufgeführten neun Firmen, haben ihren Sitz in den EU-Ländern Frankreich (Nr. 2), Großbritannien (Nr. 3 und Nr. 9), Italien (Nr. 4 und Nr. 8) sowie Polen (Nr. 5).

Aussage 2. ist richtig!
Keine der Firmen hat ihren Sitz in einem Staat der restlichen EFTA-Länder.

Zu den Gründungsmitgliedern der EFTA (European Free Trade Association) zählten im Jahr 1960 Dänemark, Norwegen, Österreich, Portugal, Schweden, die Schweiz und Großbritannien. Heute besteht die EFTA nur noch aus den Staaten Schweiz und Liechtenstein sowie Norwegen und Island. Mit Ausnahme der Schweiz bilden diese Länder zusammen mit den derzeit 27 Staaten der EU den Europäischen Wirtschaftsraum (EWR).

Aussage 4. ist richtig!
Siehe Aussage 1. Die vier Länder sind Frankreich, Großbritannien, Italien und Polen.

Aussage 6. ist richtig!
Der Geschäftspartner Nr. 5 ist eine polnische Firma. Polen ist mit weiteren neun europäischen Staaten zum 1. Mai 2004 der EU beigetreten.

3 Menschliche Arbeit im Betrieb

Menschliche Arbeit im Betrieb

Basistext:

Die menschliche Arbeit in den Wirtschaftsbetrieben ist gesetzlichen Regelungen unterworfen. Stellt der Arbeitgeber einen Arbeitnehmer ein, schließen beide einen **Arbeitsvertrag (15)**. Dieser Vertrag enthält Vereinbarungen über den Lohn, das Recht auf **Kündigung (18)**, die Dauer der täglichen und wöchentlichen Arbeitszeit, Pausen, **Probezeit (25)**, Gewährung von Urlaub usw.

Je nach Branche und Betrieb hat der Arbeitsvertrag den Mindestanforderungen eines im Rahmen der Tarifautonomie geschlossenen Tarifvertrags bzw. einer **Betriebsvereinbarung (14)** zu entsprechen.

Für bestimmte Personengruppen unter den Arbeitnehmern sind spezielle Rechtsvorschriften zu beachten. So regeln z. B. das Jugendarbeitsschutzgesetz **(JArbSchG) (04)** und das Berufsbildungsgesetz (BBiG) wichtige Details, die die Ausbildungsverträge betreffen. Die an der vertraglichen Ausbildung Beteiligten sind der Auszubildende, der Ausbildende und der **Ausbilder (01)**, der auch als **Vorgesetzter (02)** fungieren kann. Neben dem Auszubildenden gelten auch für werdende Mütter (MuSchG), behinderte Menschen (SGB) und den **Betriebsrat (22)** (BetrVG bzw. **KSchG (19)**) besondere **Arbeitsgesetze (21)**. Wird einem Arbeitnehmer das Arbeitsverhältnis gekündigt, kann er nach erfolglosem Einspruch beim Betriebsrat (**Einspruchsfrist (12)** ist zu beachten) auch Klage beim **Arbeitsgericht (03)** erheben.

Für die soziale Absicherung des Arbeitnehmers sorgt das System der **Sozialversicherung (09)**. Die Beiträge zu den Einzelversicherungen tragen Arbeitgeber und Arbeitnehmer anteilsmäßig. Lediglich die Prämie zur Unfallversicherung führt der Arbeitgeber alleine an die **Berufsgenossenschaft (17)** ab. So erhält der Arbeitnehmer im Bedarfsfall z. B. eine Rente wegen Erwerbsminderung oder eine **Altersrente (11)** aus der Rentenversicherung. Wird der Arbeitnehmer arbeitslos, steht ihm Arbeitslosengeld aus der Arbeitslosenversicherung zu. Leistungen aus der Kranken- und Pflegeversicherung erhält der Arbeitnehmer von den Allgemeinen Ortskrankenkassen (**AOK**) **(13)**, den **Ersatzkassen (08)**, Innungs- und Betriebskrankenkassen.

Die Arbeitnehmerbeiträge zur Sozialversicherung werden bei der Lohn- und Gehaltszahlung neben der Lohn- und Kirchensteuer und dem **Solidaritätszuschlag (10)** vom Bruttolohn/-gehalt in Abzug gebracht. Grundlage für die Lohn- und Gehaltsabrechnung war bis 2010 die Lohnsteuerkarte, die bei der Stadt/Gemeindeverwaltung ausgestellt wurde und die erforderlichen personenbezogenen Daten des Arbeitnehmers (z. B. Familienstand, **Lohnsteuerklasse (06)**, Kinderfreibetrag etc.) enthielt. Seit 2011 werden die Lohnsteuerdaten durch ein papierloses elektronisches Verfahren erfasst.

Nach Ablauf des Kalenderjahres kann der Arbeitnehmer einen Lohnsteuerjahresausgleich beim Finanzamt beantragen. So kann er z. B. Aufwendungen für den Erhalt seines Arbeitsplatzes in Form von **Werbungskosten (07)**, aber auch **Sonderausgaben (16)** geltend machen, und damit sein steuerpflichtiges Einkommen im Nachhinein mindern.

Die menschliche Arbeit im Betrieb erfolgt organisiert und planmäßig. Mit Hilfe eines sog. **Organigramms (05)** lässt sich z. B. die Betriebshierarchie darstellen bzw. erkennen, wer wem gegenüber weisungsbefugt ist. Das Führen von Mitarbeitern erfordert von den Vorgesetzten das Umsetzen eines konzeptionellen **Führungsstils (20)**, dessen Bandbreite von autoritär bis **demokratisch (23)** reichen kann; Entscheidungen können kollegial oder **direktorial (24)** getroffen werden.

Lösungen im Gitterrätsel (Fachbegriffe)

Lösungswort →

01.	AUSBILDER
02.	VORGESETZTER
03.	ARBEITSGERICHT
04.	JARBSCHG
05.	ORGANIGRAMM
06.	LOHNSTEUERKLASSE
07.	WERBUNGSKOSTEN
08.	ERSATZKASSEN
09.	SOZIALVERSICHERUNG
10.	SOLIDARITAETSZUSCHLAG
11.	ALTERSRENTE
12.	EINSPRUCHSFRIST
13.	AOK
14.	BETRIEBSVEREINBARUNG
15.	ARBEITSVERTRAG
16.	SONDERAUSGABEN
17.	BERUFSGENOSSENSCHAFT
18.	KUENDIGUNG
19.	KSCHG
20.	FUEHRUNGSSTIL
21.	ARBEITSGESETZE
22.	BETRIEBSRAT
23.	DEMOKRATISCH
24.	DIREKTORIAL
25.	PROBEZEIT

3.01 Arbeitsrechtliche Prüfkette

Der Rechtsgrundsatz, der dieser Reihenfolge zugrunde liegt, heißt „Lex specialis geht vor Lex generalis" (das spezielle Recht geht dem allgemeinen Recht vor). Dies gilt immer dann, wenn besondere (spezielle) Abreden getroffen werden, die das nachrangige Recht im Interesse der Vertragsparteien detaillierter regeln. Zwingende (sog. normierte) Vorschriften der nachrangigen Rechtsgrundlagen dürfen dabei jedoch nicht außer Kraft gesetzt werden.

a)	2
b)	5
c)	1
d)	7
e)	3
f)	4
g)	6

1. Im einzelnen **Arbeitsvertrag** kann es zwischen dem Arbeitgeber und dem einzelnen Arbeitnehmer zu Abmachungen kommen, die über eine Betriebsvereinbarung hinausgehen.

2. Zu Gunsten der Arbeitnehmer eines bestimmten Betriebes können **Betriebsvereinbarungen** zwischen dem einzelnen Arbeitgeber und der Belegschaft getroffen werden, die betriebsspezifische Modalitäten der Beschäftigung betreffen.

3. Im **Tarifvertrag**, der eine Gesamtvereinbarung darstellt, finden sich branchenspezifische Vereinbarungen zwischen Arbeitgeberverbänden und Gewerkschaften, die sich auf Arbeitszeiten, Urlaubszeiten (Rahmentarifvertrag) und Lohn- und Gehaltshöhe (Lohntarifvertrag) beziehen.

4. In **Arbeitsgesetzen** (z. B. BGB, KSchG, MuSchG, JArbSchG etc.) werden allgemeine Bedingungen zur Gestaltung und Erhaltung des Arbeitsverhältnisses geregelt.

5. Das **Grundgesetz** verankert das Recht zu freien Wahl des Arbeitsplatzes. Vgl. Art. 12 GG.

6. Das **EU-Recht** sieht vor, dass jeder EU-Bürger seinen Arbeitsplatz auch innerhalb der EU frei wählen kann. So hat gemäß Art. 15 Abs. 1 der Gemeinschaftscharta der sozialen Grundrechte der Arbeitnehmer „Jede Person (..) das Recht zu arbeiten und einen frei gewählten oder angenommenen Beruf auszuüben."

7. Art. 23 Abs. 1 der Allgemeinen Erklärung der Menschenrechte der Vereinten Nationen (sog. **Völker**gewohnheits**recht**) schreibt fest, dass „Jeder Mensch (..) das Recht auf Arbeit, auf freie Berufswahl, auf angemessene und befriedigende Arbeitsbedingungen sowie auf Schutz vor Arbeitslosigkeit (hat)."

Berufsausbildung 3.02

Berufsschulpflicht 3.02.1

Aussage **2.** ist richtig. 2

Für die Berufsschulpflicht ist das Schulpflichtgesetz (SchpflG) des jeweiligen Bundeslandes (hier: Nordrhein-Westfalen) einzusehen.

Nach § 11 Abs. 1 SchpflG (Gesetz über die Schulpflicht im Lande Nordrhein-Westfalen) dauert die Berufsschulpflicht „ … solange ein Berufsausbildungsverhältnis besteht, das vor Vollendung des einundzwanzigsten Lebensjahres begonnen worden ist."

Zu 1. Die Tatsache allein, eine Ausbildung im dualen System zu absolvieren, reicht nicht aus um eine Berufsschulpflicht zu begründen. Wer nach der Vollendung des einundzwanzigsten Lebensjahres eine Berufsausbildung beginnt, ist nicht mehr berufsschulpflichtig, lediglich berufsschulberechtigt.

Zu 3. Da Murat nicht nur berufsschulberechtigt, sondern auch berufsschulpflichtig ist, ist die Anmeldung für den Besuch zwar erforderlich jedoch keine Voraussetzung für die Berufsschulpflicht.

Zu 4. Selbst dann, wenn Murat nicht mehr berufsschulpflichtig wäre, muss der Ausbildungsbetrieb dafür sorgen, dass dem Auszubildenden die theoretischen Kenntnisse vom Ausbildenden vermittelt werden, wenn auf das Besuchsrecht der Berufsschule verzichtet würde.

Zu 5. Siehe Erläuterung zu 3.

Berufsschulbesuch 3.02.2

Aussage **4.** ist richtig. 4

Nach § 9 Abs. 1 Nr. 1 JArbSchG (Gesetz zum Schutz der arbeitenden Jugend) ist Murat „… vor einem vor 9 Uhr beginnenden Unterricht (freizustellen); dies gilt auch für Personen, die über 18 Jahre alt und noch berufsschulpflichtig sind, …"

Zu 1. Murat ist zwar bereits 18 Jahre alt, aber immer noch berufsschulpflichtig.

Zu 2. Die Aussage ist falsch. Siehe vorstehende Erläuterungen zu 4.

Zu 3. Ein grundsätzliches Beschäftigungsverbot an Berufsschultagen gibt es nicht. Lediglich an Berufsschultagen mit mehr als fünf Unterrichtsstunden von mindestens 45 Minuten, einmal in der Woche, dürfen Jugendliche nicht beschäftigt werden. Vgl. dazu § 9 Abs. 1 Nr. 2 JArbSchG.

Zu 5. Betriebsvereinbarungen „brechen" nicht gesetzliche Bestimmungen (zumal dies eine Schlechterstellung für den Betroffenen bedeuten würde).

3.02.3 Urlaubsanspruch

Aussage **1.** ist richtig. 1

Da Murat über 18 Jahre alt ist, leitet sich sein Mindesturlaubsanspruch vom Bundesurlaubsgesetz (Mindesturlaubsgesetz für Arbeitnehmer) ab. Hiernach beträgt die Dauer des Urlaubs jährlich **mindestens** 24 Werktage. Vgl. dazu § 3 Abs. 1 dieses Gesetzes.

Der Mindesturlaubsanspruch wird meistens durch entsprechende Vereinbarungen in Manteltarifverträgen zugunsten der Arbeitnehmerinnen und Arbeitnehmer nach oben korrigiert.

3.02.4 Probezeit und Kündigung

Die Aussagen **2.** und **5.** sind richtig. 2 5

Nach § 20 BBiG (Berufsbildungsgesetz) muss die Probezeit „... mindestens einen Monat und darf höchstens vier Monate betragen."

Nach § 22 Abs. 2 Nr. 2 BBiG kann das Berufsausbildungsverhältnis nach der Probezeit „...nur gekündigt werden (...) von Auszubildenden (hier Murat) mit einer Kündigungsfrist von vier Wochen, wenn sie die Berufsausbildung aufgeben oder sich für eine andere Berufstätigkeit ausbilden lassen wollen."

Zu 1. und 3. Diese Aussagen sind falsch. Siehe Erläuterungen zuvor.

Zu 4. Nach § 22 Abs. 1 BBiG kann „... während der Probezeit (..) das Berufsausbildungsverhältnis jederzeit ohne Einhalten einer Kündigungsfrist gekündigt werden.

Zu 6. Nach § 22 Abs. 3 BBiG muss die Kündigung „... schriftlich (...) unter Angabe der Kündigungsgründe erfolgen."

3.02.5 Ausbildender

Antwort **4.** ist richtig. 4

Der Ausbildungsbetrieb (hier: BGA GEURTS GmbH als juristische Person des privaten Rechts) ist als „Ausbildender" Vertragspartner des Auszubildenden (und ggf. dessen gesetzlichen Vertreters) beim Abschluss des Ausbildungsvertrages.

Zu 1. Diese Antwort ist falsch, da Murat Erboz Auszubildender ist.

Zu 2. und 5. Diese Antworten sind falsch, da Frau Ludorf und Herr Spränger als Ausbildungsleiter mit der konkreten Organisation der Ausbildung betraut sind.

Zu 3. Diese Antwort ist falsch, da Herr Farjell als Ausbilder fungiert.

Ausbildungsplan 3.02.6

Auswahlantwort **4.** ist richtig. 4

Der **Ausbildungsrahmenplan** ist Anlage der **Verordnung über die Berufsausbildung**. Sie enthält die während der Ausbildungszeit zu vermittelnden Fertigkeiten und Kenntnisse in sachlicher und zeitlicher Gliederung.

Zu 1. Diese Antwort ist falsch, da die Richtlinien und Lehrpläne der Berufsschule sich auf Lerninhalte und Lernfelder beziehen, die speziell im schulischen Unterricht im Rahmen der dualen Ausbildung zu vermitteln sind.

Zu 2. Diese Antwort ist falsch, da Tarifverträge zwischen Arbeitnehmer- und Arbeitgeberverbänden Mindestlöhne und -gehälter sowie allgemeine Arbeitsbedingungen regeln.

Zu 3. Diese Antwort ist falsch, da Betriebsvereinbarungen betriebsspezifische Arbeitsbedingungen (z. B. freiwillige Sozialleistungen, Arbeitszeitmodelle etc.) zwischen Arbeitgeber und Betriebsrat beinhalten.

Zu 5. Diese Antwort ist falsch, da das Berufsbildungsgesetz die **allgemeine** Grundlage für alle staatlich anerkannten Berufe darstellt.

Zwischenprüfung 3.02.7

Die Aussage **5.** ist falsch. 5

Das Ergebnis der Zwischenprüfung hat keine Bedeutung für die Note der Abschlussprüfung. Lediglich die Teilnahme an der Zwischenprüfung ist Voraussetzung für die Zulassung zur Abschlussprüfung.

Verkürzung der Ausbildungsdauer 3.02.8

Der Entscheidungsträger **1.** ist richtig. 1

Zwar ist der Wille der Vertragspartner (Ausbildender und Auszubildender) für die Beantragung und auch die Stellungnahme der Berufsschule maßgeblich bei der Entscheidungsfindung, die zuständige Kammer (hier IHK Aachen) aber entscheidet letztlich über den Verkürzungsantrag.

Ausbildungsende 3.02.9

Antwort **2.** ist richtig. 2

Das Berufsausbildungsverhältnis für Murat endet am 18.01.2013 mit dem Bestehen der (mündlichen) Abschlussprüfung und der Bekanntgabe des Ergebnisses durch den Prüfungsausschuss. Vgl. dazu § 21 Abs. 2 BBiG (Berufsbildungsgesetz).

3.03 Arbeitsschutzgesetze

Antwort **2.** ist richtig. 2

Verordnung über Sicherheit und Gesundheitsschutz bei der Arbeit an Bildschirmgeräten (Bildschirmarbeitsverordnung – BildscharbV).

3.04 Jugendarbeitsschutzgesetz

a) Gemäß § 1 Abs. 1 JArbSchG (Jugendarbeitsschutzgesetz) **gilt** „dieses Gesetz ... **für** die Beschäftigung von **Personen, die noch nicht 18 Jahre alt sind**, ...“. 3

b) Im § 9 Abs. 1 Nr. 2 JArbSchG heißt es: „Der Arbeitgeber hat den Jugendlichen für die Teilnahme am Berufsschulunterricht freizustellen. Er darf den **Jugendlichen nicht beschäftigen** ... **an einem Berufsschultag mit mehr als fünf Unterrichtsstunden von mindestens je 45 Minuten**, ...“. 1

c) § 19 Abs. 2 Nr. 3 JArbSchG: „Der **Urlaub beträgt jährlich** ... **mindestens 25 Werktage, wenn** der Jugendliche zu Beginn des Kalenderjahres **noch nicht 18 Jahre alt** ist“. 1
Monika F. ist zu Beginn des Jahres 2013 noch keine 18 Jahre alt.

d) Laut § 11 Abs. 1 Nr. 2 JArbSchG: „Die **Ruhepausen** müssen **mindestens 60 Minuten bei einer Arbeitszeit von mehr als sechs Stunden** [betragen]“. 3

Kündigungsschutzbestimmungen 3.05

Gesetzliche Kündigungsfrist 3.05.1

TT.	MM.	JJJJ.
3 0	0 9	2 0 1 2

a) Das Kündigungsschreiben muss zugegangen sein am **30.09.2012**

Begründung:

Das Arbeitsverhältnis, begonnen Anfang 2004, bestand länger als 8 Jahre, jedoch noch keine 10 Jahre. Daraus ergibt sich eine Kündigungsfrist für die BGA GEURTS GmbH von drei Monaten zum Ende eines Kalendermonats (vgl. § 622 (2) Nr. 3 BGB). Da die Kündigung zum 31.12.2012 erfolgen soll, muss spätestens 3 Monate vorher das Kündigungsschreiben zugegangen sein; dies ist der 30.09.2012.

TT.	MM.	JJJJ.
1 4	1 2	2 0 1 2

b) Der letzte Arbeitstag war am **14.12.2012**

Begründung:

Zählt man die 7 restlichen Urlaubstage (Arbeitstage in der 5-Tage-Woche) ab 28.12. zurück (der 31. ist Silvester und arbeitsfrei), überspringt den 1. und 2. Weihnachtsfeiertag als gesetzliche Feiertage sowie den ebenso arbeitsfreien 24.12. (Heiligabend), gelangt man auf den 17.12., und dies ist der erste Urlaubstag. Damit war Freitag, der 14.12.2012 Sterkings letzter Arbeitstag.

€	,
2 5 3 8 0	0 0

c) Die Abfindungssumme beläuft sich auf **25.380,00 €**

Berechnung:

Herr Sterking war seit 2004 bis 2012, das sind neun (angefangene) Jahre, beschäftigt. Da je angefangenem Beschäftigungsjahr das 1,2fache des letzten Bruttogehalts (2.350,00 €) vereinbart waren, ergibt sich folgende Rechnung:

2.350 € · 1,2 · 9 = 25.380,00 €

Besonderer Kündigungsschutz 3.05.2

Richtig sind die Antworten **2.** und **5.**

2	5

Arbeitnehmerinnen in Mutterschutz und Schwerbehinderte stehen in einem besonderen gesetzlichen Kündigungsschutz.

Zu 4. § 22 Abs. 1 BBiG: „Während der Probezeit kann das Berufsausbildungsverhältnis jederzeit ohne Einhalten einer Kündigungsfrist gekündigt werden."

3.05.3 Kündigungsschutz und Arbeitsgericht

a) **KSchG** ist die Abkürzung für **K**ündigungs**sch**utz**g**esetz

aa) Auswahlantwort **5.** ist richtig. 5

Meyer kann sich an den Betriebsrat wenden (§ 3 KSchG).

ab) Auswahlantwort **2.** ist richtig. 2

Klage kann nur beim zuständigen Arbeitsgericht erhoben werden (§ 4 KSchG).

ac) Auswahlantwort **1.** ist richtig. 1

Die Einspruchsfrist beträgt 1 Woche nach Kündigung (§ 3 KSchG).

ad) Auswahlantwort **3.** ist richtig. 3

Die Anrufung des Arbeitsgerichts muss binnen 3 Wochen nach Kündigung erfolgen (§ 4 KSchG).

b) **ArbGG** ist die Abkürzung für **Arb**eits**g**erichts**g**esetz

ba) Auswahlantwort **2.** ist richtig. 2

Die Kündigungsklage hat als Rechtsquelle das Arbeitsrecht, welches als besonderer Teil der Rechtsordnung **überwiegend dem Privatrecht zugehörig ist**, da es die Beziehungen zwischen dem Arbeitgeber und dem einzelnen Arbeitnehmer regelt (individuelles Arbeitsrecht) sowie ihrer Zusammenschlüsse wie Gewerkschaft, Arbeitgeberverband und Betriebsrat (kollektives Arbeitsrecht).

bb) Auswahlantwort **3.** ist richtig. 3

Die Arbeitsgerichtsbarkeit wird ausgeübt durch Arbeitsgerichte (erste Instanz), Landesarbeitsgerichte (zweite Instanz) und das Bundesarbeitsgericht in Erfurt (oberste Instanz). Vgl. dazu § 1 ArbGG.

3.06 Betriebsrat

a) Ziffer **4.** ist richtig. 4

Das hier beschriebene „Abkommen“ zwischen Geschäftsleitung und Betriebsrat fällt unter die Bestimmungen des § 77 BetrVG.

b) Ziffer **3.** ist richtig. 3

Die Tatsache, alleinerziehender Vater zu sein, reicht allein noch nicht aus, einen besonderen Kündigungsschutz herzuleiten.

Besonderen Kündigungsschutz genießen:

Frau Schmälster nach dem MuSchG (Mutterschutzgesetz),
Juan Fernandez und Fanny Schlamm nach dem KSchG (Kündigungsschutzgesetz),
Julius Schindewolf nach dem SGB IX – Rehabilitation und Teilhabe behinderter Menschen,
Helga Pferdäcker nach dem KSchG.

Tarifkonflikte 3.07

a) Auswahlantwort **3.** ist richtig. 3

Den Gewerkschaften als Vertreter der Arbeitnehmerinteressen und den Arbeitgeberverbänden obliegt die Tarifautonomie.

b) Auswahlantwort **3.** ist richtig. 3

75 % (¾-Mehrheit) der abstimmungsberechtigten Gewerkschaftsmitglieder müssen sich für den Streik entscheiden.

c) Auswahlantwort **1.** ist richtig. 1

Ohne die erforderliche Zulieferung kann in den Produktionsbetrieben nicht gearbeitet werden. Es genügt also in der Regel das schwerpunktmäßige Bestreiken der Zulieferbetriebe, um der gewerkschaftlichen Forderung das entsprechende Gewicht zu verleihen. Überdies belastet ein Streik in nur wenigen wichtigen Betrieben nicht so sehr die Streikkasse der Gewerkschaften.

d) Auswahlantwort **2.** ist richtig. 2

Die Aussperrung von Arbeitnehmern im Tarifgebiet ist als arbeitskampfrechtliche Gegenmaßnahme der Arbeitgeber aufzufassen. Die Aussperrung ist nur zulässig in einem Umfang, der sich nach dem Grundsatz der Verhältnismäßigkeit richten muss. Das Aussperren von Arbeitnehmern in den Produktionsbetrieben stärkt die Position der Arbeitgeber in zweifacher Hinsicht. Einerseits spart der Arbeitgeber unnötige Lohnkosten, da die Arbeit in den Produktionsbetrieben mangels Zulieferungen lahmgelegt ist. Andererseits wird die Streikkasse der Gewerkschaften zusätzlich belastet, da ausgesperrte Gewerkschaftsmitglieder Anspruch auf Streikgeld haben.

e) Auswahlantwort **4.** ist richtig. 4

Die Lohnsätze sind Gegenstand des Lohn- oder Gehaltstarifvertrags, der im Gegensatz zum Rahmen- und Manteltarifvertrag eine kürzere Laufzeit hat.

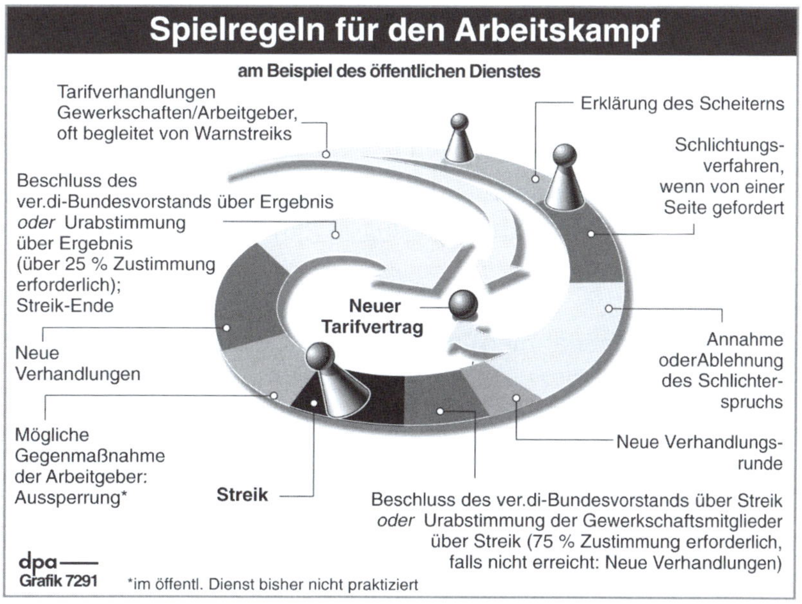

3.08 Betriebsverfassungsgesetz

a) Anwort **3.** ist richtig. 3

Gemäß § 1 BetrVG werden Betriebsräte gewählt in Betrieben mit in der Regel mindestens fünf ständigen wahlberechtigten Arbeitnehmern, von denen drei wählbar sind. Dies gilt auch für gemeinsame Betriebe mehrerer Unternehmen.

Hinweis

Nach § 106 I BetrVG ist in allen Unternehmen mit in der Regel mehr als einhundert ständig beschäftigten Arbeitnehmern ein Wirtschaftsausschuss zu bilden. Dieser Ausschuss hat die Aufgabe, wirtschaftliche Angelegenheiten sowie Fragen des betrieblichen Umweltschutzes mit dem Unternehmer zu beraten und den Betriebsrat zu unterrichten.

b) Antwort **4.** ist richtig. 4

Gemäß § 8 I BetrVG sind alle Wahlberechtigten wählbar, die sechs Monate dem Betrieb angehören.

Wahlberechtigt ist gemäß § 7 BetrVG jeder Arbeitnehmer des Betriebes, der das 18. Lebensjahr vollendet hat.

Hinweis

Wahlberechtigung	=	aktives Wahlrecht
Kandidatur	=	passives Wahlrecht

c) Antwort **2.** ist richtig. 2

Die regelmäßige Amtszeit des Betriebsrates beträgt vier Jahre. Vgl. dazu § 21 BetrVG.

d) Antwort **3.** ist richtig. 3

Gemäß § 102 III BetrVG hat der Betriebsrat ein Widerspruchsrecht bei Ordentlichen Kündigungen (Mitwirkungsrecht).

Zu 1. Auswahlantwort **1.** ist *falsch*, da die Einstellung eines leitenden Angestellten dem Betriebsrat gemäß § 105 BetrVG lediglich mitzuteilen ist (Informationsrecht).

Zu 2. Auswahlantwort **2.** ist *falsch*, da die Einführung neuer Fertigungsverfahren zu den im § 111 BetrVG aufgeführten Betriebsänderungen gehört. Hierbei hat der Betriebsrat ein Beratungsrecht.

Zu 4. Auswahlantwort **4.** ist *falsch*, da bei der Durchführung betrieblicher Bildungsmaßnahmen (z. B. interne Schulungsmaßnahmen) der Betriebsrat ein Mitbestimmungsrecht nach § 98 BetrVG hat.

Zu 5. Auswahlantwort **5.** ist *falsch*, siehe Begründung zu Nr. **4.**

Sozialversicherungssystem 3.09

Der folgende Text bezieht sich auf die Aufgaben a) und b):

Träger

Träger der Rentenversicherung ist die **Deutsche Rentenversicherung.**

Träger der Arbeitslosenversicherung/Arbeitsförderung ist die **BA** (**B**undesagentur für **A**rbeit, Sitz in Nürnberg).

Träger der Krankenversicherung sind neben der AOK (Allgemeine Ortskrankenkasse) auch die **Ersatzkassen**. Daneben existieren noch Betriebs- und Innungskrankenkassen.

Träger der Unfallversicherung sind die **Berufsgenossenschaften**.

Leistungen

Versicherungsleistungen der **Rentenversicherung** sind insbesondere

- Rente wegen voller Erwerbsminderung

  Die medizinischen Voraussetzungen für eine volle Rente wegen Erwerbsminderung liegen vor, wenn ein Arbeitnehmer wegen Krankheit oder Behinderung weniger als 3 Stunden täglich auf dem allgemeinen Arbeitsmarkt arbeiten kann.

- Rente wegen teilweiser Erwerbsminderung

  Die medizinischen Voraussetzungen für eine Rente wegen teilweiser Erwerbsminderung liegen vor, wenn ein Arbeitnehmer wegen Krankheit oder Behinderung mindestens 3 aber weniger als 6 Stunden täglich auf dem allgemeinen Arbeitsmarkt arbeiten kann.

  Hinweis: Die Rente wegen Erwerbsminderung löste zum 01.01.2001 die sog. Berufs- und Erwerbsunfähigkeitsrenten ab. Diese gelten nur noch bei einem Rentenbeginn vor 2001.

- Altersruhegeld

Zu den Leistungen der **Arbeitsförderung** sind neben dem Arbeitslosengeld z. B. das Insolvenzgeld (Arbeitnehmer haben bei Zahlungsunfähigkeit ihres Arbeitgebers Anspruch auf den ausgefallenen Arbeitsverdienst) und das Winterausfallgeld (Zahlung an Arbeiter in Betrieben des Baugewerbes bei witterungsbedingtem Arbeitsausfall) zu zählen.

Maßnahmen zur Krankheitsfrüherkennung (Vorsorgeuntersuchungen) und Mutterschaftshilfe sind u. a. Leistungen der **Krankenversicherung**.

Die Verletztenrente ist eine Leistung der **Unfallversicherung** (wenn die Erwerbsfähigkeit nicht wieder hergestellt werden kann).

a)

aa)	3
ab)	1
ac)	4
ad)	2
ae)	3

b)

ba)	1
bb)	1
bc)	2
bd)	3
be)	4
bf)	1
bg)	2
bh)	3
bi)	2

3.10 Erfassung der Lohnsteuerdaten

a) Richtig ist die unter **2.** genannte Abkürzung. 2

Die Abkürzung ELStAM steht für das papierlose elektronische Verfahren zur Erhebung der Lohnsteuer (**El**ektronische Lohn**st**euer-**A**bzugs-**M**erkmale).

Bedeutung der übrigen Abkürzungen:

(N)VEL	=	*Phantasieabkürzung* für (neues) Verfahren zur Erhebung der Lohnsteuer
INTRASTAT	=	Intrahandelsstatistik
EUSt	=	Einfuhrumsatzsteuer
ELSTER	=	Elektronische Steuererklärung

b) Richtig sind die unter **2.** aufgeführten Daten. 2

Neben dem Geburtsdatum muss dem Arbeitgeber die seit 1. Juli 2007 eingeführte Steuer-Identifikationsnummer (IdNr) mitgeteilt werden. Die IdNr (internationale Abkürzung ist TIN = Tax identification number) ist eine bundeseinheitliche und dauerhafte Identifikationsnummer von in Deutschland gemeldeten Bürgern für Steuerzwecke.

c) Richtig ist die unter **4.** aufgeführte Stelle. 4

Per DFÜ (Datenfernübertragung) ruft der Arbeitgeber die Lohnsteuerabzugsmerkmale für den Arbeitnehmer beim Bundeszentralamt für Steuern ab und übernimmt diese in das Lohnkonto (vgl. dazu § 39 e Absatz 4 EStG).

Hinweis

Die Lohnsteuerkarte wurde bis 2010 von der Gemeinde ausgestellt, in der der Arbeitnehmer am 20. September des Vorjahres seinen Hauptwohnsitz hatte. Ebenfalls zuständig war die Gemeinde für Änderungen der Steuerklassen, der Religionszugehörigkeit oder des Namens, während das Finanzamt Freibeträge eintragen konnte. Für derartige Änderungen ist ab 2011 das zuständige Finanzamt die zentrale Anlaufstelle.

Gehaltsabrechnung 3.11

Steuerklassen 3.11.1

Auswahlantwort **1.** ist richtig. 1

Da Monika Gabriele F. ledig ist (und ansonsten keine zusätzlichen Angaben über Kinder oder Zweitbeschäftigungsverhältnisse etc. gemacht wurden), ist sie der Lohnsteuerklasse I zuzuordnen. Diese Klasse kommt bei ledigen und geschiedenen Arbeitnehmern zur Anwendung (ebenso für Arbeitnehmer, die von ihren Ehegatten dauerhaft getrennt leben sowie für verwitwete Arbeitnehmer, sofern der Ehegatte vor dem Jahr 2000 verstorben ist).

Zu 2. Diese Antwort ist **falsch**, da in Steuerklasse II diejenigen Arbeitnehmer erfasst werden, die unter Klasse I beschrieben wurden, jedoch in deren inländischem Haushalt mindestens 1 Kind wohnt, für das sie Kindergeld erhalten bzw. das auf der Lohnsteuerkarte unter „Kinderfreibetragszahl" berücksichtigt wird.

Zu 3., **4.** und **5.**

Diese Antworten sind **falsch**, da diese auf verheiratete Arbeitnehmer anzuwenden sind. In Klasse III werden verheiratete Arbeitnehmer erfasst, bei denen beide Ehegatten im Inland wohnen, die nicht dauernd getrennt leben und der Ehegatte des Arbeitnehmers keinen Arbeitslohn bezieht oder der Steuerklasse V zugeordnet wird, falls er Arbeitslohn bezieht (Wahlrecht). Steuerklasse IV ist für verheiratete Arbeitnehmer vorgesehen, sofern beide Ehegatten Arbeitslohn beziehen, im Inland wohnen und nicht dauernd getrennt leben. Die Steuerklasse V kann statt der Klasse IV auf einen der Ehegatten angewendet werden, sofern der andere Ehegatte der Klasse III zugeordnet wird. Die Kombination III/V hängt von der Höhe der Einzeleinkommen ab und empfiehlt sich grundsätzlich bei ungleich hohen Arbeitseinkommen.

Zu 6. Diese Antwort ist **falsch**, da die Klasse VI nur zur Anwendung kommt, wenn der Arbeitnehmer eine zweite oder weitere Lohnsteuerkarte benötigt, weil er Arbeitslohn von mehreren Arbeitgebern nebeneinander bezieht. Da hiermit eine hohe Besteuerung verbunden ist, werden Lohnsteuerkarten mit Klasse VI üblicherweise dem Arbeitgeber eingereicht, der den geringeren Arbeitslohn vergütet.

Einzelversicherungen 3.11.2

Auswahlantwort **3.** ist richtig. 3

Prämien zur (privaten) Lebensversicherung dienen zwar auch der sozialen Absicherung, gehören jedoch nicht der gesetzlichen Sozialversicherung an.

3.11.3 Beträge berechnen

Hinweis

Lohn-und Kirchensteuer sowie Solidaritätbeitrag können in der Anlage (Lohnsteuertabelle) abgelesen werden.

Lohn/ Gehalt bis €*	Abzüge an Lohnsteuer, Solidaritätszuschlag (SolZ) und Kirchensteuer (8%, 9%) in den Steuerklassen																								
	I – VI					I, II, III, IV																			
			ohne Kinderfreibeträge					mit Zahl der Kinderfreibeträge . . .																	
								0,5			1			1,5			2			2,5			3**		
		LSt	SolZ	8%	9%		LSt	SolZ	8%	9%	SolZ	8%	9%	SolZ	8%	9%	SolZ	8%	9%	SolZ	8%	9%	SolZ	8%	9%
2 192,99	I,IV	**262,33**	14,42	20,98	23,60	I	**262,33**	10,10	14,70	16,53	5,78	8,79	9,89	—	3,50	3,93	—	—	—	—	—	—	—	—	—
	II	**232,41**	12,78	18,59	20,91	II	**232,41**	8,56	12,45	14,—	0,50	6,68	7,51	—	1,88	2,12	—	—	—	—	—	—	—	—	—
	III	**67,33**	—	5,38	6,05	III	**67,33**	—	1,42	1,60	—	—	—	—	—	—	—	—	—	—	—	—	—	—	—
	V	**499,66**	27,48	39,97	44,96	IV	**262,33**	12,23	17,80	20,02	10,10	14,70	16,53	8,04	11,70	13,16	5,78	8,79	9,89	—	5,98	6,73	—	3,50	3,93
	VI	**532,33**	29,27	42,58	47,90																				

a) **Lohnsteuer** — € 262,33

[...]

b) **Kirchensteuer** — € 23,60

ca) **Solidaritätsbeitrag** — € 14,42

[...]

cb) Der **Solidaritätszuschlagsatz**:

Da der Solidaritätsbeitrag (wie auch die Kirchensteuer) prozentual von der Lohnsteuer (hier: 262,33 €) berechnet wird, ergibt sich für die Ermittlung des Beitragssatzes folgender Dreisatz:

262,33 € ≙ 100 %
14,42 € ≙ ? %

$$? \% = \frac{100 \% \cdot 14{,}42 €}{262{,}33 €} = \underline{\underline{5{,}5 \%}}$$

% 5,5

d) Der **Arbeitnehmerbeitrag zur Sozialversicherung**:

Die Beiträge zur Sozialversicherung werden von den Arbeitsvertragspartnern anteilsmäßig getragen. Da der für den Arbeitgeber zu tragende Beitragssatz mit 19,275 % angegeben ist, trägt der Arbeitnehmer den Rest, also 20,425 % (39,7 % – 19,275 %).
Die Beiträge zur Sozialversicherung werden prozentual von der Höhe des sozialversicherungspflichtigen Bruttogehaltes (hier: 2.190,00 €) berechnet:

20,425 % von 2.190,00 € = <u>447,31 €</u>

€ 447,31

Beträge berechnen 3.11.3

Fortsetzung

e) Der **gesamte Arbeitgeberaufwand**:

Der Gesamtaufwand des Arbeitgebers setzt sich aus dem Bruttogehalt und den Nebenkosten (hier dem AG-Anteil zur Sozialversicherung und der Unfallversicherung) zusammen:

	2.190,00 €	Bruttogehalt
+	422,12 €	AG-Anteil zur Soz.-Vers.: 19,275 % von 2.190,00 €
+	25,00 €	vom AG alleine zu tragende Unfallversicherung
=	2.637,12 €	Gesamtaufwand des Arbeitgebers

€ 2 6 3 7 , 1 2

Hinweis

Die Lohnnebenkosten können höher ausfallen, wenn die Arbeitgeber noch zusätzlich freiwillige Sozialleistungen gewähren (z. B. Urlaubsgeld, Kantinenzuschuss, Pensionsrückstellungen, Wegegeld, Prämien u. dgl.).

f) Das monatliche Nettoentgelt beträgt:

	2.190,00 €	Bruttogehalt
–	262,33 €	Lohnsteuer
–	23,60 €	Kirchensteuer
–	14,42 €	Solidaritätsbeitrag
–	447,31 €	AN-Anteil zur Soz.-Vers.
=	1.442,34 €	Nettogehalt

€ 1 4 4 2 , 3 4

Informationen

Pflegeversicherung – Das sogenannte Kinderberücksichtigungsgesetz

Gesetzlich Versicherte zwischen 23 und 65 Jahren ohne Kinder zahlen vom beitragspflichtigen Einkommen einen Zuschlag von 0,25% zur Pflegeversicherung. Der aktuelle allgemeine Beitragssatz beträgt ohne Zuschlag 2,05 %. Dies regelt das Gesetz zur Berücksichtigung der Kindererziehung im Beitragsrecht der sozialen Pflegeversicherung. Wehr- und Zivildienstleistende sowie Empfänger von Arbeitslosengeld II sind vom Sonderbeitrag ausgenommen, ebenso Eltern von Adoptiv-, Stief-, und Pflegekindern.

Höherer Beitrag in Sachsen

Eine Sonderstellung hat die Beitragserhebung der Pflegeversicherung von jeher in Sachsen. Hier trägt der Arbeitnehmer schon seit Einführung der Pflegeversicherung einen erhöhten Beitragsanteil. Der Grund dafür ist ein zusätzlicher Feiertag im Jahr, der stets auf einen Werktag fällt – Buß- und Bettag. Arbeitnehmer zahlen 1,525 % (bzw. Kinderlose 1,775 %), Arbeitgeber 0,525 %.

Stand: 07/2013

3.11.4 Beitragsbemessungsgrenze

Auswahlantwort **4.** ist richtig. 4

Beitragsbemessungsgrenzen werden jährlich der allgemeinen Einkommensentwicklung angepasst.

Die monatliche Beitragsbemessungsgrenze für die gesetzliche Rentenversicherung als auch die Arbeitslosenversicherung (Arbeitsförderung) beträgt im Jahr 2013 in den westlichen Bundesländern 5.800 € und in den östlichen Bundesländern 4.900 €.

In allen Bundesländern beträgt die Beitragsbemessungsgrenze in der gesetzlichen Krankenversicherung und Pflegeversicherung monatlich 3.937,50 € im Jahr 2013.

Sozialabgaben 2013

West / Ost ( ) 2012

		Allgemeiner Beitragssatz in %*	Beitragsbemessungsgrenze in € / Monat	Höchstbeitrag in € / Monat
Rentenversicherung	West	18,9 (19,6)	5.800 (5.600)	1.096,20 (1.097,60)
	Ost	18,9 (19,6)	4.900 (4.800)	926,10 (940,80)
Krankenversicherung	West	15,5 (15,5)	3.937,50 (3.825,00)	610,31 (592,88)
	Ost	15,5 (15,5)	3.937,50 (3.825,00)	610,31 (592,88)
Arbeitslosenversicherung	West	3,0 (3,0)	5.800 (5.600)	174,00 (168,00)
	Ost	3,0 (3,0)	4.900 (4.800)	147,00 (144,00)
Pflegeversicherung**	West	2,05 (1,95)	3.937,50 (3.825,00)	80,72 (74,59)***
	Ost	2,05 (1,95)	3.937,50 (3.825,00)	80,72 (74,59)***
	West			1.961,23 (1.933,07)***
	Ost			1.764,13 (1.752,27)***

*Bezogen auf das Bruttoarbeitsentgelt; paritätische Finanzierung = Arbeitgeber und Arbeitnehmer je zur Hälfte; Ausnahme Krankenversicherung: AG 7,3% / AN 8,2%
**Zusätzlicher Sonderbeitrag von 0,25% für Kinderlose ab 23 Jahren
***Ohne Sonderbeitrag der AN zur Pflegeversicherung, ohne zusätzliche Leistungen der AG

Quellen: BPA, BMAS, BA Stand: November 2012 imu 104 1112

3.11.5 Werbungskosten/Sonderausgaben

Die Auswahlantworten **2.** und **3.** sind richtig. 2 und 3

Werbungskosten sind Aufwendungen zur Erwerbung, Sicherung und Erhaltung der Einnahmen. Sie werden bei den Einkunftsarten abgezogen, bei denen sie entstanden sind.

Sonderausgaben sind Aufwendungen der privaten Lebensführung, die mit keiner Einkunftsart in einem wirtschaftlichen Zusammenhang stehen. Zu unterscheiden sind unbeschränkt und beschränkt abzugsfähige Sonderausgaben.

Steuern, Versicherungen, Beiträge 3.12

Zahlungen an Institutionen 3.12.1

a) Die mit der Vorsteuer verrechnete, betragsmäßig höhere Umsatzsteuer wird zum 10. des Folgemonats an das **Finanzamt** abgeführt. 7

b) Die Grundsteuer ist eine Steuer der **Kommunen**. 3

c) Die **Krankenkassen** erhalten die Beiträge zur Sozialversicherung, die sie (nach Einbehalt ihrer Krankenkassenbeiträge) an die anderen Träger (Deutsche Rentenversicherung sowie Bundesagentur für Arbeit) weiterleitet. 1

d) Beiträge zur Unfallversicherung werden an die **Berufsgenossenschaft** weitergeleitet. 2

Institutionen und Organisationen 3.12.2

Antwort **4.** ist richtig. 4

Da es sich hier um einen Arbeitsunfall handelt, muss der Vorfall der zuständigen Berufsgenossenschaft (Trägerin der betrieblichen Unfallversicherung) gemeldet werden.

Freiwillige Sozialleistung 3.12.3

Richtig ist die **4.** 4

Während es sich bei den Leistungen 1. bis 3. sowie 5. um gesetzliche Sozialleistungen handelt, stellt die betriebliche Altersvorsorge (z. B. im Rahmen von Pensionsrückstellungen) freiwilligen Sozialaufwand dar.

3.13 Organisation und Führungsstile

3.13.1 Organisationsform

1 3 4

Die Auswahlantworten **1.**, **3.** und **4.** sind **falsch**.

Zu 1. Die Aussage ist falsch, da beim Mehr-Linien-System (Funktionalsystem) die weisungsgebundenen Mitarbeiter mehrere Vorgesetzte haben.

Zu 3. Die Aussage ist falsch, da ein Ein-Linien-System keine Stäbe hat.

Zu 4. Die Aussage ist falsch, da eine Stababteilung überhaupt nicht weisungsbefugt ist.

Zu 2. Diese Aussage ist richtig. Die durch Kreisform dargestellten Abteilungen sind Stäbe, die den Linieninstanzen zur Seite stehen.

Zu 5. Die Aussage ist richtig. Das Organigramm zeigt, dass der Sachbearbeiter K1 zur Kaufmännischen Abteilung gehört und unmittelbar dem Abteilungsleiter, Herrn Bellini, unterstellt ist.

Zu 6. Die Aussage ist richtig. Im Stab-Linien-System stehen den Führungsstellen Stäbe als Berater zur Verfügung. Die von Spezialisten aufbereiteten Unterlagen des Stabes erhöhen die Entscheidungssicherheit und die betriebliche Leistungsfähigkeit. Nachteilig jedoch ist, dass qualifizierte Stabsvorschläge von der Linieninstanz blockiert werden können, da es den Stäben an Weisungsgewalt fehlt.

Zu 7. Die Aussage ist richtig. Stab-Linien-System und Ein-Linien-System sind traditionelle Organisationsformen; in beiden Leitungssystemen kommen Anweisungen nur von einem, dem direkten Vorgesetzten.

Zu 8. Die Aussage ist richtig. Großbetriebe (z. B. Maschinenbau-, chemische und elektrotechnische Industrie) teilen ihr Unternehmen meist in Sparten (Divisionsorganisation) auf bzw. regeln die Entscheidungs- und Anordnungsbefugnisse durch eine Matrixorganisation.

Kombination von Organisationselementen und -bereichen 3.13.2

a) **Personale Ablauforganisation** fragt danach, wie die Personen in Beziehung zueinander stehen (z. B. jemand gibt eine Anordnung: welcher Anordnungsfluss ist dann vorgesehen, welcher Weg?). 6

b) **Institutionale Aufbauorganisation** bestimmt die Stellen, die bestimmte (gegliederte) Aufgaben bearbeiten sollen. 3

c) **Personale Aufbauorganisation** stellt die stelleninhaberbezogene Hierarchie einer Unternehmung dar, die von der Unternehmensspitze (top-management) bis zur Ausführungsebene (executive) leitungssystematisch gegliedert ist. 5

d) **Funktionale Ablauforganisation** stellt die Frage nach der Reihenfolge bestimmter Aufgaben (z. B.: wie soll eine Transportkette ablaufen?). 2

e) **Institutionale Ablauforganisation** fragt danach, wie die einzelnen Stellen untereinander in Verkehrsbeziehung stehen. 4

f) **Funktionale Aufbauorganisation** zeigt die Zerlegung betrieblicher Gesamt- oder Hauptaufgaben in Teil- und Elementaraufgaben.

Beispiel: 1

Hauptaufgabe	=	Materialbeschaffung,
Teilaufgabe	=	Beschaffung von Rohstoffen,
Elementaraufgabe	=	Beschaffung des Rohstoffes A

3.13.3 Kombination von Entscheidungsformen und Führungsstilen

Aus der Sicht der **Entscheidungsfindung** lassen sich zwei Führungsstile unterscheiden:

1. Der **autoritäre Führungsstil** ist dadurch gekennzeichnet, dass ein oder mehrere Entscheidungsträger alleine (ohne Hinzuziehung anderer Personen) die Entscheidung finden. Ursachen autoritärer Führung liegen oft im Eigentumsrecht, im Wissen, in der Amtsstellung oder in Persönlichkeitsmerkmalen begründet.
2. Der **demokratische Führungsstil** eignet sich insbesondere bei schwierigen, schwerwiegenden und motivationsbedingten Entscheidungen. Werden andere Personen an der Entscheidungsfindung durch Anhörung beteiligt, spricht man von Konsultationsmanagement; wirken andere an der Entscheidungsfindung aktiv mit, handelt es sich um Partizipationsmanagement.

Aus der Sicht des **Treffens** und **Verantwortens** von Entscheidungen können zwei Entscheidungsformen unterschieden werden:

1. Wenn für bestimmte Entscheidungen kraft Gesetz oder Organisationsstatut eine Person befugt ist, Entscheidungen zu treffen und diese zu verantworten, spricht man von der **direktorialen Entscheidungsform** oder Singularinstanz.
2. Wenn mehrere Personen befugt sind, bestimmte Entscheidungen zu treffen, handelt es sich um eine **kollegiale Entscheidungsform** oder Pluralinstanz.

Lösungen

a) Ein für die Entscheidung einzig Verantwortlicher entscheidet allein (**direktoriale Entscheidungsform**), ohne dass andere Personen an der Entscheidungsfindung beteiligt waren (**autoritärer Führungsstil**).	1
b) Eine bestimmte Personengruppe (hier: Gesellschafterversammlung) trifft die Entscheidung (**kollegiale Entscheidungsform**). Die Anhörung anderer (betroffener) Personen bei der Entscheidungsfindung kennzeichnet den **demokratischen Führungsstil**.	4
c) **Kollegiale Entscheidungsform** und **autoritärer Führungsstil**.	3
d) **Direktoriale Entscheidungsform** und **demokratischer Führungsstil**.	2

Führungsmethoden 3.14

a) **Management by exception (Mbe)**: Führung erfolgt nach dem Ausnahmeprinzip. Hierbei ist eine exakte Abgrenzung von Routine- und Ausnahmeaufgabe wichtig, damit keine Kompetenzüberschneidungen entstehen. In der Praxis werden als Abgrenzungskriterien oft quantitative und qualitative Limits in Kombination gewählt (z. B. Umsatzvolumen und Kundenwichtigkeit). 1

b) **Management by objectives (Mbo)**: Führung durch Zielvereinbarungen. Während die Führungsverantwortung und die Zielkontrolle beim Vorgesetzen bleiben, erhält der Mitarbeiter eine meist quantifizierte Zielvorgabe, die er mit den zur Verfügung stehenden Mitteln und Kompetenzen innerhalb einer bestimmten Zeit bzw. bis zu einem bestimmten Datum erreichen muss (z. B. Umsatzsteigerung um 10 % bei bestimmten Kunden im III. Quartal eines Geschäftsjahres). Bei nicht erreichten Zielen erfolgt oft Beratung oder Nachqualifizierung durch den Vorgesetzen; im Falle einer angemessenen Zielvorgabe, kann diese Führungsmethode leistungssteigernd wirken. 2

Zu 3. Das *Management by delegation* (früher auch als „Harzburger Modell“, nach der Führungsakademie in Bad Harzburg benannt) setzt bei der Abtretung von Aufgaben und Kompetenzen an. Der Mitarbeiter erhält Führungskompetenzen (z. B. Projektkompetenz), die ihm vom Vorgesetzten abgetreten wurden. Das Verantwortungsbewusstsein der Mitarbeiter soll damit gefördert werden, kann jedoch auch zu extremen Belastungen der Mitarbeiter führen.

3.15 Personalentwicklung

a) **PE out-of-the-job.** Scheiden Mitarbeiter aus dem Unternehmen aus (hier wegen Erreichung des Ruhestandalters), können daraus neue Aufgaben entwickelt werden (sog. Outplacement-Beratung). Dies stellt eine hohe Motivation für aktiv bleibende „Ruheständler" dar. 4

b) **PE near-the-job.** Frau Wolf erhält eine Sonderaufgabe, die ihr Gelegenheit gibt, sich in neuen und über die Routinearbeit hinausgehenden Aufgabenstellungen zu bewähren (sog. task force). 6*

c) **PE off-the-job.** Um Nachteile erhöhter Arbeitsbelastung durch Sonderaufgaben aufzufangen, können externe (auch interne) Schulungen, Kurse, Seminare, Studiengänge etc. angeboten werden, die auch eine kritische Distanz zum Alltagsleben aufbauen helfen. 3

d) **PE into-the-job.** Neu eintretende Mitarbeiter werden durch besondere Eingliederungs- und/ oder Ausbildungsprogramme eingearbeitet. 1

* Da die inhaltliche Nähe zu den Instrumenten **2.** und **5.** (siehe nachfolgende Erläuterungen) sehr groß bzw. fließend ist, können diese Zuordnungen ebenfalls akzeptiert werden.

Zu 2. **PE on-the-job** kennzeichnet Instrumente, die ein Lernen am bestehenden Arbeitsplatz ermöglichen. Erweiterung der Aufgabeninhalte und Verantwortungskompetenzen schaffen für den Mitarbeiter Anreize. Auch das sog. job-rotation (systematischer Arbeitsplatzwechsel) dient dem Vorbeugen von Monotonie bzw. „Betriebsblindheit".

Zu 5. **PE along-the-job** meint in erster Linie die Karriereplanung, die eine gedankliche Vorwegnahme (Perspektive) einer Stellenfolge aus Unternehmens- und Mitarbeitersicht aufzeigen soll. Auch Maßnahmen zur qualifizierten Beratung sind hier gemeint, die auf zukünftige Herausforderungen der beruflichen Tätigkeit zielen. Dies kann sowohl eine psychologisch-mentale Betreuung (Coaching) als auch eine spezielle Beratung zur Kompetenzverbesserung (Supervision) beinhalten.

3.16 Qualifiziertes Zeugnis

Die Formulierung **5.** steht für ein qualifiziertes Zeugnis. 5

Die Angaben unter 1. bis 4. sind lediglich Bestandteile eines einfachen Arbeitszeugnisses.

Ein **einfaches Zeugnis** muss nur die Dauer des Arbeitsverhältnisses und eine kurze Stellenbeschreibung enthalten (vgl. 1. und 4.). Auch die persönlichen Angaben wie Geburtsdatum und Geburtsort sowie das Datum des Eintritts in das Unternehmen (siehe 3. bzw. 2.) sind Standardformulierungen eines einfachen Zeugnisses.

Das **qualifizierte Zeugnis** muss vielmehr auch Angaben über die Leistungen und Führungsqualitäten des Arbeitnehmers aufweisen. Die Zufriedenheit mit der Arbeit und die Akzeptanz im Betrieb aber auch erfolgreiche Fortbildungen gehören dazu.

4 Finanzwirtschaftliche Rahmenbedingungen der Betriebe

Finanzwirtschaftliche Rahmenbedingungen der Betriebe

Basistext:

Wer Waren kauft, Dienstleistungen oder Rechte in Anspruch nimmt, muss sie dem Verkäufer, dem Leistenden oder Gewährenden entgelten. Je nach Art des Zahlungsvorgangs können verschiedene Vordrucke bei der Zahlung Verwendung finden. So erhält der Barzahler z. B. eine **Quittung (15)** über den Zahlbetrag. Besitzen Zahlungspflichtiger und Zahlungsempfänger je ein Bankkonto, wäre die Zahlung mittels **Scheck (01)** oder Überweisung denkbar. Die rechtzeitige Begleichung von Rechnungen kann sich lohnen, wenn **Skonto (16)** gewährt wird. Da der Lieferantenkredit i. d. R. recht teuer ist, erwirtschaftet der den Skonto ausnutzende Zahler oft einen respektablen **Effektivzins (11)** (Verhältnis von Finanzierungserfolg zum eingesetzten Kapital).

Besondere Formen der bargeldlosen Zahlung stellen das **Abbuchungsverfahren (17)** und die Einzugsermächtigung dar. Während beim Abbuchungsverfahren der Zahlungspflichtige seiner Bank den Auftrag erteilt, die von einem bestimmten Zahlungsempfänger vorgelegten Lastschriften einzulösen, erteilt der Zahlungspflichtige bei der Einzugsermächtigung dem Zahlungsempfänger schriftlich das Recht, Zahlungen bei Fälligkeit durch Lastschrift von seinem Konto einzuziehen. Der Zahlungspflichtige kann Belastungen binnen 6 Wochen widerrufen.

Kaufleute wickeln ihre Zahlungsverkehre über Geschäftskonten (Kontokorrentkonten) ab. Je nach Kontenstand erhalten sie **Habenzinsen (10)** vergütet (sie gelten der Bank gegenüber als Kreditor) oder **Sollzinsen (08)** belastet (sie gelten der Bank gegenüber als **Debitor (12)**). Im internationalen Handel fungiert die Bank des Kaufmanns (Importeur oder Exporteur) oft als Akkreditivbank oder Akkreditivstelle, wobei der bankseitigen Bestätigung des **Akkreditivs (02)** eine besondere Rolle zukommt.

Die Inanspruchnahme eines Bankkredits zwecks Finanzierung einer Investition ist eng verbunden mit der Frage der Kreditbesicherung. Oft reichen Eigen- oder **Selbstfinanzierung (06)** (z. B. durch Kapitaleinlagen oder **Thesaurierung (14)** von Gewinnen) nicht aus, Investitionsprojekte zu finanzieren. Die Banken gewähren im Falle der Kreditwürdigkeit Gelder, die abgesichert werden können durch einen **Bürgen (03)** (Bürgschaftskredit) oder Sicherungsübereignung (Vereinbarung eines **Besitzkonstituts (05)** oder gar Grundpfandrechte (Grundschulden, Hypotheken).

Als Sonderformen der Finanzierung gelten **Leasing (04)** und **Factoring (07)**. Während Leasing eine langfristige Form der Finanzierung darstellt, bietet das Factoring kurzfristig Liquidität, wobei ein Verkauf von Forderungen zuweilen der „letzte Rettungsanker“ einer von Illiquidität bedrohten Unternehmung sein kann.

Unternehmen, die nicht mehr zahlungsfähig sind, können wegen **Insolvenz (13)** zwangsliquidiert werden. Jedoch nicht jede Unternehmensauflösung ist unfreiwillig. Will sich der Unternehmer zur Ruhe setzen, kann er die Vermögensgegenstände seines Betriebes veräußern. Ein gerichtlich bestellter **Liquidator (09)** wickelt dann die freiwillige Auflösung des Unternehmens (Liquidation) ab.

Lösungen im Gitterrätsel (Fachbegriffe)

Lösungswort

01.	SCHECK
02.	AKKREDITIV
03.	BUERGEN
04.	LEASING
05.	BESITZKONSTITUT
06.	SELBSTFINANZIERUNG
07.	FACTORING
08.	SOLLZINSEN
09.	LIQUIDATOR
10.	HABENZINSEN
11.	EFFEKTIVZINS
12.	DEBITOR
13.	INSOLVENZ
14.	THESAURIERUNG
15.	QUITTUNG
16.	SKONTO
17.	ABBUCHUNGSVERFAHREN

4.01 Quittung

Bei der Postition **1** trägt der quittierende Zahlungsempfänger (hier der Fahrradhändler Feddisch) den Namen desjenigen (hier der Kunde Leo Grieshaar) ein, der ihm das Geld für die Ware (hier Mountainbike) bar gezahlt hat.

Position **2** ist für den Anlass der Zahlung vorgesehen. Hier kann der Grund für die Zahlung (z. B. Lieferung eines Mountainbikes) angegeben werden.

Position **3** ist für den Eintrag des Mehrwertsteuerbetrages vorgesehen.

In Position **4** wird das Datum eingetragen, an dem die Quittung ausgestellt wurde.

In Postition **5** bestätigt der Zahlungsempfänger den Erhalt der Barzahlung mit seiner Unterschrift (und ggf. Firmenstempel).

Fahrrad Feddisch · Ihr Fahrradspezialist

Max Feddisch
42651 Solingen
Cronenberger Straße 88
Telefon: 0212/ 31 23 12
Telefax: 0212/ 31 23 13

Quittung

Von Herrn / Frau / Firma Leo Grieshaar ①

erhielten wir heute für
Lieferung eines Mountainbikes ②

714 , 00 EUR

in dem Betrag sind 19 % Mehrwertsteuer enthalten = 114,00 EUR ③

Solingen, 11.05.2013 ④ M. Feddisch ⑤
Unterschrift

§ 368 Quittung

[1] Der Gläubiger hat gegen Empfang der Leistung auf Verlangen ein schriftliches Empfangsbekenntnis (Quittung) zu erteilen. [2] Hat der Schuldner ein rechtliches Interesse, dass die Quittung in anderer Form erteilt wird, so kann er die Erteilung in dieser Form verlangen.

4.02 Lastschrift

2

Richtig ist die Ziffer **2**.

Durch die Ausstellung eines Schecks wird die bezogene Bank das Konto des Scheckausstellers (hier Frau Bauholzer) belasten.

Zu 1. Diese Antwort ist *falsch*, da die Vergütung von Gut(-haben-)zinsen keine Lastschrift, sondern eine Gutschrift darstellt.

Zu 3. Ziffer 3. ist *falsch*, da durch die Gehaltsüberweisung eine Gutschrift auf dem Konto der Frau Bauholzer erfolgt.

Zu 4. Diese Antwort ist auch *falsch*, da das Einreichen eines Verrechnungsschecks eine Gutschrift unter Vorbehalt auslöst. Der Scheckbetrag wird dem Konto der Frau Bauholzer vorläufig gutgeschrieben. Die Bank der Frau Bauholzer behält sich damit das Recht ein, eine Rückbelastung zu veranlassen, wenn der einzuziehende Scheck nicht gedeckt sein sollte.

Zu 5. Ziffer 5. ist *falsch*, da durch die Einräumung eines Dispositionskredites noch keine Lastschrift erfolgt. Erst durch die Inanspruchnahme des Kreditrahmens kommt es zu einer Belastung.

Besondere Zahlungsverkehre 4.03

Zahlungsarten 4.03.1

a) Die **GeldKarte (mit Mikrochip)** kann an speziellen Terminals (Automaten) unter Angabe einer persönlichen Identifikationsnummer (PIN-Code) aufgeladen werden. Auch eine Aufladung online am PC zu Hause ist in einigen Fällen möglich. Das über die GeldKarte eingelesene Konto wird mit dem aufgeladenen Betrag belastet. Zur Bezahlung führt der Karteninhaber die Karte in den Chipkartenleser beim Zahlungsempfänger (z. B. an der Kasse eines Kaufhauses, Parkhauses etc.) ein. Die fällige Summe wird von der Karte abgebucht. Somit beginnt der eigentliche Verrechnungsvorgang erst, wenn der Zahlungsempfänger in regelmäßigen Abständen die eingelesenen Daten an seine Bank übermittelt. 5

Hinweis

Geht die GeldKarte mit Guthaben verloren, stellt dies einen echten Verlust ohne Ersatzmöglichkeit dar.

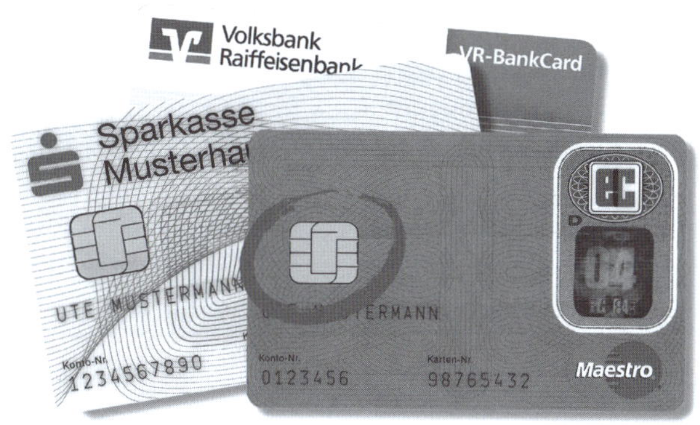

b) Beim **Dauerauftrag** erteilt der Zahlungspflichtige seiner Bank den Auftrag, regelmäßig Zahlungen in gleichbleibender Höhe zu festen Terminen (z. B. Miete an den Zahlungsempfänger) zu überweisen, wenn nicht zeitlich begrenzt bis auf Widerruf. 3

c) Im Fall des **Abbuchungsverfahrens** vereinbart der Zahlungspflichtige mit dem Zahlungsempfänger ein Lastschriftverfahren und erteilt seiner Bank den Auftrag alle Lastschriften, die der Zahlungsempfänger vorlegt, einzulösen. Da der Zahlungsvorgang vom Empfänger der Zahlung ausgeht und der Zahlungspflichtige seiner Bank den Auftrag zur Zahlung selbst erteilt, hat er keine Möglichkeit mehr einer Zahlung zu widersprechen, wenn er diese für ungerechtfertigt hält. 1

d) Bei der **Einzugsermächtigung** erteilt der Zahlungspflichtige dem Zahlungsempfänger die Erlaubnis, von seinem Konto in der Höhe durchaus variierbare Zahlbeträge über Lastschriften einzuziehen. Im Gegensatz zum Abbuchungsverfahren (vgl. c) kann hier der Zahlungspflichtige einer unberechtigten Lastschrift innerhalb einer bestimmten Frist (sechs Wochen) widersprechen. Die Bank des Zahlungspflichtigen veranlasst dann die Rückbuchung zum Wertstellungstermin der Lastschrift. 2

Fortsetzung auf der nächsten Seite

4.03.1 Zahlungsarten

Fortsetzung

Zu 4. Diese Antwort bezieht sich auf das browserbasierte Internetbanking über die Website der Bank, welches durch bestimmte Verschlüsselungsprotokolle (SSL = Secure Sockets Layer bzw. TLS = Transport Layer Security) gesichert ist. Der Kontoinhaber schließt mit seiner Bank einen (kostenlosen) e-banking-Vertrag, um mittels PC mit Internetzugang Informationen zu seinem Konto abrufen und u. a. Zahlungsaufträge erteilen zu können.

Zur Durchführung von Transaktionen siehe auch Erläuterungen zu 4.03.2.

Zu 6. Diese Antwort bezeichnet ein Verfahren, bei dem am Verkaufsort (*POS = Point of Sale*) ein Gerät aufgestellt ist, welches die Daten einer Girocard (auch electronic-cash Karte) lesen und verarbeiten kann. Das electronic-cash mit PIN ist ein belegloses Lastschriftverfahren, bei dem die Zahlungen durch die Karten ausgebende Bank garantiert werden. Die Girocard des Kunden wird am POS eingelesen und der Karteninhaber bestätigt seine Identität durch die Eingabe der persönlichen *PIN* (**P**ersonal **I**dentification **N**umber). Die Daten werden am Terminal online bzw. per Telefonleitung an die Autorisierungszentrale der zuständigen Bank des Kunden verschlüsselt übertragen und dort überprüft. Wenn die Karte legitimiert ist, d. h. die Sperrdateiabfrage bei der Gesellschaft für Zahlungssysteme ergeben hat, dass die Karte weder als verloren oder gestohlen gemeldet wurde und der Karteninhaber über ein entsprechendes Guthaben verfügt, wird die Zahlungsgarantie bestätigt.

4.03.2 Electronic Banking

a) **PIN** = Persönliche Identifikations-Nummer. Diese (in der Regel sechsstellige Code-Nr.) muss eingegeben werden, um den Zugang zu den Daten der Online-Bank zu erhalten. 1

b) Mittels der **PIN** identifiziert sich der Kunde als Berechtigter. 1

c) **TAN** = Transaktionsnummer. Diese Code-Nr. muss eingegeben werden, wenn ein Geschäftsvorgang (Transaktion) ausgeführt werden soll. 2

d) Um Wertpapiere kaufen bzw. verkaufen zu können oder Angaben zum Kursverlauf etc. zu erhalten, muss die sechsstellige Wertpapierkennnummer (**WKN**) angegeben werden. Sie schließt Verwechslungen mit ähnlich lautenden Titeln aus. Wertpapiere, die auch an ausländischen Börsenplätzen gehandelt werden, sind außerdem noch mit einem länderspezifischen Kürzel (meist Buchstabenkombinationen) ausgestattet (sog. Ticker-Symbole, **ISIN**). Hinweis: Die ISIN (International Securities Identification Number) dient der weltweit eindeutigen Kennzeichnung von Wertpapieren und löst die nationalen WKN ab. 3

e) Der am Homebanking teilnehmende Kunde erhält zwecks Abwicklung seiner Transaktionen eine **Liste mit mehreren TAN**. Jede TAN kann nur einmal verwendet werden und verliert nach Abwicklung der Transaktion ihre Gültigkeit. Bevor alle TAN aufgebraucht sind, erhält der Kunde eine neue Liste mit weiteren TAN (deren Ziffernkombinationen übrigens durch Zufallsgeneratoren zusammengestellt sind). 2

SEPA-Verfahren 4.03.3

Die Aussage **5.** ist nicht zutreffend. 5

Neben den EU-Ländern nehmen auch die drei Länder des übrigen europäischen Wirtschaftsraums (EWR), also Island, Liechtenstein und Norwegen sowie die Schweiz und Monaco am SEPA-Verfahren teil. Zu beachten ist lediglich, dass die Zahlungen ausschließlich in der Währung des „Euro" genutzt werden können.

Zu 1. Standardüberweisungen im SEPA-Verfahren sind nur in „Euro", Überweisungen in anderen europäischen Währungen nur mittels Auslandsüberweisung möglich.

Zu 2. Die IBAN (International Bank Account Number) ist die international standardisierte Kontonummer, die aus dem zweistelligen ISO-Ländercode, dem nationalen Bankcode (in Deutschland die Bankleitzahl) und der Kontonummer besteht. Die IBAN besteht aus maximal 34 alphanumerischen Zeichen (in Deutschland sind es 22):

Beispiel: DE89 2009 0900 1234 5678 90

BIC steht für „Bank Identifier Code" und dient der Identifizierung des Kreditinstitutes. Dieser Identifizierungs-Code entspricht dem SWIFT-Code der „Society for Worldwide Interbank Financial Telecommunications" (belgische Gesellschaft, die für eine sichere Telekommunikation zwischen Banken weltweit sorgt. Der BIC besteht aus maximal elf Stellen:

Beispiele: AACSDE33XXX (BIC der Sparkasse Aachen)
COBADEFFXXX (BIC der Commerzbank in Franfurt/Main)

Die letzten drei Stellen (XXX) sind Platzhalter und können für Filialbezeichnungen genutzt werden.

Zu 3. Siehe Erläuterungen zu 2.

Zu 4. Mit „Single Euro Payment Area" ist der Euro-Zahlungsverkehrsraum gemeint.

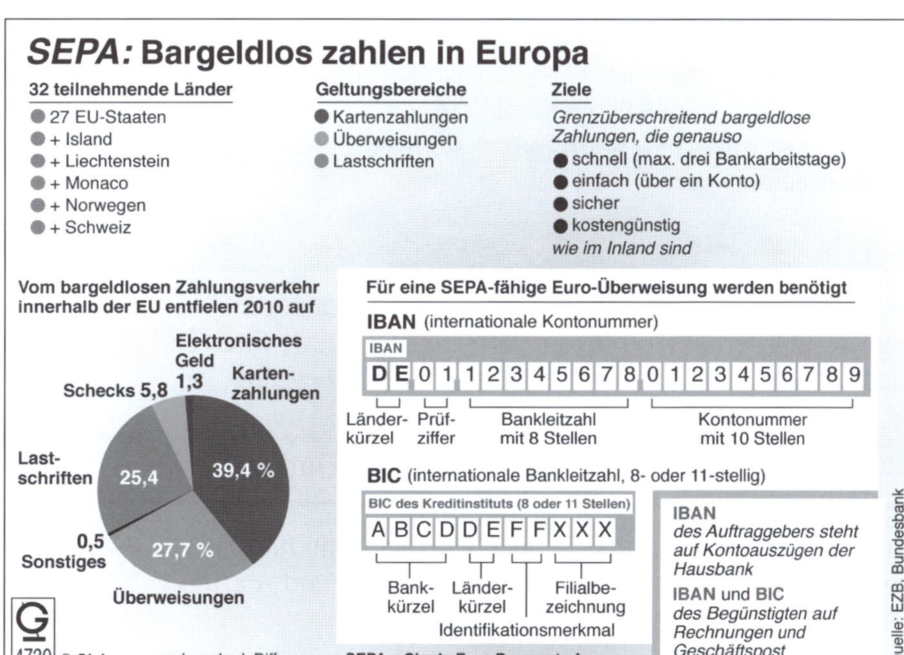

4.04 Scheck

Auswahlantwort **1.** ist richtig. 1

Der Scheck enthält formal alle die in Art. 1 ScheckG aufgeführten Bestandteile:
1. die Bezeichnung als Scheck im Text der Urkunde, und zwar in der Sprache, in der sie ausgestellt ist;
2. die unbedingte Anweisung, eine bestimmte Geldsumme zu zahlen;
3. den Namen dessen, der zahlen soll (Bezogener);
4. die Angabe des Zahlungsortes;
5. die Angabe des Tages und des Ortes der Ausstellung;
6. die Unterschrift des Ausstellers.

Zu 2. Gesetzlicher Bestandteil (und der ist für die bezogene Bank verbindlich) ist der in Buchstaben genannte Betrag von fünfhundertneunundachtzig €. Der in Ziffern geschriebene Betrag von 598,00 € (vermutlich ein sog. Zahlendreher) ist lediglich ein kaufmännischer Bestandteil und nicht rechtsverbindlich. Vgl. dazu Art. 9 ScheckG:

ScheckG Art. 9

(1) Ist die Schecksumme in Buchstaben und in Ziffern angegeben, so gilt bei Abweichungen die in Buchstaben angegebene Summe.

(2) Ist die Schecksumme mehrmals in Buchstaben oder mehrmals in Ziffern angegeben, so gilt bei Abweichungen die geringste Summe.

Zu 3. Durch die Klausel „oder Überbringer" wird der Scheck zum Inhaberpapier. Ein Inhaberscheck kann durch Einigung und Übergabe weitergegeben werden. Die einlösende Bank ist nicht verpflichtet, die Berechtigung des Inhabers zu prüfen.

Zu 4. Da der abgebildete Scheck kein Bar- sondern ein Verrechnungsscheck ist, kann er nicht bar ausgezahlt werden (Vgl. Art. 39 Abs. 1 ScheckG). Gemäß Art. 29 ScheckG muss der Scheck, der in dem Land der Ausstellung zahlbar ist, binnen acht Tagen zur Zahlung vorgelegt werden. Nach Ablauf dieser Frist ist die bezogene Bank nicht mehr verpflichtet, den Scheck einzulösen. Die Vorlegungsfrist hält Vera Seilinger zwar ein, der Scheck ist jedoch zahlbar in Solingen. Die Sparkasse in Aachen **muss** den Betrag unter dem Vorbehalt des Eingangs dem Konto der Vera Seilinger **gutschreiben.**

ScheckG Art. 39

(1) Der Aussteller sowie jeder Inhaber eines Schecks kann durch den quer über die Vorderseite gesetzten Vermerk „ nur zur Verrechnung" oder durch einen gleichbedeutenden Vermerk untersagen, daß der Scheck bar bezahlt werden.

(2) Der Bezogene daf in diesem Falle den Scheck nur im Wege der Gutschrift einlösen (Verrechnung, Überweisung, Ausgleichung). Die Gutschrift gilt als Zahlung.

Zu 5. Diese Aussage ist falsch. Zwar sind Scheck- und Kontonummer sowie die Bankleitzahl kaufmännische Bestandteile eines Schecks; Ausstellungsort und -datum gehören jedoch zu den gesetzlichen Bestandteilen (Vgl. Art. 1 Nr. 5 ScheckG).

Lieferantenkredit 4.05

a) Wird die Rechnung außerhalb der Skontofrist beglichen, ist der volle Rechnungsbetrag zu zahlen. Die Begleichung der Rechnung außerhalb des Zahlungszieles (hier 30 Tage) würde zum Zahlungsverzug führen.

€ 95200,00

b) Wird die Rechnung innerhalb der Skontofrist beglichen, darf die Rechnungssumme um den Skontosatz vermindert werden.

97 % von 95.200,00 € **oder** 95.200,00 € · 0,97 = 92.344,00 €

€ 92344,00

c)

ca) Die **Kreditkosten** (Zinsen für den Kontokorrentkredit) errechnen sich wie folgt:

benötigter Kreditbetrag:	95.200 – 3 % Skonto = 92.344 €
Zinssatz:	11 %
Zeitraum:	30 Tage – 10 Tage = 20 Tage

	Zielzeitraum	30 Tage
./.	Skontofrist	10 Tage
=	Kreditzeitraum	20 Tage

Die Rechnung wird am 10. Tag unter Abzug des Skontos beglichen.
Die Rechnung müsste spätestens am 30. Tag bezahlt werden, damit kein Zahlungsverzug eintritt. Somit beträgt der Kreditzeitraum 20 Tage.

Durch Einsetzen der o. g. Größen in die einfache Zinsformel ergibt sich die Höhe der Zinsen (Kreditkosten):

$$z = \frac{K \cdot p \cdot t}{100 \cdot 360} = \frac{92.344,00\text{ €} \cdot 11\ \% \cdot 20\text{ T}}{100\ \% \cdot 360\text{ T}} = 564,324\text{ €} \approx 564,32\text{ €}$$

€ 564,32

cb) Durch Ausnutzung der Skontierung ergibt sich ein positiver **Finanzierungserfolg** auch dann, wenn für die vorzeitige Begleichung der Rechnung der Kontokorrentkredit in Anspruch genommen wird. Dies liegt daran, dass der Skontosatz von 3 % für den Kreditzeitraum von 20 Tagen gilt, der Kreditzinssatz für den Kontokorrentkredit mit 11 % aber ein Jahreszinssatz ist.

	Skontoertrag:	3 % von 95.200 = 2.856,00 €
./.	Kreditkosten (siehe cb):	564,32 €
=	Finanzierungserfolg:	2.291,68 €

€ 2291,68

4.05 Lieferantenkredit

cc) Bezieht man den Skontosatz auch auf ein Jahr, wird deutlich, wie teuer der Lieferantenkredit tatsächlich ist:

Lösung mittels Dreisatz:
in 20 Tagen = 3 %
in 1 Tag = $^3/_{20}$ %
in 360 Tagen = $^3/_{20}$ % · 360

$$? \% = \frac{3\ \% \cdot 360\ T}{20\ T} = 54\ \%$$

Wie rentabel das Ausnutzen des Skontoertrages selbst unter Kreditfinanzierung effektiv ausfällt, sieht man an der Verzinsung des Finanzierungserfolges durch Einsetzen der Größen in die für p (Zinssatz) umgestellte Zinsformel:

$$p = \frac{z \cdot 100 \cdot 360}{K \cdot t} = \frac{2.291{,}68 \cdot 100 \cdot 360}{92.344{,}00 \cdot 20} = 44{,}670\ \% \approx \underline{\underline{44{,}67\%}}$$

% , 4 4 | 6 7

4.06 Kontokorrentkredit

a) - c)

Wert	S/H	Betrag	Tage	#Soll	#Haben
31.12. 15.01.	S H	6.500 € 6.000 €	15	975	
 02.03.	S H	500 € 5.500 €	47	235	
 13.03.	H S	5.000 € 12.000 €	11		550
31.03.	S	a) **7.000 €**	17	1.190	
			90	c) **2 400**	550

a) € 7 0 0 0

b) 1

c) # 2 4 0 0

Der Aufbau der Zinsstaffel erfolgt nicht nach dem Buchungsdatum, sondern nach dem Wertstellungsdatum.

Die Richtigkeit des in der Staffel ermittelten vorläufigen Saldos lässt sich leicht kontrollieren, indem Sie Soll- und Habenseite des Kontos jeweils getrennt addieren und die beiden Beträge saldieren.

Soll	Haben
6.500 €	6.000 €
12.000 €	5.500 €
18.500 €	11.500 €

Soll	18.500 €
./. Haben	11.500.€
= Sollsaldo	7.000 €

Teil d) der Lösung 4.06, siehe nächste Seite

Kontokorrentkredit 4.06

Beachten Sie in der Zinsstaffel, dass Sie jeweils getrennt nach Soll und Haben die Zinszahlen aus den Salden ermitteln und nicht aus den Umsätzen.

Überprüfen Sie, ob Sie die Zinstage richtig berechnet haben, indem Sie zunächst die Summe der einzelnen Zinstage ermitteln. Die Summe dieser einzelnen Zinstage muss gleich sein den Zinstagen vom ersten bis zum letzten Wertstellungsdatum (hier: 31.12. – 31.03) = 90 Tage).

d) **Zinsteiler** $= \frac{360}{\text{Zinsfuß}} = \frac{360}{9} = \underline{\underline{40}}$ — 40

e) **Sollzinsen** $= \frac{\text{Summe Zinszahlen}}{\text{Zinsteiler}} = \frac{2.400}{40} = \underline{\underline{60,00\ €}}$ — € 60,00

f) Zinszahl = 550 (siehe a)

Zinsteiler $= \frac{360}{0,75} = 480$

Habenzinsen $= \frac{550}{480} = 1,145 \approx \underline{\underline{1,15\ €}}$ — € 1,15

g) Die Überziehungsprovision ist von den Sollsalden zu berechnen, die über die Kreditzusage von 5.000 € hinausgehen. Laut Staffel unter a) wurde diese Kreditzusage vom 31.12 bis 15.01., das sind 15 Tage, um 1.500 € und vom 13.03., das sind 17 Tage, um 2.000 € überschritten.

Überziehungszinszahlen $= \frac{\text{Kapital}}{100} \cdot \text{Tage}$

$= \frac{1.500}{100} \cdot 15 + \frac{2.000}{100} \cdot 17$

$= \underline{\underline{565}}$ — # 565

h) **Überziehungsprovision** $= \frac{565}{180^*} = 3,13\overline{8} \approx \underline{\underline{3,14}}$ — € 3,14

* Zinsteiler $= \frac{360}{2}$

i)	Kreditzusage 5.000 € für 90 Tage	#	4.500
./.	Sollzinsen lt. Staffel unter a)	./. #	2.400
+	Überziehungszahlen lt. g)	+ #	565
=	**Zinszahlen des im Rahmen der Zusage von 5.000 € nicht beanspruchten Kredits**	#	2.665

2665

Beachten Sie, dass die Überziehungszinszahlen über den Rahmen der Kreditzusage hinausgehen. Da diese aber gleichzeitig in den Sollzinszahlen enthalten sind, müssen Sie die Überziehungszinszahlen wieder hinzuzählen.

4.06 Kontokorrentkredit

j) Zinszahlen = 2.665 gemäß i)

Zinsteiler $= \frac{360}{3} = 120$

Kreditprovision $= \frac{\text{Überziehungszinszahlen}}{\text{Zinsteiler}} = \frac{2.665}{120}$

$= 22{,}208 \approx \underline{\underline{22{,}21}}$

€ 22,21

k)

Zinsen, Spesen, Auslagen	Soll	Haben
Sollzinsengemäß e)	60,00 €	
Habenzinsen gemäß f)		1,15 €
Überziehungsprovision gemäß h)	3,14 €	
Kreditprovision gemäß j)	22,21 €	
Auslagen gemäß Text	12,00 €	
	97,35 €	1,15 €
Saldo		**96,20 €**
	97,35 €	97,35 €

€ 96,20

l) **Vorläufiger Saldo** S 7.000,00 €
Saldo der Zinsen, Spesen und Auslagen S 96,20 €
7.096,20 €

€ 7096,20

Grundsätze der Kreditgewährung 4.07

Teil I

Auswahlantwort **2.** ist **falsch**. 2

Die goldene Bankregel besagt, dass die Kapitalbindung der Kurzfristigkeit entsprechen soll, d. h., langfristig im Unternehmen gebundenes Anlagevermögen muss durch langfristig bereitgestelltes Kapital, also am besten Eigenkapital, zumindest aber langfristiges Fremdkapital, finanziert werden. Da die Vermögensgegenstände des Anlagevermögens i. d. R. für die Betriebsbereitschaft unabdingbar sind, ist bei Zahlungsschwierigkeiten eine Veräußerung betriebsnotwendiger Vermögensteile nicht ohne weiteres möglich. Das kurzfristig gebundene Umlaufvermögen (z. B. Vorräte) darf hingegen wegen der schnelleren Veräußerbarkeit durch kurzfristiges Kapital finanziert werden.

Zu 1. Diese Aussage ist richtig.

Zu 3. Der mit Hilfe des Kredits erreichte Mehrerlös muss größer sein als die Zinsen, die für den Kredit gezahlt werden müssen.

Zu 4. Liquiditätsschwierigkeiten beim Kreditgeber auf Grund zu hoher Kreditgewährung führen dazu, dass der Kreditgeber selbst Kredite aufnehmen muss, um seine Zahlungsbereitschaft wiederherzustellen.

Zu 5. Die Kreditfähigkeit ist an das Alter (der unbeschränkten Geschäftsfähigkeit) und ggf. an die Vertretungsbefugnis des Kreditnehmers (bei juristischen Personen) gebunden. Die Kreditwürdigkeit (Bonität) hängt ab vom Ruf und Ansehen (Leumund) des Kreditnehmers und von den Kreditsicherheiten. Beide Voraussetzungen müssen vor der Kreditvergabe geprüft werden. So ist es durchaus möglich, dass aufgrund ihres Alters nicht kreditfähige Personen aufgrund ihres wirtschaftlichen Status kreditwürdig sein können wie es auch sein kann, dass wegen ihres Alters kreditfähige Personen nicht kreditwürdig sind, weil sie bereits hoch verschuldet sind.

Teil II

Auswahlantwort **3.** ist **falsch**. 3

Die Kennzeichnung trifft nicht auf Realkredite zu, sondern auf die verstärkten Personalkredite. Bei den Realkrediten hat der Kreditnehmer nicht nur ein Forderungsrecht gegen den Kreditnehmer, sondern auch ein Recht an einer beweglichen oder unbeweglichen Sache. Der Kredit ist also dinglich gesichert. Zu den Realkrediten zählen der Lombardkredit, der Sicherungsübereignungskredit, die Grundkredite.

Zu 1. Diese Aussage ist richtig.

Zu 2. Diese Aussage ist richtig (siehe Erläuterungen zu 3.)

Zu 4. Diese Aussage ist richtig.

Zu 5. Tilgung und Zinsen bilden die sog. Annuität (gleichbleibende Jahresleistung). Die Tatsache, dass mit laufender Tilgung die Kreditrestschuld immer kleiner wird, führt dazu, dass die Zinsen ebenfalls geringer werden. Da die Annuität jedoch immer gleich hoch ist, werden die ersparten Zinsen zur verstärkten Tilgung genutzt.

4.08 Kreditsicherung

4.08.1 Kreditarten

a) **Lieferantenkredit mit Eigentumsvorbehalt.**
Die Sicherheit für den Lieferanten BGA GEURTS GmbH besteht darin, dass er bis zur vollständigen Bezahlung Eigentümer der Ware bleibt. Die Europa-Speditionsgesellschaft wird mit der Übergabe Besitzer der Ware. 3

b) **Lombardkredit** (Faustpfandkredit).
Beim Lombardkredit dienen bewegliche Sachen, die leicht transportierbar, leicht verkäuflich und wertbeständig sein sollen, als (Faust-)Pfand. Der Pfandgläubiger, die Handelsbank AG, wird Besitzer, die Europa-Speditionsgesellschaft bleibt Eigentümer der Wertpapiere. 4

c) **Hypothekenkredit.**
Der Hypthekenkredit zählt zu den Grundkrediten; das sind die durch ein Pfandrecht an einer unbeweglichen Sache (Grundstücke, Gebäude) gesicherten Kredite. Die Sparkasse Aachen erhält hier ein Pfandrecht an einem Grundstück, wodurch sie berechtigt ist, sich wegen der Forderung auf Grund des gewährten Kredits aus diesem Grundstück zu befriedigen. 6

d) **Zessionskredit.**
Beim Zessionskredit tritt die Europa-Speditionsgesellschaft als Zedent ihre Forderungen gegenüber einem Drittschuldner, der Metallbau GmbH, an das Bankhaus Froehlig AG als Zessionar ab. Neuer Gläubiger der Metall-Bau GmbH ist damit das Bankhaus Froehlig AG. 2

Zu 1. Beim *Bürgschaftskredit* haftet neben dem Kreditnehmer noch mindestens eine weitere Person, der bzw. die Bürge(n), für den Kapitaldienst des Kredits. Der Bürgschaftsvertrag wird zwischen dem bzw. den Bürgen und dem Kreditgeber geschlossen (einseitig verpflichtender Vertrag).

Zu 5. Beim *Sicherungsübereignungskredit* erwirbt der Kreditgeber das Eigentum an einem Gegenstand des Schuldners zur Sicherheit. Im Gegensatz zum Faustpfand wird also der Kreditgeber Eigentümer der Sache, während der Kreditnehmer Besitzer bleibt.

Zu 7. Der *Blankokredit* wird weitgehend ohne Sicherheiten, als kurzfristiger Kredit, ausschließlich aufgrund der persönlichen Kreditwürdigkeit des Kreditnehmers gewährt, wobei die Bank das Zahlungsverhalten, die Vermögenslage und den „guten Ruf des Kreditnehmers" bei der Festlegung der Kredithöhe berücksichtigt.

Darlehen 4.08.2

Teil I

a) Die **Grundsteuer (4.)** ist eine Substanzsteuer für das Eigentum an Grundstücken und deren Bebauung. Sie zählt zu den Gemeindesteuern und wird fortlaufend erhoben. Damit zählt sie nicht zu den einmalig anfallenden Anschaffungsnebenkosten. 4

b) Das benötigte Darlehen lautet über 235.000,00 Euro.

Finanzierungsvolumen (insgesamt):	605.000,00 Euro
– Bareinzahlungen der GmbH-Gesellschafter	120.000,00 Euro
– Veräußerungserlös von Wertpapieren	95.000,00 Euro
– Guthaben aus Festgeldanlagen	155.000,00 Euro
= **benötigte Darlehenssumme**	235.000,00 Euro

€ 2 3 5 0 0 0

c) Die Belastung mit Zinsen und Tilgung am 31.12. d. J. beträgt 7.343,75 Euro.

Darlehenssumme:	235.000,00 Euro
Zins- und Tilgungssatz:	4,75 % + 1,5 %
Zeitraum:	½ Jahr

$$\text{Halbjahreszinsen (in Euro)} = \frac{\text{Kapital} \cdot \text{Zinssatz}}{100 \cdot 2} = \frac{235.000 \cdot 4,75}{100 \cdot 2} = 5.581,25 \text{ Euro}$$

$$\text{Halbjahrestilgung (in Euro)} = \frac{\text{Kapital} \cdot \text{Tilgungsrate}}{100 \cdot 2} = \frac{235.000 \cdot 1,5}{100 \cdot 2} = 1.762,50 \text{ Euro}$$

Zinsen und Tilgung halbjährlich:

5.581,25 Euro + 1.762,50 Euro = 7.343,75 Euro

€ 7 3 4 3 , 7 5

Hinweis: Da Zins- und Tilgungsrate jeweils halbjährlich fällig sind, kann der Gesamtbetrag auch wie folgt berechnet werden:

$$\frac{235.000 \cdot (4,75 + 1,5)}{100 \cdot 2} = 7.343,75 \text{ Euro}$$

4.08.2 Darlehen

d) Die Aussage **2.** ist falsch. 2

Die Grundschuld wird in Abteilung III des Grundbuches eingetragen. Hier werden alle Grundpfandrechte wie Hypotheken, Grundschulden und Rentenschulden vermerkt. Die Abteilung II enthält Beschränkungen und Lasten des Grundstücks wie Vormerkungen, Vorkaufsrechte, Wohn- und Nutzungsrechte, Grunddienstbarkeiten (z. B. Wegerechte).

Zu 1. Die Grundschuld zählt zu den Grundpfandrechten, da sie (wie die Hypothek) die sachenrechtliche Grundlage für die Kreditsicherung an einer Immobilie (Grundstück und/oder Gebäude) darstellt. Die Grundschuld gilt als beschränkt dingliches Recht, mit dem das Eigentumsrecht des Eigentümers belastet wird.

Zu 3. Die Grundschuld ist – im Gegensatz zur Hypothek – nicht vom Bestand und der Höhe des gesicherten Darlehens abhängig. Man sagt, „die Grundschuld ist ohne Schuldgrund“. Die Grundschuld kann daher auch noch für andere Forderungen als Sicherheit verwendet werden. Eine Erweiterung des Sicherungsvertrages ist entsprechend zulässig.

Zu 4. Neben dem Grundschuldbetrag werden noch Grundschuldzinsen eingetragen. Sie sichern höhere Forderungen ab, die ggf. durch Zahlungsverzug entstehen könnten.

Zu 5. Die Grundschuld kann verbrieft werden, falls sie bedarfsweise durch einen Abtretungsvertrag und Übergabe des Grundschuldbriefes (Wertpapier) auf einen anderen Gläubiger übertragen werden soll. Soll sie nicht verbrieft werden, muss dies im Grundbuch eingetragen werden; eine Grundschuld ohne Brief wird als Buchgrundschuld bezeichnet.

Teil II

2 6

Die Aussagen **2.** und **6.** treffen nicht zu.

Zu 2. Diese Aussage ist **nicht zutreffend.** Die Summe der Darlehensleistungen (Vierteljahresleistungen der Annuität) entspricht 4 · 966,24 € und addiert sich damit auf 3.864,96 €, sie enthält Zins- und Tilgungsanteil. Die Differenz zwischen den Kontoständen beträgt indes 1.151,22 €. Dies ist die Gesamtsumme der vierteljährlichen Tilgungen.

Zu 6. Diese Aussage ist **nicht zutreffend.** Da mit Annuität die Jahresgesamtleistung (Darlehensleistung), also Zins- und Tilgungsanteil, gemeint ist, muss diese 4 · 966,24 € = 3.864,96 € betragen. Die 1.151,22 € sind lediglich der Gesamttilgungsbetrag im Jahr 2012.

Zu 1. Diese Aussage trifft zu. Bei einem Annuitätendarlehen verändert sich mit fortschreitender Tilgung (hier ¼-jährlich) das Verhältnis von Zinsanteil zu Tilgungsanteil der konstanten Annuität.

Zu 3. Diese Aussage ist zutreffend. Die zunehmende Tilgung und die abnehmende Zinszahlung sorgen in der Verrechnung für die gleich bleibende Jahresleistung (Annuität). Siehe auch Erläuterung zu 1.

Zu 4. Diese Aussage stimmt. Addiert man die 4 (infolge der fortschreitenden Tilgung sinkenden) Zinsbeträge, so erhält man diese Summe.

Fortsetzung der Lösung auf der nächsten Seite

Darlehen 4.08.2

Teil II *Fortsetzung*

Zu 5. Diese Aussage ist richtig. Subtrahiert man von der Vierteljahresleistung die jeweiligen Zinsen, erhält man den Tilgungsanteil:

im letzten Quartal zum 31.12.:	966,24 € – 673,21 €	=	293,03 €
im ersten Quartal zum 31.03.:	966,24 € – 683,62 €	=	282,62 €
Dies ergibt eine Differenz von	(293,03 € – 282,62 €)	=	10,41 €

Dieser Betrag entspricht auch der Zinsersparnis (683,62 € – 673,21 €).

Zu 7. Diese Aussage ist korrekt. Die jeweils ausgewiesenen Zinsen entsprechen, bezogen auf den Kontostand zu Beginn des Jahres bzw. Quartals (Restschuld zu diesem Zeitpunkt) einem Jahreszinssatz von 4,85 %.

An der Entwicklung der Darlehensschuld sieht man, dass dieser Zinssatz in jedem Quartal bestätigt werden kann:

	Beträge in €	
Restschuld 01.01.	56.381,03	
abzüglich Tilgung 1. Quartal	282,62	(966,24 – 683,62)
Restschuld 31.03.	56.098,41	
abzüglich Tilgung 2. Quartal	286,05	(966,24 – 680,19)
Restschuld 30.06.	55.812,36	
abzüglich Tilgung 3. Quartal	289,52	(966,24 – 676,72) ←
Restschuld 30.09.	55.522,84	
abzüglich Tilgung 4. Quartal	293,03	(966,24 – 673,21)
Restschuld 31.12.	55.229,81	

Beweis mittels Zinsformel (Zinsjahr = 360 Tage)

Beispiel Ende 1. Quartal (von den Zinsen auf den Jahreszinssatz schließen):

z = 683,62 €
t = 90 Tage (Quartal)
K = 56.381,03 €
p = ?

$$p = \frac{z \cdot 100 \cdot 360}{K \cdot t} = \frac{683{,}62\text{ €} \cdot 100\ \% \cdot 360\text{ Tage}}{56.381{,}03\text{ €} \cdot 90\text{ Tage}} = 4{,}85\ \%$$

Beispiel Ende 4. Quartal (von den Zinsen auf den Jahreszinssatz schließen):

z = 673,21 €
t = 90 Tage
K = 55.522,84 €
p = ?

$$p = \frac{673{,}21\text{ €} \cdot 100\ \% \cdot 360\text{ Tage}}{55.522{,}84\text{ €} \cdot 90\text{ Tage}} \approx 4{,}85\ \%$$

Beispiel Ende 3. Quartal (vom Jahreszinssatz auf die Zinsen schließen):

4,85 % von 55.812,36 € = 2.706,90 € (Zinsen pro Jahr)

2.706,90 € : 4 = **676,72 €** (Zinsen im Vierteljahr)

4.09 Finanzierungsarten und Leverage-Effekt

Teil I

a) **Eigenfinanzierung** (Beteiligungsfinanzierung). Bei der Beteiligungsfinanzierung wird dem Unternehmen Kapital von außen durch den Unternehmer bzw. durch Gesellschafter zugeführt. Dadurch entsteht Eigenkapital. Die Eigenfinanzierung gehört damit zur Außenfinanzierung. 1

b) Der AG ist es möglich, verbriefte Anteilsrechte am Eigenkapital (Aktien) auf dem anonymen Kapitalmarkt einer großen Zahl potenzieller Kapitalgeber anzubieten. Viele Gesellschafter (Aktionäre) können mit unter Umständen sehr kleinen Kapitalanteilen geworben werden. 1

c) Die Ausnutzung des Zahlungsziels führt dazu, dass dem Unternehmen für die Dauer des Zielzeitraums **Fremdkapital** zur Verfügung steht. Der Unternehmer verzichtet aber auf etwaigen Skontoabzug (bei 2 % Skonto auf die Dauer von 20 Tagen bezogen, wäre dies ein Zinsverlust von 36 % pro Jahr). 2

d) Bei Auflösung der Rückstellung ergibt sich ein außerordentlicher Ertrag von 90.000 €. Das durch die Rückstellung von der Unternehmung gebildete (Fremd-)Kapital ist Teil der **Selbstfinanzierung**. 3

e) Der nicht ausgeschüttete Gewinn führt zur Bildung von Eigenkapital (**Gewinnthesaurierung**) und stellt ebenso ein von der Unternehmung **selbst gebildetes** Kapital dar. 3

Teil II

Die Veränderung der Eigenkapitalrendite durch Substitution von Eigen- durch Fremdkapital bei gleich hohem Unternehmenserfolg wird durch folgende Tabelle deutlich:

Eigenkapital in €	Fremdkapital in €	Erfolg in €	Fremdzins in %	Fremdzins in €	Erfolgsanteil des Eigenkapitals in €	Rendite des Eigenkapitals in %
1.000.000	–	200.000	–	–	200.000	20
500.000	500.000	200.000	10	50.000	150.000	a) **30**
250.000	750.000	200.000	10	75.000	125.000	b) **50**

a) Die Rentabilität des Eigenkapitals beträgt jetzt: 30 %
Vgl. die Werte in der Tabelle (vorletzte Zeile). % 3 0

b) Die Rentabilität des Eigenkapitals beträgt nunmehr: 50 %
Vgl. die Werte in der Tabelle (letzte Zeile). % 5 0

c) Aussage **2.** ist richtig. Die Rentabilität des Eigenkapitals erhöht sich, solange der **Fremdzins niedriger ist als die Gesamtkapitalrentabilität** (hier: 10 % < 20 %). 2

Finanzjuristische Fachbegriffe 4.10

Aussagen

a) Beim **Factoring** erwirbt der Factor bzw. die Factoring-Gesellschaft die Forderungen, die der Factor-Kunde gegenüber Drittschuldnern hat. Diese Drittschuldner können dann mit schuldbefreiender Wirkung nur noch an den Factor zahlen (offenes Factoring). Der Factoring-Vertrag ist ein typengemischter Vertrag mit Elementen des Rechtskaufs, der entgeltlichen Geschäftsbesorgung und des Darlehens. 4

b) Das **Leasing** beinhaltet einen mietähnlichen Vertrag zwischen Leasing-Geber und Leasing-Nehmer zur Nutzung von Gegenständen des Anlagevermögens, wobei – je nach Vertragsgestaltung – der Leasing-Geber oder der Leasing-Nehmer das Investitionsrisiko tragen. 1

c) Beim (echten) **Factoring** übernimmt der Factor die Debitorenbuchhaltung, das Mahnwesen und das Inkasso der Forderungen (Dienstleistungsfunktion) sowie das Ausfallrisiko der übernommenen Forderungen (Delkrederefunktion). Darüberhinaus bevorschusst der Factor die Forderungen unter Abzug von Zinsen (Finanzierungsfunktion). 4

d) Die **Annuität** besteht aus einem Zins- und Tilgungsanteil. Mit fortschreitender Rückzahlung des Darlehens nimmt der Zinsanteil ab und der Tilgungsanteil in entsprechender Höhe zu, die Annuität jedoch bleibt gleich hoch.

Beispiel:

Darlehensbetrag:	100.000 €
Zinssatz:	10 %
Anfängliche Tilgung:	2 %
Annuität:	12.000 €

7

Zusammensetzung der Annuität im ersten Jahr der Rückzahlung:

10 % Zinsen von 100.000	=	10.000 €
+ Tilgung (2 % von 100.000)	=	2.000 €

Zusammensetzung der Annuität im zweiten Jahr der Rückzahlung:

10 % Zinsen von 98.000	=	9.800 €
+ Tilgung (erhöht um Zinsersparnis)	=	2.200 €

... usw.

e) Die Besonderheit der Hypothek (im Gegensatz zur Grundschuld) besteht in ihrer rechtlichen Abhängigkeit von der persönlichen Forderung (z. B. aus einem Darlehensvertrag) und ihrem Bestand. Damit ist sie streng **akzessorisch**; sie kann nicht ohne die zu sichernde Forderung bestellt werden und lässt sich insoweit mit dem Pfandrecht an beweglichen Sachen und mit der Bürgschaft vergleichen. 5

Teil f) bis h) der Lösung 4.10, siehe nächste Seite

4.10 Finanzjuristische Fachbegriffe

f) Die aus dem § 930 BGB abgeleitete Sicherungsübereignung gründet auf einen schuldrechtlichen Sicherungsvertrag, der rechtlich unabhängig vom Darlehensvertrag ist und dem Darlehensnehmer die besicherte Sache zur Nutzung mittels Miet- oder Leihvertrag überlässt (Vereinbarung eines **Besitzkonstitutes**). Der Sicherungsnehmer wird zwar dinglicher Volleigentümer, er bleibt aber schuldrechtlich verpflichtet, von seinem Eigentumsrecht nur im Falle der Nichterfüllung des abgesicherten Vertrages (z. B. Ausbleiben des Kapitaldienstes) zum Zwecke der Befriedigung Gebrauch zu machen. 3

g) Grundsätzlich steht dem Bürgen die **Einrede der Vorausklage** gem. § 771 BGB zu. Danach ist er berechtigt, gegenüber der Leistungsaufforderung des Gläubigers (Kreditgeber) geltend zu machen, dieser solle zunächst fruchtlos, also ohne Erfolg, die Zwangsvollstreckung in das Vermögen des Hauptschuldners (Kreditnehmer) durchführen, bevor er ihn (den Bürgen) in Anspruch nehme (sog. Ausfallbürgschaft). In der Praxis der Kreditbesicherung ist diese Einrede der Vorausklage dadurch ausgeschlossen, dass eine **selbstschuldnerische** Bürgschaft gem. § 773 BGB vereinbart wird. 6

h) Erfolgt die Abtretung einer Forderung sicherungshalber, darf der Zessionar (Kreditgeber) die ihm vom Zedenten (Kreditnehmer) übertragene Forderung einem Drittschuldner gegenüber nur dann einziehen und verwerten, wenn der gewährte Kredit notleidend* wird. Werden mehrere Forderungen abgetreten, spricht man von Rahmenzession. Tritt der Kreditnehmer (Zedent) alle gegenwärtigen und zukünftigen Forderungen an den Zessionar ab, so geschieht der Forderungsübergang bereits zum Zeitpunkt der Entstehung der Forderung (**Globalzession**), nicht erst wie bei der Mantelzession mit Übergabe der Debitorenliste. 2

* notleidender Kredit: Kredit, bei dem Zins und Tilgung nicht mehr bedient werden.

Lösungsbogen

784

Fit in WiSo 2

© U-Form-Verlag Hermann Ullrich (GmbH & Co) KG
Cronenberger Straße 58 · 42651 Solingen
Telefon: 0212 22207-0 · Telefax; 0212 208963
Internet: www.u-form.de · E-Mail: uform@u-form.de

11. Auflage 2013 · ISBN 978-3-88234-784-5

9 783882 347845

Aufgabe Nr.	
Aufgabe Nr.	1.01.1 a) b) c) d) e) — 1.01.2 a) b) c) d) e) — 1.01.3 a) b) c) d) e)
Aufgabe Nr.	1.02.1 a) b) c) d) e) f) g) h) i) j) — 1.02.2 a) b) c) d) e) f) g) h)
Aufgabe Nr.	1.03 a) Zeile Zeile Zeile b) Zeile Zeile Zeile c) Zeile — 1.04.1 a) GE b) %
Aufgabe Nr.	1.04.2 a) b) c) d) e) f) g) h) i) j) k) l) — 1.05 — 1.06 a) % ,
Aufgabe Nr.	1.06 ba) Mio. € , bb) Mio. € , ca) € , cb) € ,
Aufgabe Nr.	1.07 aa) Kennzahl ab) Kennzahl b) — 1.08 aa) % , ab) % , b) % , c)
Aufgabe Nr.	1.08 da) % , db) % ea) % , eb) % ,
Aufgabe Nr.	1.09.1 I — 1.09.1 II a) b) c) d) e) f) g) h)
Aufgabe Nr.	1.09.2 a) b) c) d) e) f) g) — 1.09.3 a) b)
Aufgabe Nr.	1.10 a) b) c) d) e) f) g) h) i) — 1.11 a) b) c) d) e) f) g)
Aufgabe Nr.	1.12 I a) Tsd. € b) Tsd. € c) Tsd. € d) Tsd. € e) Tsd. €
Aufgabe Nr.	1.12 II a) b) b) c) c) d) e) e) f) g) — 1.13 a) b) c) d)

Rechtliche Rahmenbedingungen des Wirtschaftens 2

Aufgabe Nr. 2.01 ☐ 2.02 a) b) c) d) e) f) g) ☐☐☐☐☐☐☐ 2.03 a) b) c) d) ☐☐☐☐

Aufgabe Nr. 2.04 a) b) c) d) e) f) g) h) i) ☐☐☐☐☐☐☐☐☐ 2.05 a) b) c) d) e) f) g) ☐☐☐☐☐☐☐

Aufgabe Nr. 2.06 I a) b) c) d) e) ☐☐☐☐☐ 2.06 II a) b) c) d) e) f) ☐☐☐☐☐☐ 2.07 I a) b) c) d) e) ☐☐☐☐☐

Aufgabe Nr. 2.07 II a) b) c) d) e) ☐☐☐☐☐ 2.08 a) b) c) d) e) f) ☐☐☐☐☐☐ 2.09 ☐☐☐ 2.10.1 ☐☐

Aufgabe Nr. 2.10.2 I € ☐☐☐☐☐,☐☐ 2.10.2 II a) ☐ b) ☐ 2.10.3 ☐ 2.10.4 ☐

Aufgabe Nr. 2.11 a) b) c) d) e) f) ☐☐☐☐☐☐ 2.12 I ☐ 2.12 II a) b) c) ☐☐☐ 2.12 III a) b) c) d) e) ☐☐☐☐☐

Aufgabe Nr. 2.13 ☐☐☐☐ 2.14 ☐ 2.15 I a) b) c) d) ☐☐☐☐ 2.15 II ☐ 2.15 III ☐☐

Aufgabe Nr. 2.16 a) b) c) d) ☐☐☐☐ 2.17 I ☐ 2.17 II ☐ oder ☐ 2.18 a) TT. ☐☐ MM. ☐☐ JJJJ. ☐☐☐☐

Aufgabe Nr. 2.18 b) TT. ☐☐ MM. ☐☐ JJJJ. ☐☐☐☐ c) TT. ☐☐ MM. ☐☐ JJJJ. ☐☐☐☐

Aufgabe Nr. 2.19 a) aa) ab) ac) ad) ae) ☐☐☐☐☐ b) ☐☐ ☐☐ 2.20 ☐☐ 2.21 a) ☐ b) ☐ c) ☐

Aufgabe Nr. 2.22 I a) € ☐☐☐☐☐ b) € ☐☐☐☐☐ 2.22 II a) € ☐☐☐☐ b) € ☐☐☐☐ c) € ☐☐☐☐☐

Aufgabe Nr. 2.22 II d) € ☐☐☐☐☐ 2.23 a) b) c) d) e) f) ☐☐☐☐☐☐ 2.24 I a) ☐ b) ☐ c) ☐ d) ☐☐

Aufgabe Nr. 2.24 II ☐ 2.24 III ☐☐ 2.24 IV € ☐☐☐☐☐ 2.25 I ☐☐☐

Aufgabe Nr. 2.25 II a) b) c) d) e) f) g) h) ☐☐☐☐☐☐☐☐ 2.26.1 ☐☐☐☐ 2.26.2 I ☐ 2.26.2 II ☐☐

Aufgabe Nr. 2.27 ☐ 2.28 a) ☐☐ b) ☐☐☐ c) ☐☐

Aufgabe Nr.	3.01 a) ☐ b) ☐ c) ☐ d) ☐ e) ☐ f) ☐ g) ☐ 3.02.1 ☐ 3.02.2 ☐ 3.02.3 ☐ 3.02.4 ☐ ☐ 3.02.5 ☐
Aufgabe Nr.	3.02.6 ☐ 3.02.7 ☐ 3.02.8 ☐ 3.02.9 ☐ 3.03 ☐ 3.04 a) ☐ b) ☐ c) ☐ d) ☐
Aufgabe Nr.	3.05.1 a) TT. MM. JJJJ. b) TT. MM. JJJJ. c) € ,
Aufgabe Nr.	3.05.2 ☐ ☐ 3.05.3 a) aa) ☐ ab) ☐ ac) ☐ ad) ☐ b) ba) ☐ bb) ☐
Aufgabe Nr.	3.06 a) ☐ b) ☐ 3.07 a) ☐ b) ☐ c) ☐ d) ☐ e) ☐ 3.08 a) ☐ b) ☐ c) ☐ d) ☐
Aufgabe Nr.	3.09 a) aa) ☐ ab) ☐ ac) ☐ ad) ☐ ae) ☐ b) ba) ☐ bb) ☐ bc) ☐ bd) ☐ be) ☐ bf) ☐ bg) ☐ bh) ☐ bi) ☐
Aufgabe Nr.	3.10 a) ☐ b) ☐ c) ☐ 3.11.1 ☐ 3.11.2 ☐ 3.11.3 a) € , b) € ,
Aufgabe Nr.	3.11.3 ca) € , cb) % , d) € , e) € , f) € ,
Aufgabe Nr.	3.11.4 ☐ 3.11.5 ☐ ☐ 3.12.1 a) ☐ b) ☐ c) ☐ d) ☐ 3.12.2 ☐ 3.12.3 ☐
Aufgabe Nr.	3.13.1 ☐ ☐ ☐ 3.13.2 a) ☐ b) ☐ c) ☐ d) ☐ e) ☐ f) ☐ 3.13.3 a) ☐ b) ☐ c) ☐ d) ☐ 3.14 a) ☐ b) ☐
Aufgabe Nr.	3.15 a) ☐ b) ☐ c) ☐ d) ☐ 3.16 ☐

Finanzwirtschaftliche Rahmenbedingungen der Betriebe 4

Aufgabe Nr. 4.01 siehe Lösungsteil — 4.02 — 4.03.1 a) b) c) d) — 4.03.2 a) b) c) d) e) — 4.03.3 — 4.04

Aufgabe Nr. 4.05 a) € , — b) € , — ca) € ,

Aufgabe Nr. 4.05 cb) € , — cc) % ,

Aufgabe Nr. 4.06 a) € — b) — c) # — d) — e) € , — f) € , — g) #

Aufgabe Nr. 4.06 h) € , — i) # — j) € , — k) € , — l) € ,

Aufgabe Nr. 4.07 I — 4.07 II — 4.08.1 a) b) c) d) — 4.08.2 I a) — b) €

Aufgabe Nr. 4.08.2 I c) € , — d) — 4.08.2 II — 4.09 I a) b) c) d) e)

Aufgabe Nr. 4.09 II a) % — b) % — c) — 4.10 a) b) c) d) e) f) g) h)

Aufgabe Nr. 4.11 a) b) c) d) e) — 4.12 I a) bzw. b) c) d) e) f) — 4.12 II a) b) c)

Aufgabe Nr. 4.13 I a) : — b) € — c) € , — 4.13 II a) Mio. € — b) Mio. €

Aufgabe Nr. 4.13 II c) % , — 4.13 III € — 4.14 I a) b) c) d) e) f) — 4.14 II

5 Markt und Preis

Aufgabe Nr.	
Aufgabe Nr.	5.01 a) b) c) d) e) f) g) h) i) — 5.02 I a) b) c) d) e) f) — 5.02 II a) b) c) d) e)
Aufgabe Nr.	5.03.1 a) aa) ab) ac) ad) ae) — b) Koeffizient , — c) — 5.03.2 a) € ,
Aufgabe Nr.	5.03.2 ba) % — bb) Koeffizient , — 5.04.1 a) b) c) d) e) f) g) — 5.04.2
Aufgabe Nr.	5.05 — 5.06 a) b) c) d) e) f)
Aufgabe Nr.	5.07 a) b) c) d) e) f) — 5.08 — 5.09 a) zu 1. aa) ab) ac)
Aufgabe Nr.	5.09 a) zu 2. aa) ab) ac) — 5.09 a) zu 3. aa) ab) ac)
Aufgabe Nr.	5.09 a) zu 4. aa) ab) ac) — 5.09 a) zu 5. aa) ab) ac)
Aufgabe Nr.	5.09 b) € , — 5.10 a) Stück — b) € — c) €
Aufgabe Nr.	5.10 d) Stück — e) Stück — 5.11 a) +/− € — b) +/− € — c) Stück
Aufgabe Nr.	5.12 a) € — b) € — c) Stück — d) Stück — e) Stück
Aufgabe Nr.	5.13 a) Stück — b) Stück — c) € — d) € — e) € — f) Stück
Aufgabe Nr.	5.13 g) € — h) Stück — i) € — j) € — k) Stück — l) € — m) €
Aufgabe Nr.	5.13 n) € — o) € — 5.14 a) b) c) d) e) f) g) h)

Wirtschaftsordnung und Wirtschaftspolitik 6

Aufgabe Nr.	
Aufgabe Nr.	6.01 a) b) c) d) e) f) g) h) i) j) — 6.02 — 6.03 a) b) c) d) e)
Aufgabe Nr.	6.04 a) A B — b) A B — c) A B — d) A B — e) A B — f) A B — g) A B — h) A B
Aufgabe Nr.	6.04 i) A B — j) A B — 6.05 — 6.06 I a) b) c) d) e) f) g) h)
Aufgabe Nr.	6.06 II — 6.07 Mrd. GE — 6.08 a) b) c) d) e) f) g) h) i)
Aufgabe Nr.	6.09 I a) : — b) : — c) : — d) : — 6.09 II a) b) c) d) e)
Aufgabe Nr.	6.10 a) GE — b) % — ca) Handelsvolumen — cb) Geldmenge in Tsd. — cc) Preisniveau — cd) Umlaufgeschwindigkeit
Aufgabe Nr.	6.11 I — 6.11 II a) % — b) % , — 6.11 III aa) % , — ab) Mrd. € ,
Aufgabe Nr.	6.11 III ac) % , — b) — 6.12
Aufgabe Nr.	6.13 a) b) c) d) e) f) g) — 6.14 a) b) c) d) e) f) — 6.15 a) aa) und — ab) und
Aufgabe Nr.	6.15 b) ba) bb) bc) bd) — c) ca) cb) cc) cd) ce) cf) — d) — e) ea) eb) ec)
Aufgabe Nr.	6.16.1 a) — b) — 6.16.2 a) b) c) d) e) — 6.17 a) b) — 6.18
Aufgabe Nr.	6.19 a) aa) ab) ac) ad) ae) — b) ba) bb) bc) bd) be) — 6.20 — 6.21.1 — 6.21.2 % ,
Aufgabe Nr.	6.22 aa) +/− Mrd. GE — ab) +/− Mrd. GE — ac) +/− Mrd. GE — ad) +/− Mrd. GE — ae) +/− Mrd. GE — ba) — bb)
Aufgabe Nr.	6.23 I a) — b) — ca) USD , — cb) — cc) € ,
Aufgabe Nr.	6.23 II — 6.23 III a) +/− € , — b) +/− US-$,
Aufgabe Nr.	6.24 — 6.25 a) Mrd. $ — b) Mrd. $ — c) % , — 6.26 I a) — b)
Aufgabe Nr.	6.26 II a) b) c) d) e) — 6.27

Insolvenz 4.11

Aussagen

a) Der Firmenzusatz „i. L." bedeutet „in Liquidation". Die betreffende Unternehmung befindet sich in **freiwilliger Auflösung**. Ziel der Liquidation ist die Liquidität, d. h., durch Einzelveräußerung werden Vermögensgegenstände des Unternehmens „verflüssigt" und zu Geld gemacht. Gründe für die freiwillige Auflösung können z. B. Alter des Inhabers, Erbauseinandersetzungen und dergleichen sein. Für eine Liquidation entscheidet sich der Inhaber meistens dann, wenn für ihn der Unternehmensverkauf im Ganzen nicht vorteilhaft ist. 1

b) Die Kapitalherabsetzung der AG gem. §§ 222 ff. AktG ist eine Form der kapitalmäßigen (nominellen) **Sanierung**. Ziel der Sanierung ist der Erhalt der Unternehmung. Durch Anpassung des Eigenkapitals an das Vermögen wird eine Unterbilanz beseitigt. Bei der Kapitalherabsetzung werden dem Unternehmen keine neuen Mittel zur Verfügung gestellt. 3

c) Die **zwangsweise Auflösung** der Unternehmung ist meist Folge der Zahlungsunfähigkeit bzw. Überschuldung des Unternehmers. Das Insolvenzverfahren dient dazu, die Gläubiger des Schuldners gemeinschaftlich zu befriedigen. 2

d) Der Insolvenzverwalter sondert zunächst Gegenstände, die dem Schuldner nicht gehören (z. B. Waren unter Eigentumsvorbehalt) aus sowie Gegenstände, die pfandrechtlich durch Sicherungsübereignung oder Sicherungsabreden belastet sind, ab.
Nachdem ggf. Forderungen gem. § 94 InsO aufgerechnet sowie die Kosten des Verfahrens und die vom Verwalter eingegangenen Verpflichtungen (sog. Masseschulden) berücksichtigt und abgerechnet wurden, ermittelt der Insolvenzverwalter aus der verbleibenden Insolvenzmasse die Insolvenzquote für die nicht bevorrechtigten Gläubiger. 2

e) Soll ein Unternehmen **freiwillig aufgelöst** werden, müssen handelsrechtlich Liquidatoren bestellt werden. 1

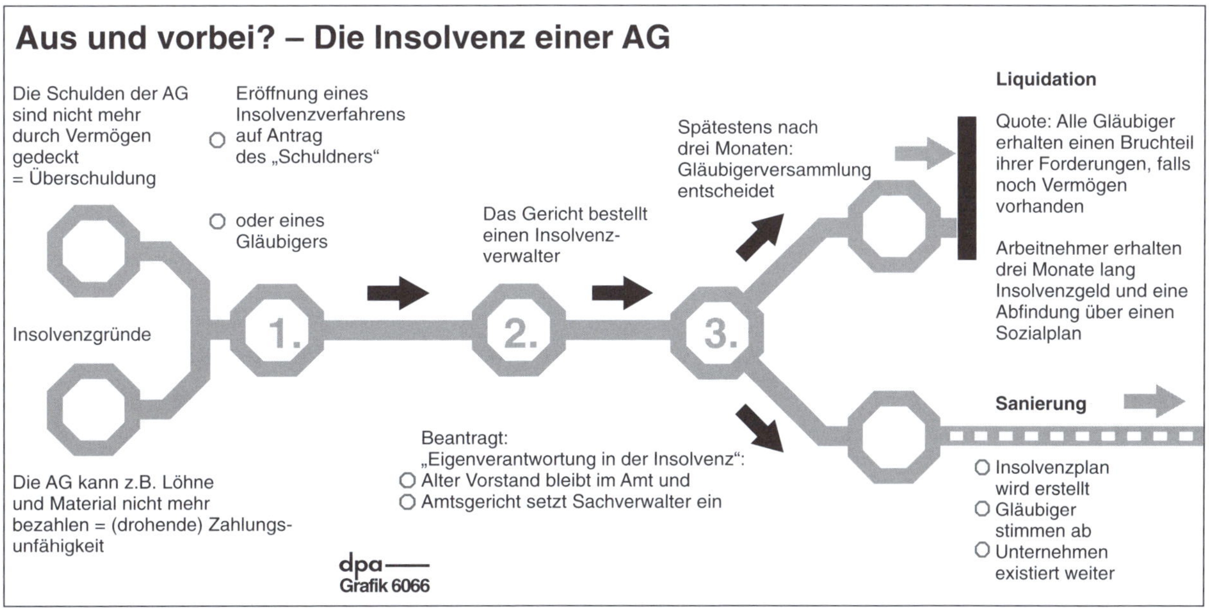

4.12 Wertpapiere

Teil I

a) Der Scheck ist grundsätzlich ein **geborenes Orderpapier**, d. h., das Recht aus dem (Forderungs-)Papier kann immer durch Indossament übertragen werden (also auch beim Fehlen der Orderklausel). Durch den Zusatz „oder Überbringer" wird das geborene Orderpapier allerdings zum *Inhaberpapier*. 2 bzw. 4

b) Das Konnossement ist seiner Rechtsnatur nach ein **gekorenes Orderpapier**, d. h., das Recht kann nur übertragen werden, wenn die Orderklausel vorhanden ist (Orderkonnossement). Möglich sind auch Rektakonnossemente (straight-B/L*), die auf den Namen des Empfängers ausgestellt sind; die Rechte eines Rektakonnossementes können nur durch Zession (Forderungsabtretung) übertragen werden. Zedierte Rektakonnossemente sind in der Praxis selten. 3

* B/L = Bill of Lading

c) Die Namensaktie zählt (trotz ihres Namens) zu den **geborenen Orderpapieren**, d. h., das Recht aus dem (Mitgliedschafts-)Papier kann durch Indossament übertragen werden. Namensaktien lauten auf den Namen des Aktionärs und sind im Aktienbuch der Gesellschaft eingetragen; bei Eigentumsübertragung (Einigung, Indossament, Übergabe) erfolgt eine Umschreibung im Aktienbuch. 2

d) Eine vinkulierte (gebundene) Namensaktie ist im Gegensatz zur „einfachen" Namensaktie ein echtes **Rekta-(Namens-)Papier**, d. h., das Wertpapier lautet auf den Namen des Berechtigten, eine Übertragung des verbrieften Rechtes erfolgt durch Vertrag (Zession) und Übergabe des Wertpapiers. Die Übertragung ist an die Zustimmung der Gesellschaft gebunden! 1

e) Der Hypothekenbrief verbrieft ein (Grund-)Pfandrecht. Die Briefhypothek wird nicht nur in das Grundbuch eingetragen, sondern über die Eintragung wird noch zusätzlich eine öffentliche Urkunde ausgestellt, die als **Rektapapier** nur durch Zession übertragbar ist. 1

f) Die Inhaberaktie ist ein **Inhaberpapier**. Sie „lautet" auf den (jeweiligen) Inhaber. Die Übertragung des verbrieften Rechtes erfolgt lediglich durch Einigung und Übergabe. 4

Teil II

a) **Rektapapiere** (**Namenspapiere**) lauten auf den Namen des Berechtigten. Ein Orderzusatz fehlt, d. h., die Weitergabe des Papieres ist grundsätzlich nicht vorgesehen. Nur durch eine notariell beurkundete Abtretungserklärung (**Zession**) ist die Übertragung der Rechte aus dem Papier möglich. 3

b) **Orderpapiere** können **indossiert** werden, d. h., durch einen Übertragungsvermerk auf der Rückseite des Papieres können die Rechte aus dem Papier an einen Dritten „transportiert" werden. 2

c) **Inhaberpapiere** enthalten weder Namen noch Orderzusatz. Sie werden übertragen durch **Einigung und Übergabe**. 1

Aktienemission und Bilanzkurs 4.13

Teil I

a) Das **Bezugsverhältnis** ergibt sich aus dem Verhältnis des gezeichneten Kapitals vor der Erhöhung (a) und dem Erhöhungsbetrag (n), hier also a : n = 64 : 8, gekürzt 8 : 1. 8 : 1

b)

Nominalwert der Neuemission:	8 Mio. €
Stückzahl der Neuemission:	8.000.000 € : 50 € = 160 000 Stück
Geplanter Mittelzufluss, also Gesamtkurswert der Neuemission:	24 Mio. €
Kurs(Bezugs-)wert der jungen Aktie:	24.000.000 € : 160 000 = 150 €

€ 1 5 0

c) Der innere Wert des **Bezugsrechtes** ist die Differenz aus dem Kurs der Aktie vor Kapitalerhöhung und dem Durchschnittskurs aller Aktien nach der Erhöhung. Damit sollen Altaktionäre für die „Verwässerung" des Kurses entschädigt werden.

Das Bezugsverhältnis beträgt 8 : 1 , d. h., wer 8 alte Aktien besitzt, hat 8 Bezugsrechte und kann damit 1 neue Aktie beziehen:

	Kurswert von 8 alten Aktien (8 x 222 €)	=	1.776 €
+	Kurswert einer neuen Aktie (vgl. b)	=	150 €
=	Gesamtwert		1.926 €
	Durchschnittskurs (1.926 € : 9 €)	=	214 €

Da der Kurs der alten Aktie vor Erhöhung 222 € betrug und nach der Erhöhung eine Aktie nur noch 214 € wert ist, bemisst sich der innere Wert des Bezugsrechtes durch die Differenz beider Kurse (222 € – 214 € = 8 €).

Der innere Wert des Bezugsrechts kann auch mittels **Formel** bestimmt werden:

BR = rechnerischer Wert des Bezugsrechtes

Ka = Kurs der alten Aktie

Kn = Kurs der neuen (jungen) Aktie

$\frac{a}{n}$ = Bezugsverhältnis (vgl. a)

$$BR = \frac{Ka - Kn}{\frac{a}{n} + 1} = \frac{222 - 150}{\frac{8}{1} + 1} = 8$$

€ 8,00

4.13 Aktienemission und Bilanzkurs

Teil II

a)

	Grundkapital vor Erhöhung:	64 Mio. €
+	Erhöhung	8 Mio. €
=	**Grundkapital nach Erhöhung**	72 Mio. €

Mio. € **72**

b)

	Grundkapital nach Erhöhung	72,0 Mio. €
+	Kapitalrücklage aus der Differenz: Emissionskurs und Nominalwert (24 – 8 = 16)	16,0 Mio. €
+	Gesetzliche Rücklagen (alt)	8,0 Mio. €
+	Freie Rücklagen (alt)	6,4 Mio. €
+	Gewinnvortrag (alt)	0,6 Mio. €
=	**Eigenkapital nach Erhöhung**	103,0 Mio. €

Mio. € **103**

c) Der **Bilanzkurs** ist der prozentuale Anteil des Eigenkapitals am gezeichneten Kapital:

Grundkapital: 72,0 Mio. € = 100 %

Eigenkapital: 103,0 Mio. € = 143,055 % ≈ 143,06

% **143,06**

Der Bilanzkurs ist eine statistische „ex-post"-Größe, die die Finanzierungsanstrengungen der AG sichtbar zu machen versucht.

Teil III

Pottermann besitzt 50 Aktien (2.500 : 50 = 50), also 50 Bezugsrechte. Bei einem Bezugsverhältnis von 8 : 1 (vgl. a) im Teil I) könnte er 6 junge Aktien beziehen (50 : 8 = 6,25), da Bruchteile von Aktien nicht erworben werden können. Bei dieser Transaktion hat er 2 überzählige Bezugsrechte:

Bezug 6 junger Aktien (6 x 150 €)	= 900 €
./. Verkauf von 2 überzähligen BR (2 x 8 €)	= 16 €
= **Transaktionskosten** (ohne Spesen) im Limit von 1.000 €	= 884 €

€ **884**

Würde Pottermann 7 junge Aktien beziehen wollen, müsste er 6 Bezugsrechte hinzukaufen und würde das von ihm gesetzte Limit von 1.000 € überschreiten.

Akkreditiv 4.14

Teil I

Das Akkreditiv (Dokumenten-Akkreditiv) ist eine vertragliche Verpflichtung eines Kreditinstitutes, im Auftrag, für Rechnung und nach Weisungen eines Kunden gegen Übergabe bestimmter Dokumente und bei Erfüllung bestimmter Bedingungen eine bestimmte finanzielle Leistung zu erbringen.

a) Käufer (Importeur) und Verkäufer (Exporteur) schließen einen **Kaufvertrag** ab, in dem sie Zahlung per Akkreditiv vereinbaren. Der Exporteur hat dem Importeur eine sog. „Proforma-Rechnung" zu erstellen, die im Inhalt und in der Höhe des zu zahlenden Betrages exakt der späteren Warenrechnung entspricht.	01
b) Das Konto des Käufers (Importeur) wird bei seiner Hausbank („**Akkreditivbank**") belastet.	09
c) Die Hausbank des Verkäufers (Exporteur) wird „**Akkreditivstelle**" genannt. Sie zeigt ihrem Kunden die Eröffnung des Akkreditives an.	04
d) Der Käufer (Importeur) beantragt bei seiner Hausbank (**Akkreditivbank**) die Eröffnung des Akkreditivs. Diese Bank prüft die Bonität ihres Kunden und den Inhalt des Kaufvertrages, bevor sie (ggf. unter bestimmten Auflagen) das Akkreditiv eröffnet.	02
e) Der Verkäufer (Exporteur) prüft die Akkreditivbedingungen, ob diese inhaltlich mit dem Kaufvertrag übereinstimmen. Im Akkreditiv werden i. d. R. bestimmte Dokumente gefordert, die der Exporteur bei der Bank einzureichen hat, damit die Zahlung erfolgen kann. Neben den von ihm selbst erstellten Unterlagen (z. B. Handelsrechnung) beauftragt er einen Spediteur mit dem **Versand der Ware** und der Besorgung der **Versanddokumente** (z. B. Konnossement).	05
f) Der Verfrachter (Reeder) übergibt im Bestimmungshafen dem sich legitimierenden Importeur die Ware (Schritt Nr. 10) gegen **Übergabe der Dokumente** (Original des Konnossementes).	11

Zu Schritt Nr. 03
Hier eröffnet die Akkreditivbank das Akkreditiv und informiert die Bank des Exporteurs (Akkreditivstelle).

Zu Schritt Nr. 06
Der Spediteur besorgt den Versand und die von ihm verlangten Dokumente, die exakt den Akkreditivbedingungen entsprechen müssen und leitet diese an den Exporteur weiter.

Zu Schritt Nr. 07
Der Exporteur reicht die Dokumente bei der Akkreditivstelle ein. Diese prüft auf Vollständigkeit und Genauigkeit.

Zu Schritt Nr. 08
Die Akkreditivstelle gibt die Dokumente an die Akkreditivbank weiter; diese prüft und zahlt im Fall eines unbestätigten Akkreditivs den entsprechenden Betrag an den Verkäufer (im Fall eines bestätigten Akkreditivs an die Akkreditivstelle).

Zu Schritt Nr. 10
Der Verfrachter (Kapitän der Reederei) stellt die Ware im Bestimmungshafen dem sich legitimierenden Käufer zum Löschen bereit.

4.14 Akkreditiv

Teil II

Die Antworten **3.** und **4.** sind **falsch**. 3 4

Zu 3. Rechtliche Grundlage für das Akkreditivgeschäft bilden die „Einheitlichen Richtlinien und Gebräuche für Dokumenten-Akkreditive" (z. Z. die ICC-Publikation Nr. 600 = **ERA 600**). Diese Richtlinien werden von der Internationalen Handelskammer Paris herausgegeben. Die ERI, die auch von der ICC (International Chamber of Commerce) herausgegeben werden, beinhalten „Einheitliche Richtlinien für (Dokumenten-)Inkassi".

Zu 4. Es verhält sich genau **umgekehrt**. Das Dokumenten-Akkreditiv wird vom Importeur (Käufer) bei seiner Hausbank (Akkreditivbank) eröffnet; ganz im Gegensatz dazu wird das Dokumenten-Inkasso vom Exporteur (Verkäufer) bei dessen Hausbank eröffnet.

Zu 1. Kreditinstitute, die Dokumenten-Akkreditive abwickeln, haben in keiner Weise etwas mit dem Kaufvertrag zu tun und sind nicht durch diesen Vertrag gebunden. Alle Beteiligten im Akkreditivgeschäft befassen sich mit Dokumenten und nicht mit Waren, Dienst- oder anderen Leistungen.

Zu 2. Ein bestätigtes, unwiderrufliches und befristetes Dokumentenakkreditiv bringt beiden Vertragspartnern ein Höchstmaß an Sicherheit. Bei bestätigten Akkreditiven gibt die Akkreditivstelle (Bank des Verkäufers) ihrem Kunden (Verkäufer bzw. Exporteur) ein zusätzliches abstraktes Schuldversprechen (vgl. § 780 BGB). Dies bedeutet für ihn ein Höchstmaß an Minderung des Zahlungsrisikos. Unwiderrufliche Akkreditive können, im Gegensatz zu widerruflichen Akkreditiven, nicht vom Akkreditivsteller (Käufer bzw. Importeur) oder seiner Bank (Akkreditivbank) jederzeit widerrufen werden. Bei befristeten Akkreditiven hat der Akkreditivsteller ggf. erst nach Ablauf der Frist ein Widerrufsrecht. Üblich sind Fristen von einem bis zwei Monat(en). Die Banken lösen nach Ablauf dieser Frist das Akkreditiv grundsätzlich nicht mehr ein. Damit wird der Exporteur zur Einhaltung einer Lieferfrist gezwungen.

Zu 5. Bei der Akkreditivbank (Hausbank des Importeurs) wird das Akkreditiv eröffnet.

Zu 6. Siehe Erläuterungen zu 2.

Hinweis

Die Banken bestätigen nur unwiderrufliche Akkreditive. Bei einem unbestätigten Akkreditiv hat der Begünstigte lediglich – und das auch nur bei einem unwiderruflichen Akkreditiv – einen Anspruch gegenüber der eröffnenden Akkreditivbank.

5 Markt und Preis

Markt und Preis

Basistext:

Der Preis für ein Gut, eine Dienstleistung oder Nutzung eines Rechtes, bildet sich in aller Regel auf einem Markt. Hier kommen die Vorstellungen der Anbietenden und Nachfragenden zusammen. Ist der Preis hoch, nimmt im Normalfall die Nachfrage ab, während das **Angebot (05)** steigt. Bei niedrigen Preisen ist es umgekehrt. Die funktionale Abhängigkeit der Nachfrage vom Preis gilt im Modell unter sonst gleichbleibenden Bedingungen. Die Stärke einer Nachfragereaktion auf eine Preisänderung hängt von der **Elastizität (07)** der Nachfrage ab.

Ein Markt gilt als vollkommen, wenn er bestimmte Prämissen erfüllt: Die auf dem Markt gehandelten Güter müssen als gleichartig empfunden werden (Homogenitätsbedingung), zwischen den Akteuren darf keine persönliche Präferenz existieren, keine räumliche oder zeitliche Differenzierung darf stattfinden. Außerdem herrscht **Markttransparenz (08)**. Ist auch nur eine Bedingung nicht erfüllt, ist der Markt unvollkommen.

Der vollkommene Markt ist ein Modell, das in der Praxis wohl kaum anzutreffen ist. Einzig und allein die **Börse (12)** als „Markt der Märkte" kommt in die Nähe der modellhaften Voraussetzungen. Die zuweilen mit hoher **Volatilität (15)** (Schwankungsintensität) stattfindende Entwicklung der Börse wird durch Indices (z. B. **DAX (01)** = Deutscher Aktienindex) abgebildet, die für viele Aktienfonds als Benchmark (Maßstab für die Wertentwicklung) dienen. Gehandelt werden Aktien unterschiedlicher Qualität (z. B. sog. **Blue Chips (04)** als substanzreiche Titel oder Penny Stocks als hochspekulative Papiere).

Nur dann, wenn auf Märkten Angebot und Nachfrage übereinstimmen, befindet sich der Markt im **Gleichgewicht (03)**. Preisfindung und Preisbildung werden sehr stark beeinflusst durch die Marktform. Bei reger Konkurrenz (z. B. im **Polypol (14)**) ist der Preis für den Anbieter meist ein Datum, d. h., er verhält sich als **Mengenanpasser (13)**. Um nicht als Grenzanbieter auszuscheiden, muss er versuchen, seine Kosten zu senken und möglichst die Kapazität voll auszulasten (im Bereich der Fixkosten verwandeln sich mit zunehmender Beschäftigung die Leerkosten in **Nutzkosten (18)**).

Im Oligopol, das sich durch wenige in Konkurrenz stehende Marktteilnehmer auszeichnet oder im Monopol, das lediglich einen Teilnehmer auf der Angebots- und/oder Nachfrageseite hat, gelten andere Bedingungen für die Preisbildung. Insbesondere im Monopolfall ist mit Ausnahme vom **Prohibitivpreis (16)** (Preis, zu dem die Nachfrage auf Null zurückgeht) der Preis für den Anbieter keine unbeeinflussbare Größe. Das Erlösmaximum des Monopolisten liegt da, wo der **Grenzerlös (11)** gleich Null ist. Das **Gewinnmaximum (09)** liegt im sog. Cournotschen Punkt (benannt nach dem französischen Mathematiker Augustin **Cournot (06)**), das ist der Schnittpunkt von **Grenzkosten (10)**- und Grenzerlöskurve.

In bestimmten Fällen greift der Staat durch Setzen von Höchst- bzw. **Mindestpreis (02)** in den Preismechanismus ein, um ggf. bestimmte Nachfrager bzw. Anbieter zu schützen. Da eine freie Preisbildung nur im freien Wettbewerb möglich ist, wird durch bestimmte Konzentrationsformen in der Wirtschaft (z. B. **Trust (17)**- oder Kartellbildung) oft eine faire Preisstellung behindert.

Fachbegriffe im Gitterrätsel:

Lösungswort

01. DAX
02. MINDESTPREIS
03. GLEICHGEWICHT
04. BLUECHIPS
05. ANGEBOT
06. COURNOT
07. ELASTIZITAET
08. MARKTTRANSPARENZ
09. GEWINNMAXIMUM
10. GRENZKOSTEN
11. GRENZERLOES
12. BOERSE
13. MENGENANPASSER
14. POLYPOL
15. VOLATILITAET
16. PROHIBITIVPREIS
17. TRUST
18. NUTZKOSTEN

5.01 Markformenschema

a) Einer Vielzahl von Nachfragern steht nur ein Anbieter gegenüber.	3
b) Einer Vielzahl von Anbietern steht nur ein Nachfrager gegenüber.	7
c) Sowohl auf der Angebots- als auch auf der Nachfrageseite stehen sich wenige Teilnehmer gegenüber.	5
d) Sowohl auf der Angebots- als auch auf der Nachfrageseite stehen sich nur ein Anbieter und ein Nachfrager gegenüber.	1
e) Treten nur wenige Anbieter einer Vielzahl von Nachfragern gegenüber, liegt ein Angebotsoligopol vor.	6
f) Stehen nur wenige Nachfrager einer Vielzahl von Anbietern gegenüber, spricht man von einem Nachfrageoligopol.	8
g) Ein beschränktes Angebotsmonopol ist dann gegeben, wenn ein Anbieter nur wenigen Nachfragern gegenübersteht.	2
h) Ein beschränktes Nachfragemonopol liegt vor, wenn einem Nachfrager nur wenige Anbieter gegenüberstehen.	4
i) Befinden sich sowohl auf der Angebots- als auch auf der Nachfrageseite sehr viele Marktteilnehmer, spricht man von einem Polypol (vollständige Konkurrenz, atomistische, reine Konkurrenz).	9

Begriffserklärung:

Monopol (griech.) = Handel durch einen
Oligopol (griech.) = Handel durch wenige
Polypol (griech.) = Handel durch viele

Markformen (Beispiele) 5.02

Teil I

a) Nachfrageoligopol	8
b) Polypol	9
c) beschränktes Nachfragemonopol	4
d) zweiseitiges Monopol	1
e) zweiseitiges Oligopol	5
f) Angebotsoligopol	6

Teil II

a) Die Einstellung von Personal (hier: Auszubildende) geschieht auf dem Arbeitsmarkt.	5
b) Langfristige Staatsanleihen (10 – 30 Jahre Laufzeiten) werden auf dem Kapitalmarkt gehandelt.	1
c) Die Urlaubsreise, die Dr. Felser als Privatperson bucht, stellt ein Verbrauchsgut des Konsumgütermarktes dar.	4
d) Die Anlage von Liquiditätsreserven auf einem Tagesgeldkonto (täglich verfügbares Geld) ist eine Transaktion auf dem Geldmarkt.	2
e) Der Firmen-PKW dient gewerblichen Zwecken und ist somit ein Gebrauchsgut des Produktionsgütermarktes.	3

5.03 Nachfrage (Elastizität)

5.03.1 Arten der Preiselastizität

a) Elastizität als physikalischer Begriff bedeutet die Fähigkeit eines Körpers, nach dem Wegfall eines ausgeübten Drucks wieder in seine Ursprungslage zurückzukommen (aufgeblasener Luftballon: elastisch; Knetmasse: unelastisch). Elastizität als wirtschaftswissenschaftlicher Begriff fragt nach der Stärke einer Änderung (das eine Datum ändert sich – wie ändert sich das andere Datum?).

Der Elastizitätskoeffizient gibt an, um wie viel Prozent sich die Nachfrage ändert, wenn sich der Preis um 1 % ändert. Das Vorzeichen (Minus oder Plus) spielt hierbei keine Rolle, da der Reaktionsgrad und nicht die Reaktionsrichtung (normale oder inverse Elastizität) gemessen werden soll!

$$\text{Preiselastizität der Nachfrage} = \frac{\text{prozentuale Mengenänderung (Wirkung)}}{\text{prozentuale Preisänderung (Ursache)}}$$

Nachfragebeschreibungen

aa) Starre Nachfrage	3
ab) Elastische Nachfrage	1
ac) Unelastische Nachfrage	2
ad) Unendliche Nachfrage	5
ae) Überelastische Nachfrage	4

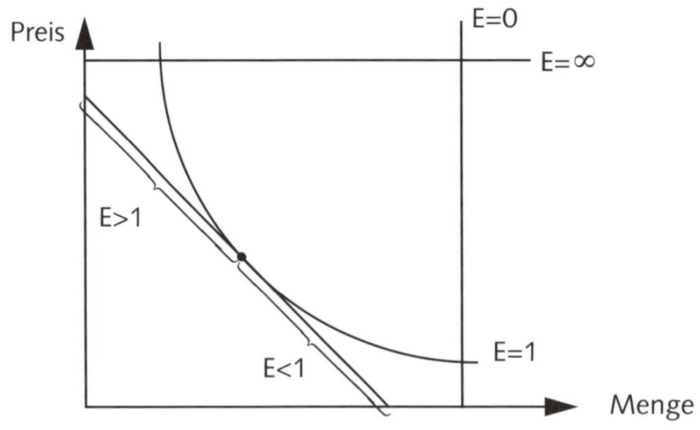

Arten der Preiselastizität 5.03.1

b) Stückpreiserhöhung von 10 € auf 12 € um 2 €;
Nachfragerückgang von 1 000 Stück auf 950 Stück um 50 Stück

prozentual: die Menge sinkt um 5 % (50 Stück sind 5 % der alten Menge) / der Preis steigt um 20 % (2 € sind 20 % vom alten Preis) $= \frac{5\ \%}{20\ \%}$

$$\text{E-Koeffizient} = \frac{\text{Nachfrageänderung}}{\text{Nachfragemenge}} : \frac{\text{Preisänderung}}{\text{Preis}} = \frac{50}{1\,000} : \frac{2}{10} = \frac{50 \cdot 10}{1\,000 \cdot 2} = 0{,}25$$

Der Koeffizient zeigt eine unelastische Nachfrage an.

Koeffizient
0|2 5

c) Richtig ist **Abb. 5** 5

Die Nachfrage ist relativ unelastisch (fast starr). Die deutliche prozentuale Preisänderung (Ursache) bewirkt nur eine geringe prozentuale Mengenveränderung. Der (negative) Elastizitätskoeffizient ist gering (E < 1).

Abb. 1 zeigt eine absolut starre Nachfrage (E = 0)

Abb. 2 zeigt eine elastische, aber anomale (inverse) Nachfragereaktion, da sich bei Preisanstieg die Nachfrage ausweitet. Der Elastizitätskoeffizient ist nahe 1 und positiv.

Abb. 3 zeigt eine überelastische Nachfragereaktion, da sich bei Preisanstieg die Nachfragemenge prozentual stärker verändert als die sie verursachende prozentuale Preisänderung. Der Elastizitätskoeffizient ist hoch (E > 1) und negativ.

Abb. 4 zeigt eine überelastische anomale (inverse) Nachfragereaktion, da sich bei geringerem Preisanstieg die Nachfragemenge ungleich höher ausweitet. Der Elastizitätskoeffizient ist (wie bei Abb. 2) positiv.

5.03.2

Fallbetrachtung

4	0	0	0	0	0	0	0

a) Der derzeitige Umsatz liegt bei **400.000,00 €**.

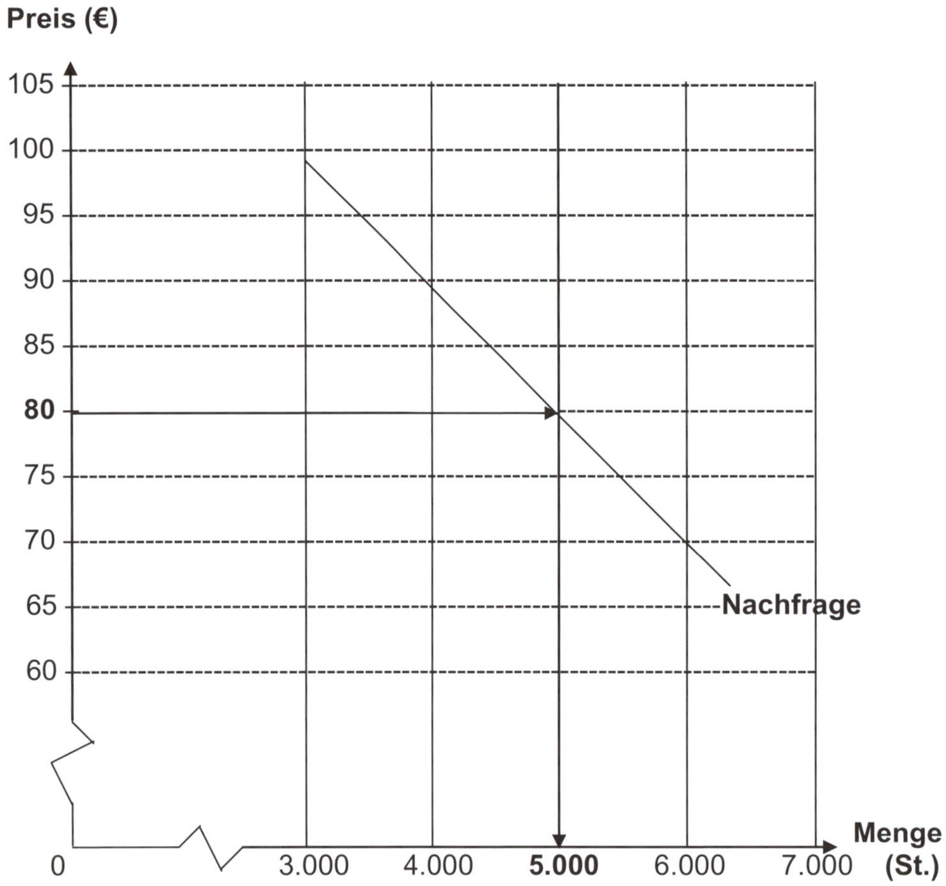

Umsatz (Erlös) = Stückpreis · Menge
= 80,00 € · 5 000
= 400.000,00 €

Fallbetrachtung

5.03.2

%
2 0

ba) Der Absatz könnte um **20 %** gesteigert werden.

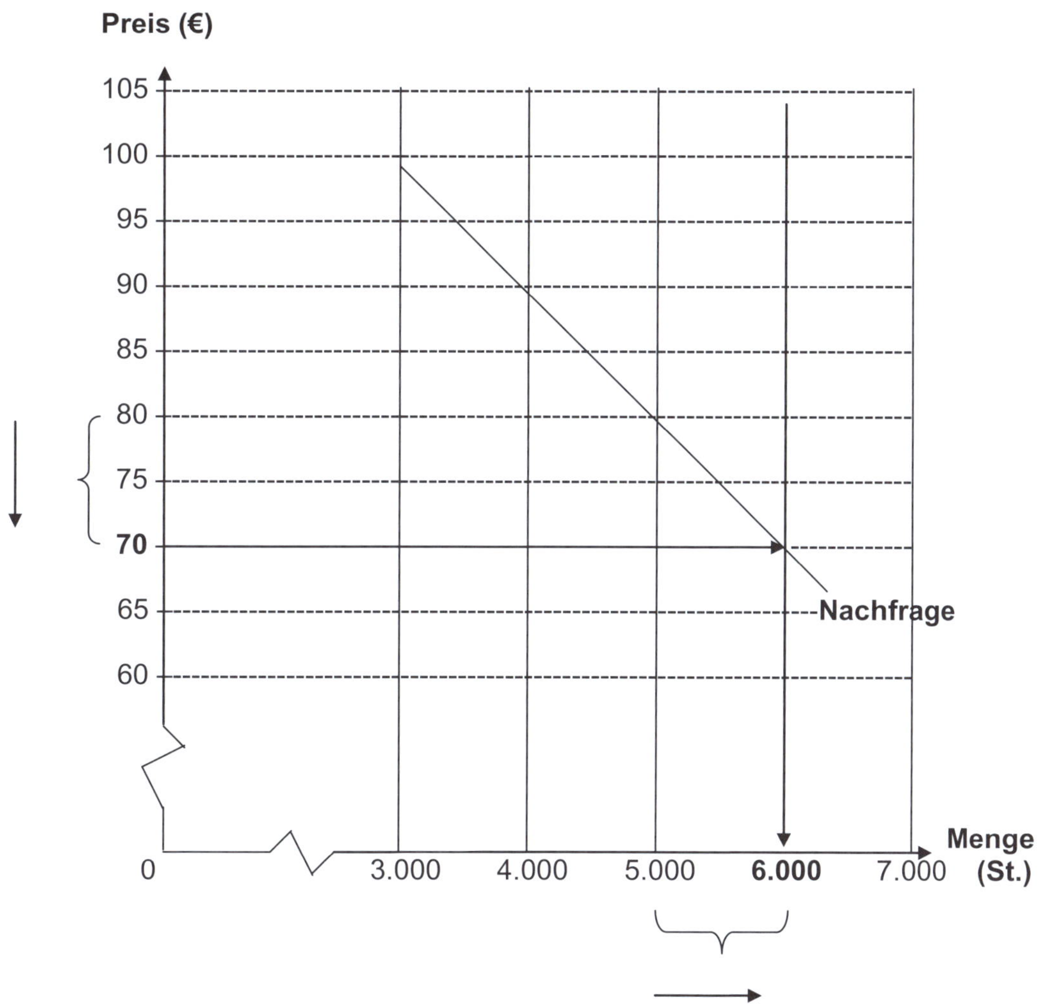

Absatz nach der Preissenkung:	6 000 Stück
Absatz vor der Preissenkung:	5 000 Stück
Absatzsteigerung:	1 000 Stück

5 000 Stück = 100 %
1 000 Stück = 20 %

5.03.2 Fallbetrachtung

Koeffizient 1|6

bb) Der Elastizitätskoeffizient liegt bei **1,6**.

Die Absatzmenge steigt von 5 000 Stück auf 6 000 Stück. Dies entspricht einem Anstieg von 20 % (siehe auch Lösung ba).

Der Preis sinkt von 80 € auf 70 €. Dies ist eine Preissenkung von 12,5 %.

Alter Preis: 80 € = 100 %
Preissenkung: 10 € = ? %

$$? \% = \frac{100 \cdot 10}{80} = 12{,}5$$

$$\varepsilon = \text{Preiselastizität der Nachfrage} = \frac{\text{Prozentuale Mengenänderung}}{\text{Prozentuale Preisänderung}}$$

$$\varepsilon = \frac{(+)\ 20\ \%}{(-)\ 12{,}5\ \%} = \underline{\underline{(-)\ 1{,}6}}$$

Das negative Vorzeichen deutet auf ein normales Nachfrageverhalten hin, d. h., einer Preisminderung (Ursache) folgt ein Absatzanstieg (Wirkung). Dividiert man die positive Zahl im Zähler durch die negative im Nenner, ergibt sich das Minusvorzeichen (Plus durch Minus ergibt Minus – dies gilt auch umgekehrt).

Die Nachfrage ist elastisch, da die Mengenveränderung stärker (+ 20 %) als die Preisveränderung (– 12,5 %) ausfällt. Der Koeffizient liegt über 1.

Preisbildung 5.04

Politischer Preis 5.04.1

a) Der **Gleichgewichtspreis** entsteht bei völliger Übereinstimmung von geplanter Angebots- und Nachfragemenge. Zu diesem Preis wird jede angebotene Menge abgesetzt, jeder Nachfragewunsch erfüllt. Zum Gleichgewichtspreis wird der Markt geräumt (der Umsatz ist am größten), d. h., es gibt weder Nachfrage noch Angebotsmengenüberschüsse. 2

b) Der **Höchstpreis** dient zum Schutze des Verbrauchers. Er darf nicht überschritten werden. Der Preis kann nicht mehr durch Konkurrenzdruck der Nachfrager steigen. Unterhalb des Höchstpreises ist eine freie Preisbildung möglich. Der Höchstpreis stellt eine marktinkonforme Maßnahme des Staates dar, welche nur in Notzeiten bei extremer Verknappung bestimmter Güter (z. B. im Krieg die Nahrungsmittel, das Heizmaterial) zu rechtfertigen sind. 3

c) Der **Mindestpreis** dient zum Schutz des Produzenten und soll einen Preisverfall bestimmter Güter verhindern. Der Preis kann nicht mehr durch Konkurrenzdruck der Anbieter fallen. 1

d) Die Hersteller produzieren mehr als nachgefragt wird. Da einige Nachfrager nicht bereit sind, den hohen Preis zu zahlen, übernimmt der Staat meist Abnahmegarantien (z. B. landwirtschaftliche Produkte auf dem gemeinsamen EU-Agrarmarkt). 1

e) Die Verbraucher fragen mehr nach als hergestellt wird, da der Höchstpreis so niedrig ist. Es entsteht ein Nachfrageüberhang. 3

f) Trotz strenger Überwachung der Höchstpreisvorschriften finden sich stets Nachfrager bereit, einen höheren Preis als den staatlich festgesetzten zu zahlen (Schwarzer Markt). 3

g) Auch bei strenger Kontrolle der Mindestpreisvorschriften finden sich Anbieter bereit, zu einem niedrigeren Preis unterhalb des staatlich festgesetzten Mindestpreises ihre Produkte zu verkaufen (um ihre Gewinnsituation weiter zu verbessern). 1

5.04.2 Konsumenten- und Produzentenrente

Die Aussagen **1.** und **3.** sind richtig. 1 3

Richtig ist Aussage **1.**

Das mit 1 markierte Dreieck zeigt deutlich die Bereitschaft der Konsumenten, einen höheren Preis als den Marktpreis zahlen zu wollen (siehe Erläuterung zu 4).

Beispiel:

Bei einer Versteigerung ersteigert ein Bieter ein Gemälde, für das er 5.000 Euro zu zahlen bereit war, für lediglich 3.800,00 Euro. Die Konsumentenrente für diesen Bieter läge dann bei 1.200,00 Euro.

Richtig ist Aussage **3.**

Die Produzenten können versuchen, die Konsumentenrente durch Preisdifferenzierung abzuschöpfen. Sie bieten z. B. zwei Varianten des Gutes an, welches sie diversen Käufergruppen mit unterschiedlicher Preisvorstellung anbieten.

Beispiel:

Sozialtarife für Studenten, Auszubildende, Schüler und Normaltarife für alle übrigen Kaufinteressenten.

Die Aussagen **2.**, **4.** und **5.** sind falsch.

Zu 2. Die Produzentenrente wird in der Grafik durch das mit 2 markierte Dreieck dargestellt. Es zeigt den Nutzen, den die Anbieter aus einem höheren Marktpreis (Gleichgewichtspreis) ziehen können. Dieser Nutzen ergibt sich aus der Differenz zwischen dem individuellen Preis, zu dem der Anbieter sein Gut grenzwertig anbieten würde und dem Gleichgewichtspreis.

Zu 4. Das in der Grafik durch eine 1 markierte Dreieck steht für die Bereitschaft von Nachfragern, einen höheren als den Marktpreis zu zahlen (Konsumentenrente). Diese Rente ergibt sich als Differenz zwischen dem individuellen Preis, zu dem der Nachfrager bereit wäre, das angebotene Gut zu erwerben und dem Gleichgewichtspreis (der tatsächliche zu zahlende Marktpreis).

Zu 5. und 6. Eine Verschiebung der Angebotskurve nach links (Angebotsverringerung) würde sowohl die Konsumenten- als auch die Produzentenrente belasten; beide würden sich verringern:

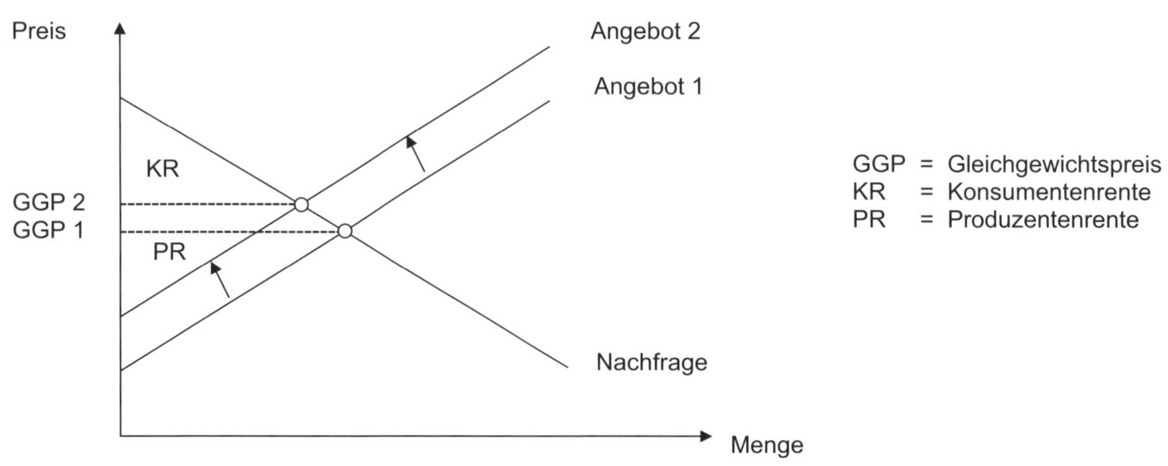

Vollkommener Markt 5.05

Die Auswahlantworten **1.**, **5.** und **7.** sind **falsch**. 1 5 7

Der vollkommene Markt ist ein theoretisches Modell und in der volkswirtschaftlichen Wirklichkeit (mit Ausnahme vielleicht der Wertpapierbörse) kaum anzutreffen, denn: fehlt einem Markt auch nur eine der Bedingungen des vollkommenen Marktes, so ist dieser unvollkommen.

Zu 1. Die Aussage ist **falsch**. Die Gleichartigkeit der Güter ist eine Grundvoraussetzung für die Vollkommenheit eines Marktes (Homogenitätsbedingung), d. h., die auf dem Markt gehandelten Güter dürfen keine Unterschiede in Farbe, Abmessung, Geschmack, Qualität etc. aufweisen (z. B. Banknoten, Goldbarren, Aktien einer bestimmten Aktiengesellschaft).

Zu 5. Die Aussage ist **falsch**. Anbieter und Nachfrager dürfen sich nicht gegenseitig bevorzugen (persönliche Präferenzen machen den Markt unvollkommen).

Zu 7. Die Aussage ist **falsch**. Begründung: vgl. Zu 8.

Zu 2. Die Aussage ist *richtig*. Anbieter und Nachfrager müssen über Markttransparenz verfügen (welche Mengen werden zu welchen Preisen angeboten/nachgefragt?); diese Bedingung erfüllt noch am ehesten die Börse als „Markt der Märkte" (Kursfeststellung durch den Börsenmakler).

Zu 3. Die Aussage ist *richtig*.

Zu 4. Die Aussage ist *richtig*. Gemeint sind sogenannte „Punktmärkte", wie z. B. Börsen, Messen, Auktionen, Wochenmärkte.

Zu 6. Die Aussage ist *richtig*. Diese Bedingung zu erfüllen, ist in der Praxis nahezu unmöglich (zwischen Nachfrageveränderungen und Angebotsreaktionen klaffen in der Regel zeitliche Lücken).

Zu 8. Die Aussage ist *richtig*. Treffen auf einem Markt sehr viele Anbieter und sehr viele Nachfrager zusammen, besteht vollständige (= polypolistische) Konkurrenz. Oligopolistische und monopolistische Märkte können nie vollkommene Märkte sein, da sie die Wettbewerbsfunktion beschränken bzw. ausschalten. Nur im Zusammenspiel mit den vorgenannten Prämissen ist der Markt mit vollständiger Konkurrenz ein vollkommener Markt.

5.06 Börsenplätze

Börsenplätze

a) DAX = **Deutscher Aktienindex**, der sich z. Z. aus den 30 umsatzstärksten deutschen Standardwerten zusammensetzt. Der DAX wird in **Frankfurt am Main** börsentäglich fortgeschrieben. 3

b) FT100 = („footsie" **Financial Times-Index**) an der **Londoner Börse** gültiger Index für entsprechende britische Standardwerte. 4

c) Nikkei225 = kursgewichteter Index, der mit **225 japanischen Aktien** die Tendenz an der **Tokyo Stock Exchange** aufzeigt. 2

d) **Hang-Seng** = Aktienindex, der an der Börse in **Hongkong** als Kursbaromenter fungiert. 6

e) **Dow Jones Index** = bedeutendster Aktienindex der westlichen Welt, in dem die Kursentwicklung der 30 wichtigsten amerikanischen Börsenwerte zum Ausdruck kommt. Der Dow ist das Börsenbarometer an der Wall-Street in Manhattan (**New York**). 1

f) CAC40 = ist mit seinen **40 Titeln** Indikator für die Kursentwicklung der Blue Chips an der französischen Börse in **Paris**. 5

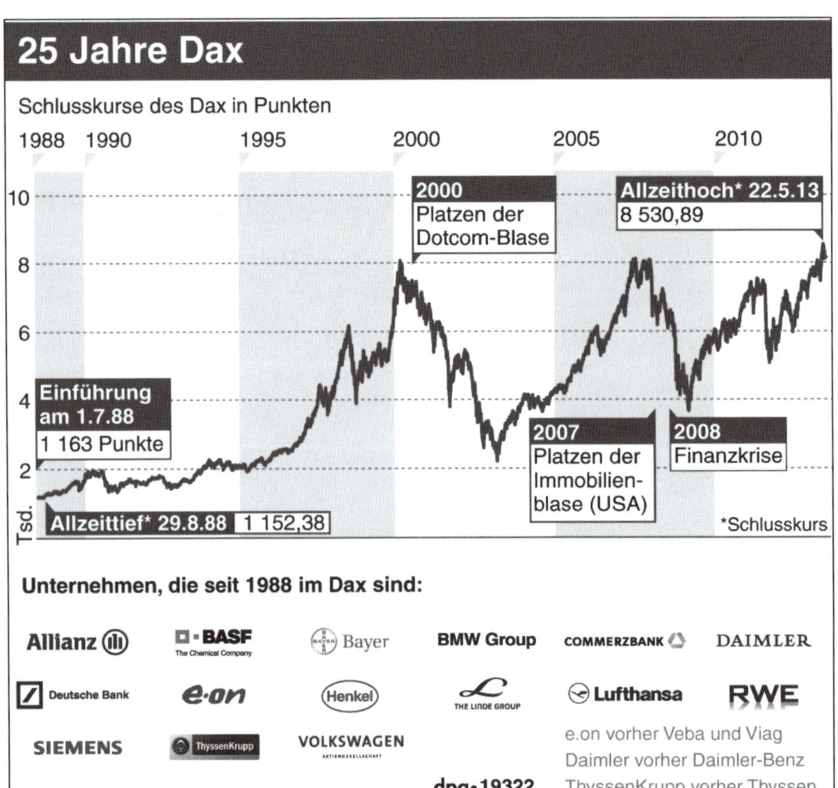

Börsenfachbegriffe 5.07

Umschreibungen

a) In der **Baisse** ist die Stimmung an den Börsen schlecht, die Konjunkturdaten verheißen wenig Optimismus (sog. Bear-Market = Bärenmarkt); Gegensatz zu *Hausse* (länger anhaltende Kursanstiege im sog. Bull-Market = Bullenmarkt). 3

b) **Benchmark** ist die Bezeichnung für einen Maßstab zum Vergleich von Wertentwicklungen (performance) von Muster- oder Fondsdepots mit einem Gesamt- oder Spezialmarkt. Für Wertpapierdepots mit amerikanischen Blue Chips kann dies z. B. der Dow-Jones-Index sein. 2

c) **„Asset Allocation"** – Begriff aus der modernen Portfolio-Theorie, der die Aufteilung von Vermögenswerten auf bestimmte Anlageformen meint, wobei die Risikoneigung des Investors und der Risikograd der Investmentform (z. B. Aktien, Optionsscheine etc.) unter Berücksichtigung einer Ertragszielgröße optimal aufeinander abgestimmt werden. 9

Als „Asset Management" bezeichnet man hingegen das aktive Management von Vermögenswerten.

d) Ein **Aktiensplit** (engl. stock split) wird vorgenommen, um einen zu stark gestiegenen Aktienkurs optisch zu „verbilligen", leichter zu machen. Ein stock split „2 for 1" entspricht deutschen Gratisaktien im Verhältnis von 1 : 1. 8

e) Als unabhängig geltende Institutionen (z. B. Standard & Poor's oder Moody's) haben sich in den USA auf die Beurteilung und Überwachung der Bonität von weltweit operierenden Emittenten (Aktiengesellschaften, Staaten) spezialisiert. Diese bonitätsmäßige Einstufung wird als „**rating**" bezeichnet und ist in etwa mit Schulzensuren vergleichbar (höchstes rating ist z. B. das „tripple A" bzw. AAA, also dreimal die Güteklasse A). Das hohe „rating" erleichtert einem Emittenten den Zugang zu den weltweiten Kapitalmärkten. 7

f) IPO = **Initial Public Offering**. Aus dem amerikanischen Sprachraum gebräuchlich für die Vorstufe des „**going public**" (Börseneinführung). 1

Zu 4., 5. und 6. der Lösung 5.07, siehe nächste Seite

5.07 Börsenfachbegriffe

Zu 4. Das *KGV* (*Kurs-Gewinn-Verhältnis; engl. PER = Price Earnings Ratio*) gibt an, mit dem Wievielfachen des Nettogewinns eine Aktie bewertet ist. Der zur Ermittlung dieser Kennziffer verwendete Nettogewinn ist das „Ergebnis nach DVFA“ (DVFA = Deutsche Vereinigung für Finanzanalyse und Anlageberatung).

Zu 5. *Put* steht für das (Wett-)Recht des Inhabers eines Optionsscheins, ein bestimmtes Basisobjekt (z. B. Aktien, Währungen, Inidices) während einer festgelegten Laufzeit zu einem bestimmten Basispreis zu verkaufen. Gegensatz zu Call (kaufen).

Zu 6. *Volatilität* meint das Ausmaß von Kursausschlägen. Mittels eines Faktors (sog. Betafaktor) kann bestimmt werden, in welchem Verhältnis die Kursschwankungen einer Aktie in der Vergangenheit den Kursschwankungen des Gesamtmarktes folgten. So bedeutet der Faktor 1, dass sich die Kursausschläge der betreffenden Aktie im Einklang mit der Gesamtmarktentwicklung befinden: steigt oder sinkt der Gesamtmarkt um x Prozent, so steigen oder sinken auch die Aktien um diesen Prozentsatz. Beträgt der Faktor z. B. 1,1 oder 0,9 sind die Ausschläge der Aktie im positiven wie im negativen Bereich um 10 % stärker oder schwächer als diejenigen des Gesamtmarktes.

Monopolistischer Bereich 5.08

Die Aussagen **2.** und **5.** sind richtig. 2 5

Richtig ist Aussage **2.**

Senkt der Anbieter den Preis P 1 auf P 2, steigt die Menge M 1 auf M 2 in einem schwächeren Ausmaß, d. h., die prozentuale Preisänderung (Ursache) ist wesentlich größer als die prozentuale Mengenänderung (Wirkung). Das Gleiche gilt für Preissteigerungen von P 2 auf P 1. Die Preiselastizität der Nachfrage ist kleiner 1, also unelastisch.

Richtig ist Aussage **5.**

Die dargestellte Preisabsatzfunktion ist typisch für die Marktform des beschränkten Angebotsmonopols. Hierbei handelt es sich oft um eine regional begrenzte Monopolstellung des (alleinigen) Anbieters bei mehreren Nachfragern.

Beispiel:

Wenn ein Gemüsehändler in einem Neubaugebiet außerhalb der Großstadt den Preis für Obst und Gemüse von P 2 auf P 1 schrittweise erhöht, wird sich der Rückgang der Nachfrage „in engen Grenzen" halten, d. h., wenn die Preiserhöhung unterhalb der Aufwendungen liegt, um der Erhöhung zu entgehen (z. B. Fahrt in die Stadt zum preisgünstigeren Supermarkt), werden die Nachfrager relativ unelastisch reagieren.

Zu 1. und 6. Beim Polypol (viele Anbieter/viele Nachfrager) ist der Preis ein festes Datum für die in starker Konkurrenz stehenden Anbieter. Polypolistische Anbieter sind Mengenanpasser, die nur über Kostensenkungen ihr Marktdasein behaupten können.

Zu 3. Senkt der Anbieter im beschränkten Angebotsmonopol den Preis unter P 2, wird die Nachfrage zunächst stärker ansteigen, als die Preissenkung ausfällt. Dies wird aber zu Anpassungsprozessen bei den Mitkonkurrenten führen. Ein „Preiskrieg" unter den konkurrierenden Händlern könnte zum Ausscheiden von Grenzanbietern führen.

Zu 4. Hebt der Anbieter im beschränkten Angebotsmonopol den Preis über P 2 an, wird die Nachfrage heftiger reagieren als die Preiserhöhung ausfällt. Der Händler muss befürchten, dass die Nachfrage trotz eines Mehraufwandes an Zeit und Geld zu günstigeren Mitbewerbern abwandert.

5.09 Gleichgewichtspreis

a)

Zu 1. Bei einem Preis (Kurs) von 260,00 € wollen alle Auftraggeber kaufen, auch diejenigen, die einen höheren Preis zu zahlen bereit sind. Es verkaufen aber nur die Auftraggeber, die nicht limitiert (begrenzt) haben. Alle anderen wollen einen höheren Preis erzielen.

aa)	ab)	ac)
410	060	060

Zu 2. Zu diesem Preis wollen alle kaufen, ein Verkaufsinteresse besteht aber nur für 150 kg.

aa)	ab)	ac)
410	150	150

Zu 3. Bei einem Preis von 262,00 € kaufen diejenigen Auftraggeber nicht mehr, die höchstens 261,00 € anlegen wollten ab. Die Käufer, die nicht limitiert haben, kaufen jedoch zu jedem Kurs.

aa)	ab)	ac)
320	320	320

Zu 4. Liegt der Preis bei 263,00 €, finden sich Kaufinteressenten nur für 280 kg; das Verkaufsinteresse liegt jedoch bei 400 kg.

aa)	ab)	ac)
280	400	280

Zu 5. Zu diesem Preis wollen die Auftraggeber lediglich 140 kg (100 + 40 kg) kaufen; Verkaufsinteresse dagegen würde für 470 kg bestehen.

aa)	ab)	ac)
140	470	140

b) Angebot und Nachfrage können nur zu einem Preis von 262,00 € ausgeglichen werden; zu diesem Preis befindet sich der Markt im Gleichgewicht, zu diesem Preis ergibt sich der größtmögliche Umsatz:

320 · 262,00 € = 83.840,00 €

€ 83840,00

5.10 Break-even-Point, Nutz- und Leerkosten

a) Der **Break-even-Point** (Nutzschwelle, kritische Produktionsschwelle) liegt dort, wo die Erlösgerade die Gesamtkostengerade schneidet. Dort beginnt die Gewinnzone.

Stück 240

b) Die variablen Kosten sind die Differenz zwischen den Gesamtkosten und den Fixkosten. Bei der **Break-even-Menge** von 240 Stück betragen die Gesamtkosten 3.000 €, die Fixkosten liegen konstant bei 2.000 €.

€ 1000

c) Die „Gewinnschere" wird **nach dem Break-even-Point** (bei linearem Kostenverlauf) immer größer. Das Gewinnmaximum liegt an der **Kapazitätsgrenze**.

€ 1400

d) **Leerkosten** sind nicht ausgenutzte Fixkosten bzw. der Teil der Fixkosten, der mit zunehmender Produktion abnimmt. Die im Bereich des Fixkostenblocks der Grafik von links oben nach rechts unten laufende gestrichelte Diagonale kann als „Leerkostenabbaukurve" bezeichnet werden, wobei das untere Dreieck die jeweilige Leerkostenhöhe anzeigt. Bei 160 Stück betragen die Leerkosten 1.200 €, d. h., von 2.000 € Fixkosten wurden bei einer Produktion von 160 Stück nur 800 € „ausgenutzt". Bei zunehmender Produktion verwandeln sich die Leerkosten demnach in Nutzkosten.

Stück 160

e) Entlang der „Leerkostenabbaukurve" erkennt man bei der Stückmenge von 240 die Differenz zwischen den Leerkosten (800 €) und den Fixkosten (2.000 €); diese 1.200 € sind die in **Nutzkosten** verwandelten Leerkosten.

Stück 240

Nachfrageverschiebungen

5.11

a) Durch die Nachfrageverschiebung steigt der Gleichgewichtspreis von 40 € auf 50 € (neuer Schnittpunkt von A und N2).

+/-	€
+	1 0

b) Vor der Nachfrageverschiebung konnten zum alten Gleichgewichtspreis von 40 € insgesamt 300 Stück umgesetzt werden. Nach der Verschiebung ergibt sich ein neues Gleichgewicht bei 350 Stück und 50 €. Die Differenz beträgt also:

+/-	€
+	5 5 0 0

(350 · 50 €) – (300 · 40 €) = 5.500 €

c) Infolge der Nachfrageverschiebung nach rechts passt sich das Angebot in der Regel zeitverzögert der neuen gestiegenen Nachfrage an. Die Angebotskurve A verschiebt sich so weit nach rechts (A'), bis ein Schnittpunkt in Höhe des alten Gleichgewichtspreises von 40 € erreicht wird. Fällt man an diesem geometrischen Ort das Lot auf die x-Achse, ergibt sich eine neue Gleichgewichtsmenge von 450 Stück:

Stück
4 5 0

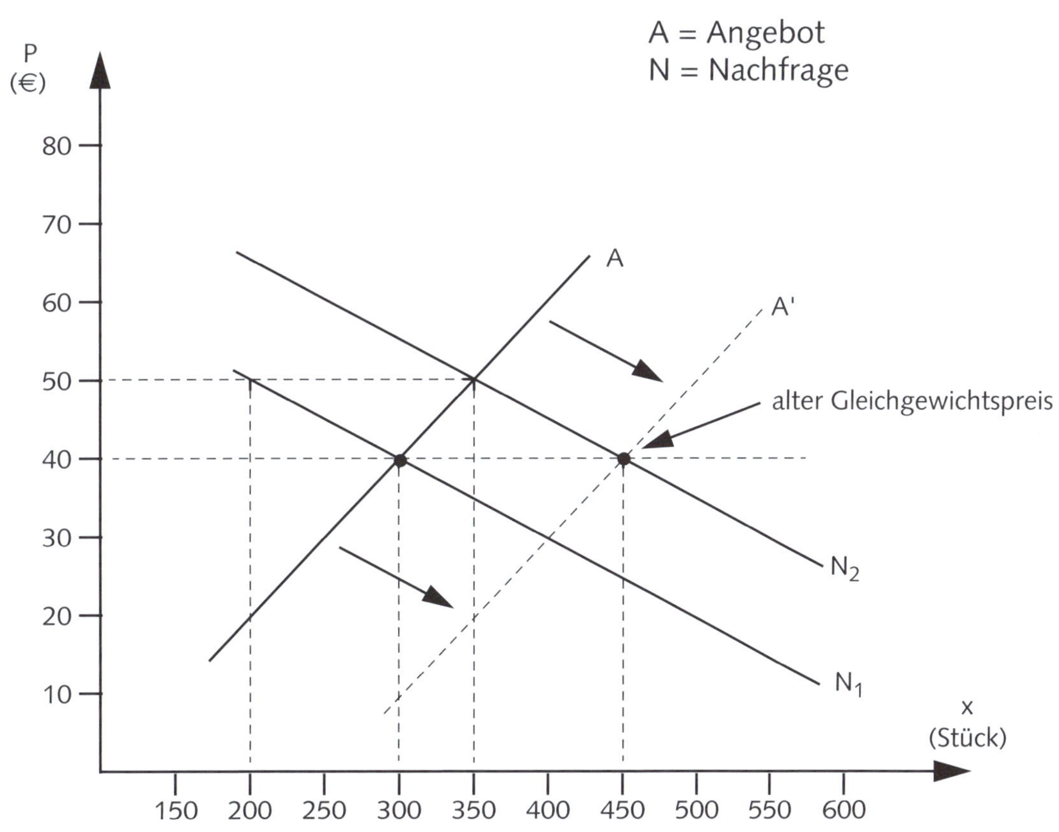

5.12 Preisuntergrenzen

Die Grafik zeigt die entlang der Grenzkostenkurve verlaufende kurzfristige Angebotskurve eines Unternehmers, der dort sein Gewinnmaximum erreicht, wo er die Menge produziert, bei der die Grenzkosten nicht niedriger und nicht höher als der Preis sind. Entlang dieser Grenzkostenkurve hat er die Möglichkeit, sich durch lang- oder kurzfristige Preisuntergrenzen geänderten Wettbewerbsbedingungen anzupassen.

a) Beim **Stückpreis von 23 €** werden bei Absatz von 325 Stück alle Kosten (Durchschnittskosten = fixe und variable Stückkosten) gedeckt. Der Betrieb könnte sich zu diesem Preis (bei sonst gleichen Bedingungen) langfristig am Markt behaupten (Betriebsoptimum); die zum Preis von 23 € absetzbaren Stück stellen gleichfalls die Gewinnschwelle dar, d. h. jede weitere Preiserhöhung würde bei gleichbleibender Kostenstruktur Gewinn abwerfen.

€ 2 3

b) Beim **Stückpreis von 16 €** werden bei Absatz von 260 Stück nur die variablen Stückkosten gedeckt (Betriebsminimum); da der Anbieter (bei sonst gleichen Bedingungen) zu diesem Preis auf die Deckung der fixen, beschäftigungsunabhängigen Kosten verzichten muss, wird er diese Preisuntergrenze nur kurze Zeit halten können (Grenzanbieter).

€ 1 6

c) Bei der **Menge von 380 Stück** liegt bei einem Preis von 29 € das Gewinnmaximum; hier werden die Grenzkosten (Kostenzuwächse für jede weitere Einheit) vom Preis gedeckt. Die Differenz zwischen dem Preis und den Durchschnittskosten stellt den Stückgewinn dar (29 – 24 = 5 €).

Stück 3 8 0

d) Vgl. Erläuterung zu b)

Stück 2 6 0

e) Vgl. Erläuterung zu a)

Stück 3 2 5

Bei 470 Stück deckt nur ein Preis von 29 € noch die Durchschnittskosten (Nutzenende); jede weitere Einheit wäre mit Verlust verbunden.

Bei 540 Stück deckt nur ein Preis von 29 € noch die variablen Stückkosten (Ende des Betriebsminimums).

Monopolpreis

5.13

a) Die **Gewinnzone** des Angebotsmonopolisten beginnt dort, wo sich Erlös- und Gesamtkostenkurve erstmals schneiden (Vollkostendeckung). Jede weitere Einheit wird Gewinne abwerfen! — Stück: 20

b) Die **Gewinnzone** endet dort, wo sich Erlös- und Gesamtkostenkurve letztmals schneiden; jede weitere Einheit wird Verluste bringen! — Stück: 60

c) Das **Gewinnmaximum** liegt dort, wo der senkrechte Abstand zwischen Gesamtkostengerade und Erlöskurve am größten ist. In der Gesamtbetrachtung lässt sich das Gewinnmaximum durch Parallelverschiebung der Gesamtkostenkurve nach links bestimmen: dort, wo die nach links verschobene Gerade zur Tangente an der Erlöskurve wird, liegt das Gewinnmaximum. Der Erlös beträgt hier 4.800 €, die Gesamtkosten betragen 4.000 €. — €: 800

d) Die **variablen Kosten** sind die Differenz zwischen den Gesamtkosten und den Fixkosten. Im Gewinnmaximum betragen die Gesamtkosten 4.000 €, die Fixkosten 2.400 €. — €: 1600

e) Zu Beginn der Gewinnzone betragen die Gesamtkosten 3.200 €, die Fixkosten 2.400 €. — €: 800

f) Das **Erlösmaximum** liegt dort, wo die Erlöskurve ihren höchsten Punkt hat. Die dort verkaufte Menge liefert den höchstmöglichen Erlös. — Stück: 50

g) Da **im Erlösmaximum kein Zuwachs an Erlös** mehr zu erwarten ist, sind die Erlöszuwächse (Grenzerlös) gleich 0. — €: 0

h) Die Kostenzuwächse (Grenzkosten) decken sich mit den Erlöszuwächsen (Grenzerlös) dort, **wo der Gewinn maximal ist**; dies ist der Schnittpunkt der K'-Kurve mit der E'-Kurve in der Stückbetrachtung. — Stück: 40

i) Der **Prohibitivpreis** ist der Preis, bei dem die Nachfrage nach dem betreffenden Gut auf 0 zurückgeht (Schnittpunkt der Preisabsatzfunktion mit der Preisgeraden in der Stückbetrachtung). — €: 200

j) Der **Cournotsche Preis** ist die waagerechte Projektion des auf der Preisabsatzfunktion (individuelle Nachfragekurve des Monopolisten) liegenden Cournotschen Punktes, der die gewinnmaximale Preis-Mengen-Kombination des Monopolisten anzeigt (benannt nach dem französischen Mathematiker Cournot, der die Ermittlung des Gewinnmaximums beim Monopol als erster geometrisch und mathematisch abgeleitet hat). Zeichnerisch wird der Cournotsche Punkt durch senkrechte Projektion des Schnittpunktes von Grenzerlös- und Grenzkostenkurve auf die Preisabsatzfunktion ermittelt. — €: 120

k) Die **Cournotsche Menge** ist die senkrechte Projektion des Cournotschen Punktes auf die Mengengerade. Die Cournotsche Menge liegt exakt unter dem Schnittpunkt der Grenzerlös- und Grenzkostenkurve (vgl. Erläuterung zu j). — Stück: 40

5.13 Monopolpreis

l) Bei einem Absatz von 40 Stück (Cournotsche Menge) betragen die **Gesamtkosten** 4.000 € (Projektion des Cournotschen Punktes in der Stückbetrachtung auf die Gesamtkostengerade in der Gesamtbetrachtung). — € 4000

m) Der **gewinnmaximale Umsatz** beträgt 4.800 € (vgl. Erläuterung zu c). — € 4800

n) Bei einem Umsatz von 4.800 € und 4.000 € Gesamtkosten, beträgt der Gewinn 800 € (vgl. Erläuterung zu c); **bei Gewinnverdopplung** müsste der Umsatz von 4.800 € um weitere 800 € auf 5.600 € steigen. — € 5600

o) Der Umsatz von 5.600 € würde sich wie folgt zusammensetzen:

Gesamtumsatz	5.600 €
– Teilumsatz der 20 Käufer zum alten Preis (20 · 120 €)	2.400 €
= Teilumsatz der anderen 20 Käufer zu einem gesuchten Preis	3.200 €

Der **Preis** würde somit bei 160 € (3.200 € : 20 = 160 €) liegen. — € 160

5.14 Preisdifferenzierung

Preisdifferenzierung liegt vor, wenn ein Monopolist auf einem unvollkommenen Markt durch unterschiedliche Preisgestaltung seine Abnehmer diskriminiert.

Die Preisdifferenzierung kann nach unterschiedlichen Kriterien erfolgen:

a) Preisdifferenzierung (P.) nach dem Kriterium der zeitlichen Verteilung der Nachfrage.	4
b) Nach dem Einkommen bzw. Status der Person vorgenommene P.	2
c) Wenn die Angebotspreise im Ausland niedriger als im Inland sind, spricht man von „dumping". Es handelt sich also um eine P. nach der räumlichen Verteilung der Käufer.	3
d) Die Staffelung der Preise nach der gekauften Menge ist eine sachliche P.	1
e) Unterschiedliche Preise für bestimmte Personengruppen (nach der Gruppenzugehörigkeit) ist ebenso wie unter b) eine Form der persönlichen P.	2
f) Eine verdeckte P. liegt dann vor, wenn die Preise z. B. nach künstlich geschaffenen Meinungen bei Käufern differenziert werden.	5
g) P. nach dem Kriterium der räumlichen Verteilung der Käufer.	3
h) Zeitliche P. wie bei a).	4

6 Wirtschaftsordnung und Wirtschaftspolitik

Wirtschaftsordnung und Wirtschaftspolitik

Basistext:

Durch wirtschaftliche Auf- und Abschwünge ist der Verlauf der **Konjunktur (02)** einer Volkswirtschaft gekennzeichnet. Im unteren Wendepunkt des Konjunkturverlaufes befindet sich die Wirtschaft in der Phase einer **Depression (05)**; die Produktionsfaktoren liegen brach, die Arbeitslosigkeit ist sehr hoch. In der Hochphase der Konjunktur wird hingegen, bei einer Reserve von etwa ein bis zwei Prozent Erwerbslosen, die **Vollbeschäftigung (11)** erreicht.

Die Entlohnung der im Wirtschaftsprozess eingesetzten Produktionsfaktoren (Nettowertschöpfung) stellt das sog. Volkseinkommen dar. Bei der funktionellen Verteilung des Einkommens spricht man von **Besitzeinkommen (12)**, wenn es in Form von Zins und **Grundrente (17)** aus dem Besitzrecht an Kapital und Boden erzielt wird. Zusammen mit dem Lohn als Entgelt für den Faktor Arbeit fasst man Zins, Grundrente und Lohn zu Kontrakteinkommen zusammen, da sie Einkommen aus Kredit-, Pacht- und Arbeitsverträgen darstellen.

Um wirtschaftliche Ungleichgewichtslagen (wie **Inflation (16)** und Deflation) zu verhindern bzw. zu bekämpfen, betreiben die Staaten und das Europäische System der Zentralbanken (**ESZB (09)**) Fiskalpolitik und **Geldpolitik (08)**. Im Rahmen der Wirtschaftsordnung (z. B. **Marktwirtschaft (10)**) hat der Staat (hier: **Legislative (15)** und Exekutive) Gesetze und Verordnungen geschaffen, die den Ablauf und die Ordnung des wirtschaftlichen Geschehens betreffen. Stabilitätsgesetz, Gesetz gegen Wettbewerbsbeschränkungen oder Steuergesetze (z. B. die **Umsatzsteuer (07)** oder die Einkommensteuer betreffend) sind nur einige Beispiele dafür.

Damit eine Wirtschaft funktioniert, benötigt sie neben Rechts- und Wirtschafts- auch eine Geldordnung, um Güter- und Leistungsaustausch zu ermöglichen. Das Geld fungiert dabei als Zwischentauschmittel. So funktioniert auch der **Euro (13)** als gesetzliches Zahlungsmittel nur deshalb, weil er als Tauschmittel und Wertmesser eingesetzt werden kann und wichtige Geldeigenschaften besitzt. Geld muss teilbar, wertbeständig, gut transportierbar, knapp und allgemein anerkannt (begehrt) sein.

Die Europäische Zentralbank hat als „Hüterin der Gemeinschaftswährung“ ebenso geeignete Instrumentarien, die umlaufende **Geldmenge (01)**, das Zinsniveau und somit die Stärke der **Kaufkraft (03)** aller Wirtschaftssubjekte zu beeinflussen. Die Zentralbank beeinflusst im besonderen Maße die Möglichkeit zur **Geldschöpfung (04)** von **Giralgeld (06)** im Bankenapparat z. B. mittels Mindestreservenpolitik.

Da alle Staaten (und damit alle Volkswirtschaften) als Teile einer globalisierenden Weltwirtschaft miteinander verbunden sind, findet ein zwischenstaatlicher Güter- und Kapitalaustausch statt. Um all diese wirtschaftlichen Transaktionen zwischen Inländern und Ausländern systematisch zu erfassen, erstellt die Zentralbank allmonatlich eine **Zahlungsbilanz (14)**, in der alle in einem bestimmten Zeitraum von einer Volkswirtschaft an das Ausland geleisteten oder vom Ausland empfangenen Zahlungen gegenüber gestellt werden.

Fachbegriffe im Gitterrätsel:

Lösungswort →

01. G E L D M E N G E
02. K O N J U N K T U R
03. K A U F K R A F T
04. G E L D S C H O E P F U N G
05. D E P R E S S I O N
06. G I R A L G E L D
07. U M S A T Z S T E U E R
08. G E L D P O L I T I K
09. E S Z B
10. M A R K T W I R T S C H A F T
11. V O L L B E S C H A E F T I G U N G
12. B E S I T Z E I N K O M M E N
13. E U R O
14. Z A H L U N G S B I L A N Z
15. L E G I S L A T I V E
16. I N F L A T I O N
17. G R U N D R E N T E

6.01 Wirtschaftsordnungen

a) Alle Planungsaktivität geht von der zentralen Planungsbehörde aus (Zentralverwaltungswirtschaft).	2
b) Freie Marktwirtschaft	1
c) Laisser-faire-Prinzip; Staat überwacht lediglich die wirtschaftlichen Aktivitäten (Freie Marktwirtschaft)	1
d) Nur wer am Markt erfolgreich war, erlangt entsprechendes Einkommen (Freie Marktwirtschaft).	1
e) Z. B. Kredit- und Zinspolitik der Deutschen Bundesbank (Soziale Marktwirtschaft)	3
f) Es gibt nur Staatseigentum (Zentralverwaltungswirtschaft).	2
g) Ohne Rücksicht auf die Schutzbelange der Bevölkerung (z. B. Gesundheit, Sicherheit) kann jeder alles produzieren und konsumieren (Freie Marktwirtschaft).	1
h) Soziale Marktwirtschaft	3
i) Soziale Marktwirtschaft (z. B. GWB-Kartellgesetz)	3
j) Zentralverwaltungswirtschaft	2

Planwirtschaft (Zentralverwaltungswirtschaft)

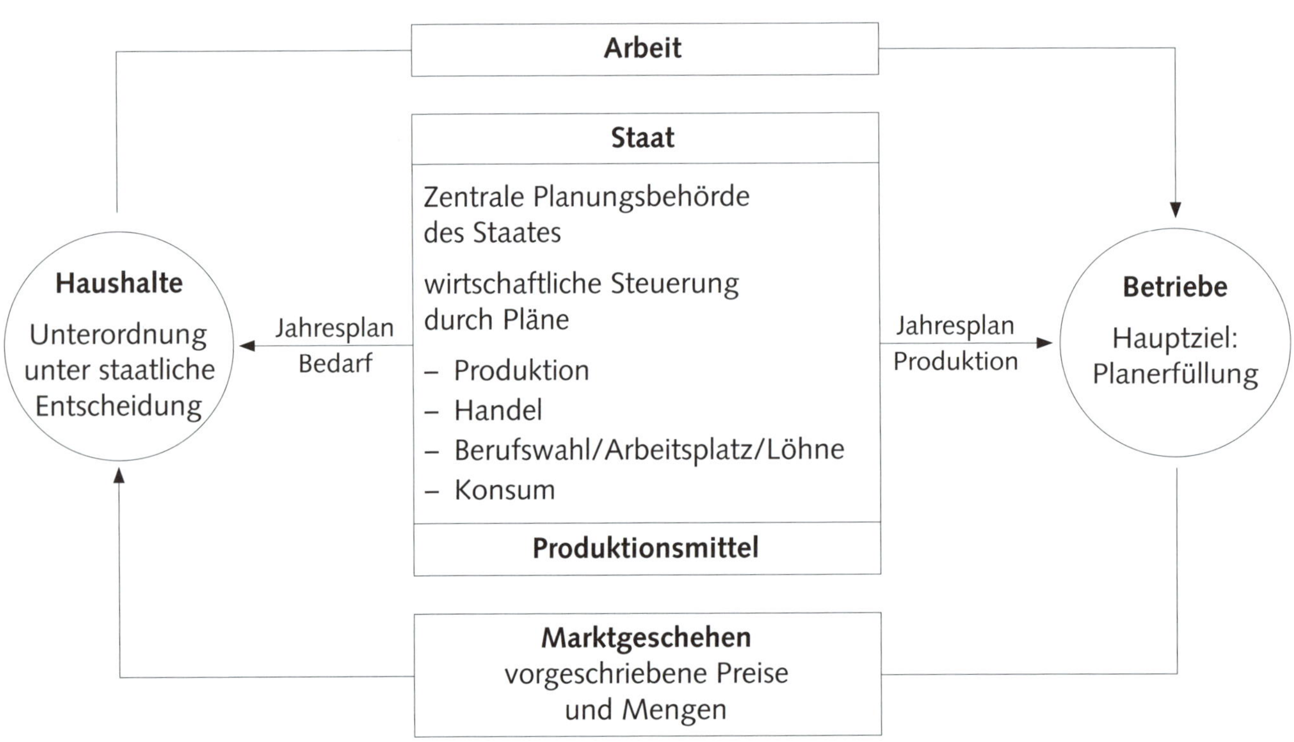

Markteingriffe des Staates 6.02

Der Staat hat im Rahmen seiner Ordnungspolitik eine wirtschafts- und sozialpolitische Gestaltungsfunktion: Die Mittel, die er dazu einsetzt, sind nur insoweit marktkonform (marktgerecht), wie sie eine freie Preisbildung und den Wettbewerb nicht direkt beeinflussen. Mittel oder Maßnahmen, die den Preis- und Wettbewerbsmechanismus einschränken oder gar zu verhindern suchen, sind marktinkonform (marktwidrig).

Die Auswahlantworten **1.**, **2.**, **4.** und **8.** sind richtig. 1 2 4 8

Zu 1. Höchstpreise schützen einseitig den Verbraucher, Mindestpreise schützen einseitig den Produzenten; beide politischen Preissetzungen sind **marktinkonform**.

Zu 2. Eine Kontrolle bzw. Bewirtschaftung der Devisen (= totale Regelung des Zahlungsverkehrs mit dem Ausland mittels direkter Verbote und Gebote) ist **marktinkonform**.

Zu 4. Im Gegensatz zu möglichen Investitionsprämien als Maßnahme zwecks Konjunkturbelebung ist eine staatliche Lenkung privatwirtschaftlicher Investitionen durch Investitionsgebote und -verbote **nicht** mehr **marktkonform**.

Zu 8. Ein Mietenstopp ist als direkte Preisbeeinflussung auf dem Wohnungsmarkt eine **marktinkonforme** Maßnahme des Staates.

Zu 3. *Subventionen* sind als Steuervergünstigungen oder Geldleistungen des Staates an hilfsbedürftige Unternehmen *marktgemäße Gestaltungsmaßnahmen* des Staates.

Zu 5. Der Staat ist gesetzlich dazu ermächtigt, *Steuern erhöhen* bzw. senken zu können, um die Gesamtnachfrage *marktgerecht* beeinflussen zu können.

Zu 6. Der Staat kann durch *Abschreibungsvergünstigungen* (Sonderabschreibungen) die Investitionsbereitschaft der Unternehmen im Interesse der Gesamtwirtschaft stimulieren (*marktkonform*).

Zu 7. Das Zahlen von *Wohngeld* ist eine sozialpolitische Maßnahme des Staates, die mit der Konzeption der Sozialen Marktwirtschaft vereinbar (also *marktkonform*) ist.

Entscheidungsträger der Wirtschaft 6.03

a) Der Bundesminister der Finanzen gehört der Bundesregierung, und damit der **exekutiven** Gewalt des Staates an.	2
b) Arbeitgeberverbände und Gewerkschaften handeln als **Tarifpartner** Einzel- und Manteltarifverträge aus (Gesamtvereinbarungen).	4
c) Die Gesamtheit der Maßnahmen zur Steuerung des Geldumlaufs und der Kreditversorgung obliegt der **Zentralbank**. Die Deutsche Bundesbank ist die Zentralbank der Bundesrepublik Deutschland und integraler Bestandteil des Europäischen Systems der Zentralbanken (ESZB).	3
d) Gesetze, so auch das Umsatzsteuergesetz, werden vom Parlament verabschiedet (unberührt bleibt die Zustimmungsbedürftigkeit durch den Bundesrat). Die **Legislative** gehört neben der Judikative und Exekutive (siehe a)) zu den drei Gewalten des Staates.	1
e) Der Ecklohn bildet den tariflichen Bezugspunkt für Lohngestaltungen der **Tarifpartner**.	4

6.04 Steuerarten

Die Einteilung der Steuerarten in Besitz-, Verkehr- und Verbrauchsteuern erfolgt unter dem Gesichtspunkt der Steuerquelle. So knüpfen die Besitzsteuern an Einkommen, Ertrag und Vermögen, die Verkehrsteuern an Vorgänge des Rechts- und Wirtschaftsverkehrs an, die Verbrauchsteuern haben die Erstellung von Gütern und Diensten zum Steuergegenstand. Verbrauchsteuern werden auch als „Ausgabesteuern" bezeichnet, da sie nicht an den Verbrauch, sondern an die Ausgabe von Einkommen anknüpfen, Verbrauchsteuern sind sehr ergiebig, weil sie auch denjenigen treffen, der nicht zur Einkommensteuer herangezogen wird.

Als „indirekt" bezeichnet man die Steuern, die der Steuerschuldner auf eine andere Person abwälzen kann (z. B. ist die Umsatzsteuer eine Endverbrauchersteuer); sind dagegen Steuerschuldner und Steuerträger identisch (z. B. bei der Einkommensteuer, die ja nicht auf Dritte abgewälzt werden kann), spricht man von „direkter" Besteuerung.

Steuerbeispiele	A	B
a) Die Grundsteuer ist eine direkte Besitzsteuer.	1	3
b) Der Erwerb von Grund und Boden ist ein Vorgang des Rechts- und Wirtschaftsverkehrs (direkte Verkehrsteuer).	1	4
c) Direkte Verkehrsteuer	1	4
d) Die Biersteuer ist eine abwälzbare Verbrauchsteuer.	2	5
e) Wie alle Verbrauchsteuern ist die Mineralölsteuer eine abwälzbare (indirekte) Steuer.	2	5
f) Direkte Besitzsteuerart	1	3
g) Abwälzbare Verkehrsteuer	2	4
h) Direkte Besitzsteuer	1	3
i) Direkte Besitzsteuer	1	3
j) Direkte Besitzsteuer	1	3

<table>
<tr><th></th><th colspan="2">Besitzsteuer</th><th>Verkehrsteuer</th><th>Verbrauchsteuer</th></tr>
<tr><td>Kurze Begriffserläuterung
Steuerempfänger</td><td colspan="2">Grundlage zur Berechnung der Steuer sind das Vermögen, das Einkommen oder der Ertrag</td><td>Grundlage zur Berechnung der Steuer sind Vorgänge des Rechts- oder Wirtschaftsverkehrs</td><td>Abgaben für den Verbrauch oder Gebrauch bestimmter Waren, Steuerlast trägt der Verbraucher</td></tr>
<tr><td>Bund</td><td rowspan="2">Einkommenssteuer, Gewerbesteuerumlage, Kapitalertragsteuer, Körperschaftsteuer</td><td>Solidaritätszuschlag</td><td>Kraftfahrzeug-, Versicherungsteuer</td><td>Alkopop-, Branntwein-, Energie-, Kaffee-, Schaumwein-, Strom-, Tabak-, Zwischenerzeugnissteuer</td></tr>
<tr><td>Länder</td><td>Erbschafts- und Schenkungsteuer</td><td>Feuerschutzsteuer, Grunderwerbssteuer, Lotteriesteuer, Spielbankabgabe</td><td>Biersteuer</td></tr>
<tr><td>Gemeinden</td><td colspan="2">Anteil an der Kapitalertragsteuer, Einkommenssteueranteil, Gewerbeertragssteuer, Grundsteuer</td><td>Anteil am Umsatzsteuer Aufkommen, Schankerlaubnissteuer</td><td>u. a. Betten-, Getränke-, Hunde-, Vergnügungs-, Zweitwohnsitzsteuer</td></tr>
</table>

Abgaben, Beiträge, Gebühren 6.05

Die Auswahlantworten **3.** und **4.** sind richtig. 3 4

Eingangsabgaben sind Zölle, Abschöpfungen, Verbrauchsteuern (z. B. Schaumweinsteuer, Mineralölsteuer, Tabaksteuer etc.) **und die Einfuhrumsatzsteuer**. Eingangsabgaben fallen an bei Importen aus Drittländern (Länder, die nicht zum Erhebungsgebiet der Europäischen Union zählen). Eingangsabgaben in Form von Verbrauchssteuern und Einfuhrumsatzsteuer fallen auch an, wenn ein Warenversand zwischen zwei EU-Staaten erfolgt.

Zu 1. Während *Steuern* allgemein als Zwangsabgaben ohne spezielle Entgeltlichkeit bezeichnet werden, sind Gebühren finanzwirtschaftliche Abgaben, die als Entgelt für eine spezielle Gegenleistung (z. B. Müllabfuhr, Ausstellen von Reisepässen) einer Behörde oder öffentlichen Anstalt erhoben werden.

Zu 2. *Beiträge* sind wie Gebühren ebenfalls Abgaben für spezielle Gegenleistungen seitens des Gemeinwesens. Im Gegensatz zu den Gebühren müssen Beiträge nicht im Verhältnis zur Leistung stehen, d. h. es ergibt sich nur eine mittelbare Inanspruchnahme einer öffentlichen Leistung (z. B. Kostenbeteiligung über Erschließungsbeiträge der Grundstückseigentümer).

Zu 5. IHK-Beiträge sind öffentliche Abgaben (ohne Anspruch auf konkrete Gegenleistung) für die Mitgliedschaft der eingetragenen Unternehmen bei der zuständigen Industrie- und Handelskammer.

Zu 6. Die Zollvorlageprovision erhält der Spediteur für seine Diensteistung bei der Abwicklung von Importaufträgen. Führt er hierbei für den Kunden die Eingangsabgaben an das zuständige Hauptzollamt ab, kann er dafür eine ihn für die Vorfinanzierung entschädigende Vorlageprovision berechnen.

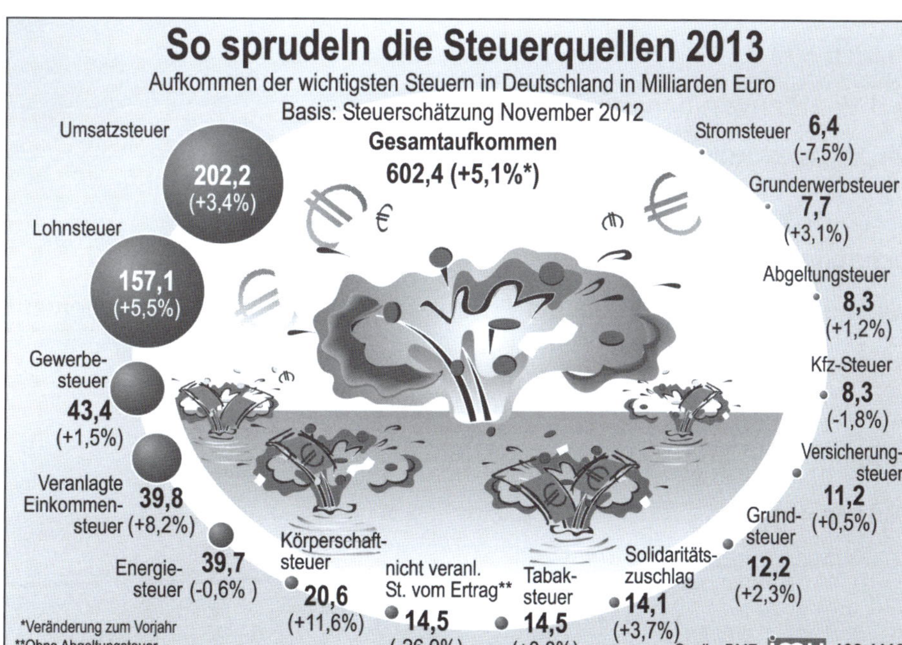

6.06 Sozialprodukt

Teil I

Das Sozialprodukt ist die Summe der in Geld bewerteten jährlichen Güterproduktion (Sachgüter und Dienstleistungen) einer Volkswirtschaft.

Mittels dreier Verfahren kann das Sozialprodukt berechnet werden:

1. **Entstehungsrechnung**

   Hierbei wird das Sozialprodukt über die Summe der Wertschöpfung aller Wirtschaftsbereiche einer Volkswirtschaft bestimmt:

   - Landwirtschaft, Forstwirtschaft, Fischerei
   - Warenproduzierendes Gewerbe = c)
   - Handel und Verkehr = b)
   - Dienstleistungsunternehmen
   - Staat = f)
   - Private Haushalte = f)

   Die Erfassung des Sozialproduktes am Ort der Entstehung zeigt den Beitrag, den der einzelne Wirtschaftsbereich zum Sozialprodukt beigetragen hat. Hierdurch wird die Produktionsstruktur einer Volkswirtschaft erkennbar.

2. **Verwendungsrechnung**

   Das Sozialprodukt kann auf vierfache Weise verwendet werden:

   - Privater Verbrauch = e)
   - Staatsverbrauch = e)
   - Anlage- und Vorratsinvestitionen = h)
   - Export(überschuss) = Außenbeitrag

3. **Verteilungsrechnung**

   Sie gibt Auskunft darüber, wem das bei der Produktion entstandene Einkommen zufließt:

   - Einkommen aus nichtselbstständiger Arbeit = d)
   - Einkommen aus Unternehmertätigkeit und Vermögen = a)
   - Indirekte Steuern (abzüglich Subventionen)
   - Abschreibungen = g)

a)	3
b)	1
c)	1
d)	3
e)	2
f)	1
g)	3
h)	2

Sozialprodukt 6.06

Teil II

Die Aussagen **3.** und **4.** sind richtig. 3 4

Zu 3. 998,70 Mrd. EUR verhalten sich zu 199,74 Mrd. EUR wie 5 : 1 (998,7 : 199,74 = 5).

Zu 4. Der Außenbeitrag ist die positive bzw. negative Differenz zwischen den Aus- und Einfuhrleistungen. Überwiegen die Exporte die Importe, ist der Außenbeitrag positiv. Hier ist der Außenbeitrag negativ, da die Exporte um 59,3 Mrd. EUR niedriger als die Importe ausfallen (332,9 - 392,2 = - 59,3).

Zu 1. Lediglich die Exporte (nicht der Außenbeitrag) machen mit 332,9 Mrd. EUR 1/3 des Privatkonsums aus (998,7 : 332,9 = 3).

Zu 2. Der Außenbeitrag ist nur positiv, wenn die Exporte die Importe übertreffen.

Zu 5. Die Bruttoinvestitionen betragen lediglich 50 % des Exportes (und nicht des Außenbeitrages).

Zu 6. Die 725,1 Mrd. EUR ergeben sich als Summe aus Import und Export. Dies ist aber nicht der Außenbeitrag.

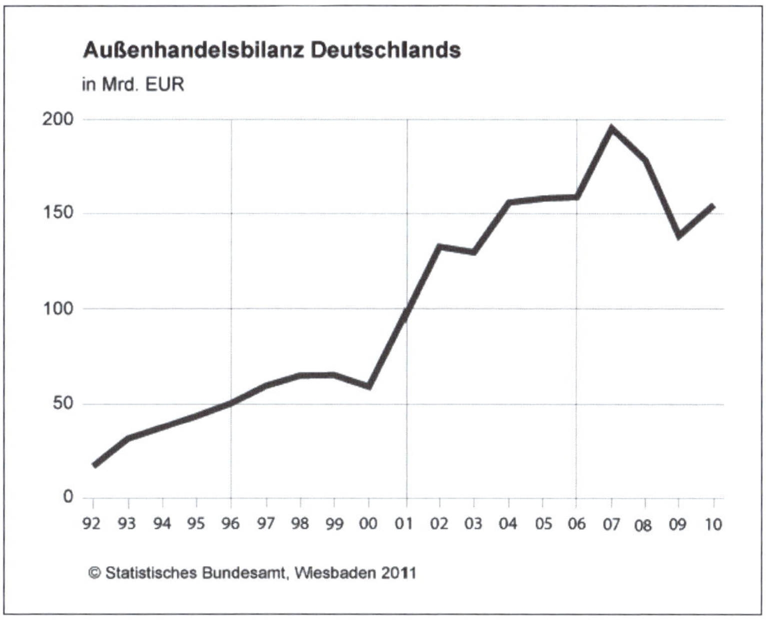

6.07 Volkseinkommen

Berechnung:

	Bruttonationaleinkommen zu Marktpreisen	1.350 Mrd. GE
./.	Abschreibungen	150 Mrd. GE
=	Nettonationaleinkommen zu Marktpreisen	1.200 Mrd. GE
./.	Produktions- und Importabgaben an den Staat	200 Mrd. GE
+	Subventionen	20 Mrd. GE
=	Nettonationaleinkommen zu Faktorkosten (= Volkseinkommen)	1.020 Mrd. GE

Mrd. GE

1 0 2 0

Das *Bruttonationaleinkommen zu Marktpreisen* ist der um Vorleistungen der Vorlieferanten bereinigte Bruttoproduktionswert einer Volkswirtschaft z. B. der Deutschlands, der gegen Entgelt abgesetzt wird.

Im Entgelt sind anteilig auch die *Abschreibungen* enthalten, die vom Unternehmer für Ersatzbeschaffungen verwendet und bereitgehalten werden müssen. Sie führen nicht zu verfügbarem Einkommen und sind daher abzuziehen.

Das so ermittelte *Nettonationaleinkommen zu Marktpreisen* ist ferner um die *Produktions- und Importabgaben* zu verringern. Produktions- und Importabgaben sind all die Steuern, die der Unternehmer bei der Gewinnermittlung abziehen darf, wie z. B. Umsatzsteuer, Mineralölsteuer und Zölle. Sie werden beim Unternehmen also auch nicht zu verfügbarem Einkommen.

Andererseits überträgt der Staat Einkommen an Unternehmen, ohne dafür Gegenleistungen zu erhalten. Diese *Subventionen* werden an Unternehmen gezahlt, wenn sie aus wirtschafts- und sozialpolitischen Gründen erhalten werden sollen; Subventionen werden also in den betreffenden Unternehmen zu verfügbarem Einkommen.

Die nach Berücksichtigung der Produktions- und Importabgaben und Subventionen entstehende Summe ist das *(Netto-)Volkseinkommen*. Das Nettovolkseinkommen wird auch als *Nettonationaleinkommen zu Faktorkosten* bezeichnet. Es ist die Summe aller Erwerbs- und Vermögenseinkommen, die Inländern zugeflossen ist (empfangenes Arbeitsentgelt sowie Unternehmens- und Vermögenseinkommen).

Information

Das Bruttonationaleinkommen (BNE)

- ✓ bildet die Grundlage von Einkommensrechnungen, z. B. auch die Grundlage der Beitragsberechnungen für die Europäische Union nach dem sogenannten **Inländerprinzip**.
- ✓ ist die Summe der Marktwerte aller Güter und Dienstleistungen, die während eines bestimmten Zeitraumes (meist 1 Jahr) **von** den ständigen Einwohnern einer Verwaltungseinheit – also den sog. **Inländern** eines Landes – **produziert** wird bzw. die Summe der daraus resultierenden Einkommen einschließlich der Abschreibungen – daher Nationaleinkommen.
- ✓ Entscheidend dabei ist nicht, dass die Wertschöpfung innerhalb des Landes z. B. Deutschlands erbracht wird, sondern, dass sie von einer in Deutschland lebenden Person (Inländer) produziert wird. Damit grenzt sich das BNE vom BIP dem Bruttoinlandsprodukt ab.

Einkommensverteilung 6.08

a) **Kapital** ist im Gegensatz zu den ursprünglichen (originären) Produktionsfaktoren Boden und Arbeit ein **abgeleiteter (derivativer) Faktor**. 2

b) Das dem Kapital funktionell zuzuordnende **Einkommen** ist der **Zins** (z. B. Darlehenszinsen für die zeitlich beschränkte Überlassung von Kaufkraft). 4

c) Zins und Grundrente gehören zum sog. **Besitzeinkommen**, welches aus dem Besitzrecht an Kapital und Boden erzielt wird.

Das Besitzeinkommen wiederum bildet zusammen mit dem Lohn, Einkommen aus vertraglicher Vereinbarung, wie z. B. Kredit-, Pacht- und Arbeitsverträge. Deshalb bezeichnet man Zins, Grundrente und Lohn als **Kontrakteinkommen** (Kontrakt = Vertrag). 1

d) Neben Kapital und Arbeit zählt der **Boden** zu den **Produktionsfaktoren**. 5

e) Der kalkulatorische **Unternehmer-Zins** ist das Entgelt für den Einsatz von **Eigenkapital** im Unternehmen. 9

f) Der Unternehmer selbst kann seine Arbeitskraft, seinen Grundbesitz, sein Eigenkapital einsetzen, um Einkommen zu erzielen. Hierin ist ein zusätzlicher, und zwar **dispositiver Faktor** zu sehen. 7

g) Als Entgelt für **unternehmerisches Wagnis** kann der Unternehmer eine kalkulatorische **Risikoprämie** ansetzen, deren Höhe von den branchenspezifischen Wagnissen abhängt. 8

h) Unternehmerzins, -grundrente, -risikoprämie, -lohn und -gewinn bezeichnet man als **Unternehmereinkommen**. 3

i) Der Teil, der nach Abzug von Unternehmerzins, -grundrente, -risikoprämie und -lohn vom Unternehmereinkommen quasi als Rest übrigbleibt, ist der eigentliche **Unternehmergewinn** (Rest = Residualeinkommen). Der Unternehmergewinn wird immer dann einbehalten (= thesauriert), wenn er im Rahmen der Selbstfinanzierung zur Tätigung von Neuinvestitionen benötigt wird. 6

6.09 Stabilitätsgesetz, magisches Viereck

Teil I

a) Die durch das Wachstum angestiegene Gütermenge einer Volkswirtschaft wird in der Regel über verstärkte Exportaktivitäten inländischer Unternehmer abgebaut. Da Wachstum aber auch die Einkommen vergrößert hat, wird die inländische Nachfrage zunehmen. Diese Zunahme tritt meist zeitlich verzögert ein, sodass im Inland aufgrund des gestiegenen Exportes die Gütermenge knapp geworden ist. Auch sind die Importleistungen nicht in der Lage, die Güterlücke zu schließen. Damit steht einer großen Nachfrage ein verhältnismäßig geringes Angebot gegenüber; die Preise steigen (inflationistische Tendenz; Zielkonflikt zwischen Wachstum und Geld- bzw. Preisniveaustabilität).	2 - 4 : 5 auch 4 - 2 : 5
b) Eine wachsende Wirtschaft ist durch Erhöhung der Beschäftigtenzahlen möglich. Mehr Beschäftigte erzielen mehr Einkommen, welches wiederum die Nachfrage und damit das Wachstum vergrößert (Zielharmonie zwischen Wachstum und Vollbeschäftigung).	1 - 4 : 6 auch 4 - 1 : 6
c) Um das außenwirtschaftliche Gleichgewicht wiederherstellen zu können, muss der Exportüberschuss abgebaut werden. Arbeitskräfte werden freigesetzt, der Nachfrage geht Einkommen verloren; das Wachstum verringert sich und wird im Extremfall negativ (Zielkonflikt zwischen außenwirtschaftlichem Gleichgewicht und dem Wachstum einer Volkswirtschaft).	3 - 4 : 5 auch 4 - 3 : 5
d) Der abgebaute Exportüberschuss bringt aber auch das Verhältnis von inländischer Gütermenge und Geldmenge ins Gleichgewicht; der Kaufkraftschwund wird gestoppt, die Preise gehen zurück, der Geldwert stabilisiert sich (Zielharmonie zwischen außenwirtschaftlichem Gleichgewicht und Geld- bzw. Preisniveaustabilität).	2 - 3 : 6 auch 3 - 2 : 6

Stabilitätsgesetz, magisches Viereck 6.09

Teil II

a) Die Kurve 2 stellt den Zielkonflikt zwischen Vollbeschäftigung und Preisniveaustabilität dar (sog. kurzfristig gültige „Phillipskurve"). Trifft man in der Waagerechten vom Wert 7 der Inflationsrate ausgehend auf die degressiv verlaufende Kurve und fällt in diesem Punkte das Lot auf die x-Achse, ergibt sich der Wert für die Arbeitslosenquote (dieser Wert liegt in der für eine Vollbeschäftigung angenommenen Quotentoleranz von ein bis drei Prozent). 2

b) Die gleichgerichtete Entwicklung von Inflation und Arbeitslosigkeit bei der Kurve 1 ist typisch für eine Stagflation, wie z. B. Mitte der 70er-Jahre (Inflation in Verbindung mit einem Rückgang der Beschäftigung). 1

c) Die Annahme, dass zwischen den Variablen Inflation und Arbeitslosigkeit eine umgekehrte Beziehung bestehe, geht auf den englischen Nationalökonomen A. W. Phillips zurück, der diese Entwicklung in England seit 1861 beobachtete (Phillipskurve). Spätere Untersuchungen konnten diese Annahme jedoch nicht (zumindest nicht langfristig) bestätigen. 2

d) Eine Deflation (Gegenstück zu Inflation) zeichnet sich durch anhaltendes Sinken des Preisniveaus (negative Preissteigerungsraten) verbunden mit zunehmender Arbeitslosigkeit aus. Im unteren Verlauf der Kurve 3 lässt sich eine solche Entwicklung erkennen. 3

e) Im oberen Teil der Kurve 3 verläuft die Phillipskurve vertikal zur Preisachse; nur bei höherer Arbeitslosigkeit (hier > 4 %) „biegt" die Kurve rechts ab (sog. „langfristige" Phillipskurve). 3

Zielkonflikte – und Zielharmonien + im „Magischen Viereck":

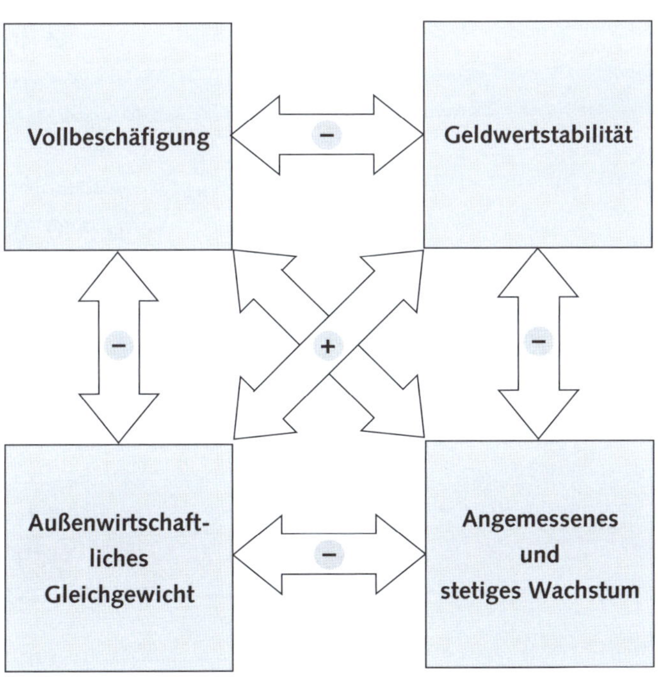

6.10 Verkehrsgleichung (nach I. Fisher)

a) Die Größen der Fisher'schen Verkehrsgleichung haben folgende Bedeutung:

G = Geldmenge
U = Umlaufgeschwindigkeit
H = Handelsvolumen
P = Preisniveau

Bei Auflösung der Ausgangsgleichung nach P ergibt sich:

$$P = \frac{G \cdot U}{H} = \frac{500.000 \cdot 20}{1.250.000} = \underline{\underline{8}}$$

GE: 8

b) Durch die Veränderung der Größen U und H ergibt sich ein neues Preisniveau:

$$P = \frac{500.000 \cdot [20 + (0{,}5 \cdot 20)]}{1.250.000 + (1 \cdot 1.250.000)}$$

$$= \frac{500.000 \cdot 30}{2.500.000}$$

$$= 6$$

Durch Veränderung der Umlaufgeschwindigkeit und des Handelsvolumens ist das Preisniveau von ursprünglich 8 GE auf 6 GE gesunken:

Vorher: 8 GE = 100 %
Nachher: 6 GE = 75 %

Veränderung:

100 % – 75 % = $\underline{\underline{25\ \%}}$

Das Preisniveau ist um 25 % gesunken!

%: 25

ca) Die Formel wird nach H umgestellt:

$$H = \frac{G \cdot U}{P} = \frac{100 \cdot 12}{1{,}0} = \underline{\underline{1.200}}$$

Handelsvolumen: 1200

cb) Die Formel wird nach G umgestellt:

$$G = \frac{H \cdot P}{U} = \frac{1.800 \cdot 1{,}0}{12} = \underline{\underline{150}}$$

Geldmenge in Tsd.: 150

cc) Die P-Formel (vgl. Erläuterung zu a)):

$$P = \frac{G \cdot U}{H} = \frac{200 \cdot 12}{1.800} = 1{,}333 \approx \underline{\underline{1{,}3}}$$

Preisniveau: 1,3

cd) Die Formel wird nach U umgestellt:

$$U = \frac{H \cdot P}{G} = \frac{1.800 \cdot 1{,}5}{200} = \underline{\underline{13{,}5}}$$

Umlaufgeschwindigkeit: 13,5

Kaufkraft, Konsum und Preisindex 6.11

Teil I

Die Auswahlantworten **2.**, **3.** und **4.** sind richtig. 2 3 4

Zu 2. Die Kaufkraft wird größer.

Zu 3. Die Kaufkraft wird größer.

Zu 4. Eine deflatorische Entwicklung bedeutet, dass in einer Volkswirtschaft eine Überversorgung mit Gütern erfolgt, sodass der gleich gebliebenen Geldmenge mehr Güter als zuvor gegenüberstehen. Für eine Geldeinheit erhalte ich also jetzt mehr Güter als vorher, der Wert des Geldes ist gestiegen.

Zu 1. Die Kaufkraft wird kleiner.

Zu 5. Steigen die Preise, muss ich für die gleiche Gütermenge mehr Geld als vorher aufwenden, d. h. die Kaufkraft sinkt.

Zu 6. Eine inflatorische Entwicklung bedeutet, dass in einer Volkswirtschaft eine Unterversorgung mit Gütern vorliegt. Einer höheren Geldmenge steht somit eine niedrigere Gütermenge gegenüber. Erhöht sich die Umlaufgeschwindigkeit des Geldes wird der inflatorische Effekt noch verstärkt. Für eine Geldeinheit erhalte ich also jetzt weniger Güter als vorher; der Wert des Geldes ist gesunken.

Zu 7. Der stärkere Anstieg der Exportquote bedeutet, dass mehr Güter aus- als eingeführt wurden. Es kommt zur Unterversorgung der Volkswirtschaft mit Gütern. Vgl. auch Erläuterungen zu 6.

Wie viel von einer Gütermenge man für eine Geldeinheit kaufen kann, hängt vom Kauf- oder Tauschwert des Geldes ab.

Beispiel:

1 Liter Milch kostet 1,00 €. Steigt der Literpreis auf 2,00 €, so erhalte ich jetzt für die gleiche Menge Geld (1,00 €) nur noch eine geringere Menge Milch als zuvor (½ Liter), d. h., steigt das Preisniveau um 100 % (von 1,00 € auf 2,00 €), so sinkt die Kaufkraft des Geldes um 50 % (halbe Menge zum selben Preis oder: der Euro ist jetzt nur noch 50 Cent wert).

Somit steht die Kaufkraft im umgekehrten Verhältnis zum Preisniveau:

$$\text{Geldwert} = \frac{1}{\text{Preisniveau}}$$

GE = Geldeinheiten
GW = Geldwert
t = Zeit

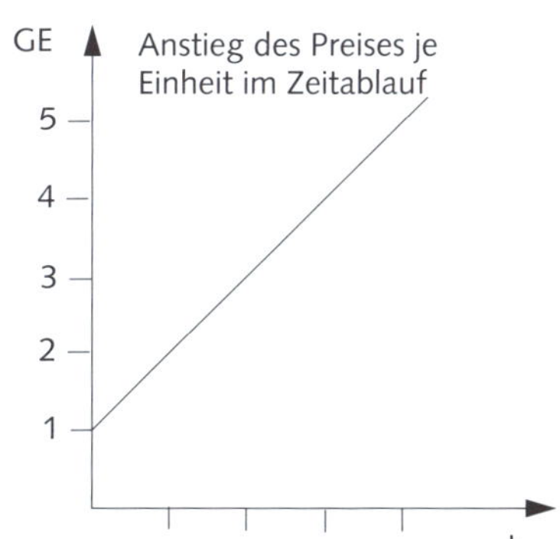

Steigt der Literpreis bei Milch von 1 auf 2, 3, 4 oder 5 € je Zeiteinheit, so fällt der Geldwert schließlich auf $^1/_5$.

6.11 Kaufkraft, Konsum und Preisindex

Teil II

a) Ausgangsfall: 1 € = 1 Liter

Kaufkraft steigt um $^1/_3$:

1 € = 1 $^1/_3$ Liter

Wie viel Euro kostet 1 Liter?

$$1\ ^1/_3 \text{ Liter} = 1\ €$$
$$1 \text{ Liter} = x$$
$$x = \frac{1}{^4/_3} = 0{,}75\ €$$

Der Preis für 1 Liter ist also von 1,00 € auf 0,75 € gesunken, (das sind **25 %**).

%	
2	5

b) Ausgangsfall: 1 Liter = 1 €

Preisniveau steigt um 50 %:

1 Liter = 1,50 €

Wie viel Liter bekomme ich für 1 €?

$$1{,}50\ € = 1 \text{ Liter}$$
$$1\ € = x$$
$$x = \frac{1}{1{,}5} = 0{,}\overline{6}$$

Die Menge für 1 € ist also von 1 Liter auf $0{,}\overline{6}$ Liter gesunken, (das sind **33,33 %**).

%		,
3	3	3

Kaufkraft, Konsum und Preisindex 6.11

Teil III

aa) Die Konsumquote des Jahres 2011 betrug **88,8 %**.

% , 8 8 | 8

$$\text{Konsumquote (\%)} = \frac{(\text{Verfügbares Einkommen} - \text{Ersparnisse}) \cdot 100}{\text{Verfügbares Einkommen}}$$

$$= \frac{(1.588{,}2 - 178{,}5) \cdot 100}{1.588{,}2}$$

$$= \underline{\underline{88{,}8}}$$

ab) Die Konsumausgaben für 2010 lagen bei **1.374,7 Mrd. €**.

Mrd. € , 1 3 7 4 | 7

Konsumausgaben = Verfügbares Einkommen – Ersparnisse

$$\text{Verfügbares Einkommen (2010) in Mrd. €} = \frac{\text{Verfügbares Einkommen (2011)} \cdot 100}{100 + 3{,}1}$$

$$= \frac{1.588{,}2 \cdot 100}{103{,}1}$$

$$= 1.540{,}4$$

$$\text{Ersparnisse (2010) in Mrd. €} = \frac{\text{Ersparnisse (2011)} \cdot 100}{100 + 7{,}7}$$

$$= \frac{178{,}5 \cdot 100}{107{,}7}$$

$$= 165{,}7$$

	Verfügbares Einkommen (2010):	1.540,4 Mrd. €
–	Ersparnisse (2010):	165,7 Mrd. €
=	Konsumausgaben (2010):	= 1.374,7 Mrd. €

ac) Die Sparquote für 2010 betrug **10,8 %**.

% , 1 0 | 8

$$\text{Sparquote (\%)} = \frac{\text{Ersparnisse} \cdot 100}{\text{Verfügbares Einkommen}}$$

$$= \frac{165{,}7 \cdot 100}{1.540{,}4}$$

$$= \underline{\underline{10{,}8}}$$

6.11 Kaufkraft, Konsum und Preisindex

Teil III

b) Die Aussage **4.** ist **nicht** zutreffend! 4

Das Realeinkommen (2012) lag bei 1.490,5 Mrd. € (Siehe Erläuterungen zu Aussage 2.).

$$\text{Realeinkommen (2011) in Mrd. €} = \frac{1.588{,}2 \cdot 100}{106{,}6} = 1.489{,}9 \text{ Mrd. €}$$

Die Realeinkommen differieren demnach um 0,6 Mrd. € (1.490,5 – 1.489,9). Das sind 0,04 % Veränderung und nicht 0,4 %:

1.489,9 Mrd. € = 100 %
0,6 Mrd. € = ? %

$$? \,\% = \frac{100 \cdot 0{,}6}{1.489{,}9} = 0{,}04\,\%$$

Die zufällig gleich hohe prozentuale Veränderung beim verfügbaren Einkommen und bei dem Preisindex lässt nicht auf einen gleich hohen Anstieg des Realeinkommens schließen.

Zu 1. Die Aussage ist zutreffend.

	Verfügbares Einkommen (2012):	1.594,8 Mrd. €
–	Ersparnisse (2012):	180,1 Mrd. €
=	Konsumausgaben (2012)	1.414,7 Mrd. €

	Verfügbares Einkommen (2011):	1.588,2 Mrd. €
–	Ersparnisse (2011):	178,5 Mrd. €
=	Konsumausgaben (2011)	1.409,7 Mrd. €

	Konsumausgaben (2012):	1.414,7 Mrd. €
–	Konsumausgaben (2011):	1.409,7 Mrd. €
=	Anstieg	5,0 Mrd. €

Fortsetzung auf der nächsten Seite

Kaufkraft, Konsum und Preisindex 6.11

Fortsetzung

Zu 2. Die Aussage trifft ebenfalls zu.

$$\text{Realeinkommen in Mrd. €} = \frac{\text{Verfügbares (nominales) Einkommen} \cdot 100}{\text{Preisindex}}$$

$$= \frac{1.594{,}8 \cdot 100}{107{,}0}$$

$$= 1.409{,}5$$

Zu 3. Die Aussage stimmt.

$$\text{Konsumquote (\%)} = \frac{(\text{Verfügbares Einkommen} - \text{Ersparnisse}) \cdot 100}{\text{Verfügbares Einkommen}}$$

$$= \frac{(1.594{,}8 - 180{,}1) \cdot 100}{1.594{,}8}$$

$$= 88{,}7$$

88,7 % von 1.000 € sind 887 €.

Zu 5. Die Aussage trifft zu.

Als Basisjahr für die Preisentwicklung wurde das Jahr 2008 gewählt. Hier beträgt der Ausgangspreisindex 100 (%). Da der Index im Jahr 2012 bei 107,0 (%) lag, sind die Preise der Verbrauchsgüter um 7 % gestiegen:

$$100\ \% = 500\ €$$
$$7\ \% = ?\ €$$

$$?\ € = \frac{500 \cdot 7}{100}$$

$$= 35\ €$$

6.12 Inflation und Deflation (Auswirkungen)

Die Auswahlantworten **4.**, **6.**, **7.**, **10.**, **12.** und **13.** sind richtig. 4 6 7 10 12 13

Deflation:

Verfügt eine Volkswirtschaft über ungleich größere Gütermengen, als die vorhandene Geldmenge zu kaufen imstande ist, spricht man von Deflation (lat. = abblasen). Aufgrund des hohen Güterangebotes sinken die Preise (**12.**); die Kaufkraft steigt (**13.**); da der Kostendruck der Anbieter immer unerträglicher wird, müssen Arbeitskräfte freigesetzt werden (**4.**); Schuldner müssen kaufkräftigeres Geld für einst kaufkraftschwächeres Geld zurückzahlen (**7.**) (**10.**); wegen der geringen Einkünfte sinkt das Steueraufkommen des Staates (**6.**)

Inflation:

Ist in einer Volkswirtschaft die Geldmengenausstattung der Nachfrage ungleich größer als die Gütermengenausstattung des Angebots, herrscht Inflation (lat. = aufblühen). Auf den Angebotsmärkten steigen die Preise in verstärktem Maße an (**3.**); um der hohen Nachfrage gerecht zu werden, arbeitet die Güterproduktion auf Hochtouren, der Beschäftigtenstand ist hoch (**1.**), das Steueraufkommen des Staates steigt (**2.**), hohe Lohnkosten verteuern die Produkte, die Kaufkraft schwindet (**5.**); Sparer verlieren, was sie an Zinsen gewinnen, Schuldner zahlen einst „gutes" Geld mit „schlechtem" Geld zurück (**8.**) (**11.**); um Werte zu sichern, flüchten die Menschen in die Sachwerte (**9.**).

Inflation (Ursachen) 6.13

a) Sind Preiserhöhungen nicht Folge einer verstärkten Nachfrage, sondern in der Ausübung von einer Angebotsmarktmacht begründet, so spricht man von einer **Gewinninflation**. 2

b) Eine **Fiskal- oder Staatsinflation** liegt vor, wenn über das normale Steueraufkommen hinaus vom Fiskus noch verstärkt Kredite im Bankensystem aufgenommen werden. Führen die dadurch finanzierten Staatsausgaben vorwiegend zu Einkommenseffekten (also ohne nennenswerte Vergrößerung des Güterangebotes), tritt eine inflatorische Entwicklung ein. 4

c) Führt die Preissteigerung bei der Entlohnung der Produktionsfaktoren (Löhne, Zinsen, Grundrenten) nicht zu einer gleichzeitigen Produktivitätssteigerung, liegt eine **Kosteninflation** vor. 1

d) Exportüberschüsse verkleinern die Güter- und vergrößern die Geldmenge (Devisenzufluss) im Inland; Zahlungsbilanzüberschüsse entstehen. Verstärkt werden kann die **importierte Inflation** auch durch Kapitalzuflüsse aus dem Ausland infolge eines höheren inländischen Zinsniveaus. 6

e) Investieren die Unternehmen verstärkt in produzierte Produktionsmittel (z. B. Maschinen), kann dieser Nachfrageanstieg zu Preiserhöhungen in der **Investition**sgüterindustrie führen, die auch auf die Konsumgüterindustrie durchschlagen können. 5

f) Da sich Spar- und Konsumquote zum verfügbaren Einkommen der privaten Haushalte ergänzen, bedeutet das Sinken der Sparquote die Ausweitung des privaten Konsums, der über Lohnerhöhungen, gestiegene Sozialleistungen oder Kreditaufnahme verstärkt werden kann. Kann nun das Güterangebot wegen Kapazitätsauslastung nicht mehr erhöht werden (Güterlücke), kommt es zu einer **Konsuminflation**. 3

g) vgl. Erklärung zu b)! 4

Arbeitslosigkeit (Ursachen) 6.14

a) Jahreszeitlich bedingte Arbeitsausfälle zählen zur saisonalen Arbeitslosigkeit. 3

b) Die fortschreitende technologische Änderung von Produktionsverfahren ersetzt zunehmend den Produktionsfaktor Arbeit durch Maschinen (z. B. Rationalisierung durch Automation). 5

c) Strukturelle Arbeitslosigkeit entsteht durch Veränderungen in der Bevölkerungsstruktur sowie bei Wandlungen des Bedarfs (z. B. Arbeitslosigkeit in bestimmten Grenzgebieten durch abwandernde Industrien; Verdrängung der Kohle als Produktionsgrundlage durch Öl). 2

d) Bei konjunkturellem Abschwung geht die Güterproduktion zurück, Arbeitskräfte werden freigesetzt. 1

e) Ursachen, die in der Person des Arbeitnehmers begründet sind und zur Aufgabe der Arbeitsstelle führen, zählen zur subjektiven Arbeitslosigkeit. Je nach Sachlage kann diese verschuldet oder unverschuldet sein. 6

f) Betriebe, die im harten Konkurrenzkampf „aufgerieben" werden und in Konkurs gehen, setzen Arbeitskräfte frei (Friktion = Reibung). 4

6.15 Geld

aa)	Kieselsteine können zwar der Größe, dem Aussehen und dem Gewicht nach beliebig eingeteilt werden, in ihrem Wert sind sie beständig und relativ leicht transportierbar, **keineswegs aber knapp** oder **gar allgemein begehrt** bzw. als Zwischentauschmittel (Geld) anerkannt.	1 und 4
ab)	Ein großes, wertvolles Ölgemälde erfüllt die Eigenschaften „Knappheit, Wertbeständigkeit und allgemeine Begehrtheit bzw. Anerkennung", ist jedoch **nicht sinnvoll teilbar** und auch **nicht leicht zu transportieren**.	2 und 5

ba)	Bei der **Preisauszeichnung** wird der Warenwert in Geldeinheiten ausgedrückt, das Geld fungiert hierbei als Wertmesser, Rechen- und Ausdruckmittel.	1
bb)	Durch **Sparen und Horten** von Geld werden Werte aufbewahrt bzw. gesichert. Beim Sparen tragen die Zinsen zur Wertsicherung bei, beim Horten erfolgt kein Wertzuwachs (über längere Zeit droht Kaufkraftschwund).	3
bc)	Durch die **Gewährung von Krediten** wird Kaufkraft übertragen. Der Preis für die Überlassung von Kaufkraft ist – wie beim Sparen – der Zins.	2
bd)	Die **Zahlungsbilanz** enthält in Mrd. € ausgedrückte Leistungs-, Kapital- und Transaktionswerte.	1

ca)	**Kurantmünzen** sind vollwertig ausgeprägtes Hartgeld; Metall- und Nennwert stimmen i. d. R. überein.	1
cb)	Der Scheck ist ein **Geldsurrogat** (Geldersatzmittel); er kann zwar zahlungshalber als Zahlungsmittel weitergegeben werden, stellt aber lediglich eine schriftliche Anweisung an ein Geldinstitut dar, einen bestimmten Geldbetrag an den berechtigten Inhaber zu zahlen.	5
cc)	Giralgeld ist **stoffloses Geld**. Das Wort „Giro" kommt von „Kreis, Ring". Über Girokonten kann jederzeit verfügt werden, z. B. von Konto zu Konto überwiesen werden, weil die Geldinstitute „ringförmig" miteinander verbunden sind. Das stofflose, entmaterialisierte Giralgeld (Buchgeld) ist als unsichtbares Geld das Zahlungsmittel der Gegenwart und Zukunft; es existiert nur auf den Datenträgern der Geldinstitute.	4
cd)	Eine Banknote über 100 € ist, wie jede Banknote, **stoffwertloses Geld**, d. h., der Materialwert des Papieres liegt i. d. R. weit unter dem Nennwert der Banknote.	3
ce)	Die 2 €-Münze zählt zum sog. **Scheidegeld**. Die Münze ist, im Gegensatz zum Kurantgeld, unterwertig ausgeprägt, d. h., der Materialwert ist niedriger als der Nennwert.	2

Geld 6.15

d) **Diese Definition trifft auf die Geldmenge M 3 zu**. Bei der Strategie des Geldmengenziels ist die Zentralbank bemüht, die Preisstabilität über eine Steuerung der umlaufenden Geldmenge zu erreichen. 3

Repoverbindlichkeiten entstehen durch Verkauf von Wertpapieren und gleichzeitiger Rückkaufsvereinbarung auf Termin. Die Fälligkeit wird entweder von Anfang an festgelegt oder von Tag zu Tag verlängert (open repo). Wirtschaftlich gesehen, handelt es sich beim Repogeschäft um ein Darlehen, das mit Wertpapieren besichert ist.

Zu 1. Die *Geldmenge M 1* umfasst lediglich den Bargeldumlauf und die täglich fälligen Einlagen (Sichteinlagen).

Zu 2. Die Geldmenge M 1 wird erweitert durch Einlagen mit einer Laufzeit bis zu 2 Jahren sowie Spareinlagen mit 3-monatiger Kündigungsrist und somit zur *Geldmenge M 2*.

Die Strategie des ESZB verfolgt als Alternative zum Geldmengenziel im Rahmen des sog. Inflationtargeting ein Inflationsziel. Hierbei wird versucht, eine punktgenau definierte Rate der Geldentwertung in Kauf zu nehmen.

Beide Strategien, Geldmengen- wie Inflationsziel, versucht das ESZB bei seiner Geld politik kombiniert umzusetzen.

ea) Dem Staat obliegt das sog. **Münzregal**. Dies ist ein historisch begründetes Recht, Münzen als gesetzliches Zahlungsmittel prägen zu lassen. Die Münzen werden im Auftrag des Bundesfinanzministeriums nach den Anforderungen der Zentralbank in den Prägeanstalten hergestellt und an die Zentralbank zur Versorgung der Wirtschaft weitergegeben. Die Zentralbank schreibt dem Bund den Nennwert der Münzen gut. Der Münzgewinn (Überschuss über die Produktionskosten) fließt der Bundeskasse zu (vgl. auch Erläuterung zu Scheidegeld unter c). 3

eb) Das an den Staat ausgeliehene Geld der Deutschen Bundesbank bezeichnet man als **„autonomes Geld“**, weil es unabhängig von realen wirtschaftlichen Leistungen geschöpft werden kann. Das ESZB jedoch darf keine Kredite an den Staat vergeben, weil sonst die Gefahr der Finanzierung von Haushaltsdefiziten mittels Notenpresse bestünde. 1

ec) Unter der Annahme, dass die von Bankkunden eingezahlten Gelder nicht in voller Höhe abgerufen werden, bevorraten die Geschäftsbanken lediglich sog. Liquiditätsreserven (Barreserven). Die darüber hinausreichenden Überschüsse (Überschussreserven) können die Banken als Kredite ausleihen. Werden diese Kreditgelder wiederum bei Banken eingezahlt, ergeben sich erneut Liquiditäts- und Überschussreserven. Die Höhe dieser **mehrfach möglichen Kreditschöpfung** hängt ab von der Höhe der Barreservehaltung der Banken. 2

6.16 Wirtschaftliche Ungleichgewichtslagen

6.16.1 Inflation und Deflation (Bekämpfung)

Die Bekämpfung wirtschaftlicher Ungleichgewichtslagen ist im Wesentlichen Geldmengensteuerung, d. h., Geldmenge und Kreditvolumen sollen im Falle der Inflationsbekämpfung verringert, im Falle der Deflationsbekämpfung ausgeweitet werden.

a) Zur Bekämpfung einer Inflation eignen sich die Maßnahmen unter Punkt **2.** und **4.** 2 4

Zu 2. Die Zentralbank führt An- und Verkäufe von Staatspapieren (festverzinsliche Wertpapiere) durch. Bei verstärktem Verkauf dieser Papiere **entzieht sie der Wirtschaft Geld**. Bei diesen Transaktionen ist die Zentralbank auf die Kaufwilligkeit der potenziellen Erwerber angewiesen.

Zu 4. Erhöhte Mindestreserven treffen die Liquidität der Banken sehr empfindlich. **Geld wird knapp**, die Kredite werden teurer.

b) Zur Bekämpfung einer Deflation eignen sich die Maßnahmen unter Punkt **1.** und **3.** 1 3

Zu 1. Die Geschäftsbanken im ESZB müssen einen bestimmten Satz ihrer Verbindlichkeiten aus Einlagengeschäften als Guthaben bei der Zentralbank halten. Senkt die Zentralbank die Mindestreservesätze, *steht den Banken mehr Geld zur Verfügung*, welches sie über Kredite der Wirtschaft weitergeben können.

Zu 3. Durch Rückkauf von Offenmarkttiteln *fließt der Wirtschaft Geld zu*.

Inflation		Deflation	
Geldwert sinkt	–	Geldwert steigt	+
Güter knapp	–	Güter im Überangebot	+
Nachfrage steigt	+	Nachfrage sinkt	–
Produktion wird erhöht	+	Produktion wird verringert	–
Steigende Umlaufgeschwindigkeit	+	Sinkende Umlaufgeschwindigkeit	–
Maßnahmen		Maßnahmen	
▼		▼	
Verringerung der Geldmenge		Schaffung zusätzlicher Nachfrage	

Indikatoren 6.16.2

a) Szenario A zeigt eine Erholung bzw. einen konjunkturellen Aufschwung an. Hohe Auftragseingänge, rege Nachfrage nach Exportprodukten, Anstieg der Investitionen und der Inlandnachfrage kennzeichnen im Wesentlichen diese Entwicklung. 2

b) Szenario B lässt nur geringe Wachstumszuwächse bzw. ein leichtes Schrumpfen der Wirtschaft erkennen. Die Veränderungen der Indikatoren zum Vorjahr sind minimal. 1

c) Szenario C hat auffällige Steigerungsraten bei der umlaufenden Geldmenge und den Verbraucherpreisen. Dies deutet auf eine inflationäre Entwicklung hin. 3

d) Szenario D ist durch eine sinkende Geldmenge und sinkende Verbraucherpreise gekennzeichnet. Der Konsum geht zurück, die Sparquote steigt. Dies lässt auf eine deflatorische Entwicklung schließen. 4

e) Szenario E zeigt (wie Szenario A) positive Veränderungen der Indikatoren. Die leicht gesunkene Sparquote und die sinkende Arbeitslosigkeit können als Anzeichen eines wirtschaftlichen Aufschwungs gewertet werden. 2

6.17 Leitzinsen des ESZB

Das geldpolitische Instrument der Gestaltung von (Leit-)Zinssätzen sieht vor, dass die Geschäftsbanken für die Inanspruchnahme von Liquidität der Zentralbank höhere Zinsen zahlen müssen (Spitzenrefinanzierungszinsen) als sie im Fall einer Einlage von der Zentralbank erhalten (Einlagefazilitätszinsen). Dabei stellen die Zinsen für die Spitzenrefinanzierung die obere Grenze und die Zinsen für die Einlagefazilität die untere Grenze eines **Zinskanals** dar, innerhalb dessen sich der Tagesgeldzins am europäischen Geldmarkt im Allgemeinen bewegt. Innerhalb dieses Korridors orientiert sich der Zins weitgehend am Satz für das Hauptrefinanzierungsgeschäft, der als entscheidender Leitzins anzusehen ist.

a) Die **Einlagefazilität** ist ein geldpolitisches Instrument des ESZB, das den Banken die kontinuierliche Möglichkeit bietet, Zentralbankguthaben bis zum nächsten Geschäftstag („Übernachtungsguthaben") zu einem vorgegebenen Zinssatz bei der nationalen Zentralbank anzulegen. Der Zinssatz für diese ständige Fazilität bildet im Allgemeinen die Untergrenze des Zinskanals (siehe oben). 3
Das Instrument der Einlagefazilität entspricht dem früheren Lombardkredit.

b) Die **Spitzenrefinanzierungsfazilität** ist das geldpolitische Instrument des ESZB, über das sich die Banken auf eigene Initiative gegen refinanzierungsfähige Sicherheiten Liquidität für einen Geschäftstag („Übernachtungskredit") zu einem vorgegebenen Zinssatz von der Zentralbank beschaffen können. Der Zinssatz für diesen Kredit wird so hoch festgesetzt, dass er im Allgemeinen die Obergrenze des Zinskanals bildet. 2
Die Funktion der Spitzenrefinanzierungsfazilität entspricht der früheren Diskontsatzpolitik.

Zu 1. Beim Hauptrefinanzierungsgeschäft gewährt die Zentralbank entweder Kredite gegen Verpfändung von Sicherheiten (Lombard- bzw. Pfandkredite) oder aber kauft bzw. verkauft Wertpapiere mit einer Rückkaufvereinbarung (Wertpapierpensionsgeschäfte).

Zu 4. Die Deutsche Bundesbank berechnet nach den gesetzlichen Vorgaben des § 247 Abs. 1 BGB den Basiszinssatz und veröffentlicht seinen aktuellen Stand gemäß § 247 Abs. 2 BGB im Bundesanzeiger. Der Basiszinssatz des Bürgerlichen Gesetzbuches dient vor allem als Grundlage für die Berechnung von Verzugszinsen, § 288 Absatz 1 Satz 2 BGB. Er verändert sich zum 1. Januar und 1. Juli eines jeden Jahres um die Prozentpunkte, um welche seine Bezugsgröße seit der letzten Veränderung des Basiszinssatzes gestiegen oder gefallen ist. Bezugsgröße ist der Zinssatz für die jüngste Hauptrefinanzierungsoperation der Europäischen Zentralbank vor dem ersten Kalendertag des betreffenden Halbjahres.

Quelle: Deutsche Bundesbank

Standardtender des ESZB 6.18

Die Auswahlantwort **1.** ist richtig. 1

Die Verfahren des Standardtenders des ESZB werden vor allem für die Haupt- und längerfristigen Refinanzierungsgeschäfte verwendet.

Hier wird der **Mengen- oder Festsatztender** beschrieben. Bei der Repartierung werden im Falle der Übernachfrage den Bietern Quoten zugeteilt (z. B. jeder Bieter erhält 30 % seines Gebotvolumens). Beim Abschluss von Wertpapierpensionsgeschäften, sog. befristeten Transaktionen (ESZB-Terminus), überstiegen häufig die Gebote der Banken das von der Zentralbank als bedarfsgerecht bemessene Zuteilungsvolumen, so dass eine Repartierung notwendig wurde.

Zu 2. *Beim Zinstender* geben die Banken Gebote über die Beträge und die Zinssätze ab, zu denen sie mit der Zentralbank Geschäfte tätigen wollen. Bei der Zuteilung werden die Gebote mit den höheren Zinssätzen vorrangig bedient, und zwar solange, bis das der vom ESZB vorgesehene Gesamtbetrag erreicht ist. Die Zuteilung kann dabei entweder einheitlich zum niedrigsten akzeptierten Zinssatz oder zu den individuellen Bietungssätzen erfolgen.

Konjunkturverlauf 6.19

a)

aa) Zeitpunkt t_3 stellt den unteren Wendepunkt des Verlaufs dar.	5
ab) Im Zeitraum t_2 bis t_3 befindet sich die Konjunktur im Abschwung.	3
ac) Der Aufschwung liegt im Zeitraum t_0 bis t_1 (Anstieg des Kurvenverlaufs).	1
ad) Der obere Wendepunkt (Krise) wird durch den Zeitpunkt t_2 dargestellt.	4
ae) Im Zeitraum t_1 bis t_2 tritt eine „Konjunkturüberhitzung“ ein.	2

6.19 Konjunkturverlauf

b)

ba)	Im **Konjunkturgipfel** sind die Zinsen am höchsten, da das Geld knapp und die Beschäftigung der Produktionsfaktoren hoch sind. Die Liquiditätsschwierigkeiten ziehen in der Regel Vergleiche und Konkurse nach sich.	4
bb)	Während der **Aufschwungphase** ist das Geld noch nicht knapp, die Zinsen also niedrig. Steigende Auftragsbestände und Produktionserweiterung helfen, die Unterbeschäftigung abzubauen.	1
bc)	Die Wirtschaft läuft auf „**Hochtouren**". Auf dem Kreditmarkt werden die Mittel immer knapper, die Zinsen steigen. Da der Beschäftigungsstand immer mehr zugenommen hat, ist die Arbeitslosenquote gering.	2
bd)	Die Konjunktur befindet sich in der „**Talsohle**"; der Tiefstand (unterer Wendepunkt) ist erreicht. Da die Unternehmer aufgrund der niedrigen Konsumgüternachfrage keine Investitionsbereitschaft mehr zeigen, ist das Zinsniveau niedrig; die Wirtschaft arbeitet auf „Sparflamme" (hohe Arbeitslosenquote).	5
be)	Nach dem Konjunkturgipfel (oberer Wendepunkt) beginnt der konjunkturelle Abschwung (**Rezession**). Infolge vieler Vergleiche und Konkurse steigt die Arbeitslosenquote; das Sinken der Investitionsbereitschaft lässt auch die Zinsen langsam sinken.	3

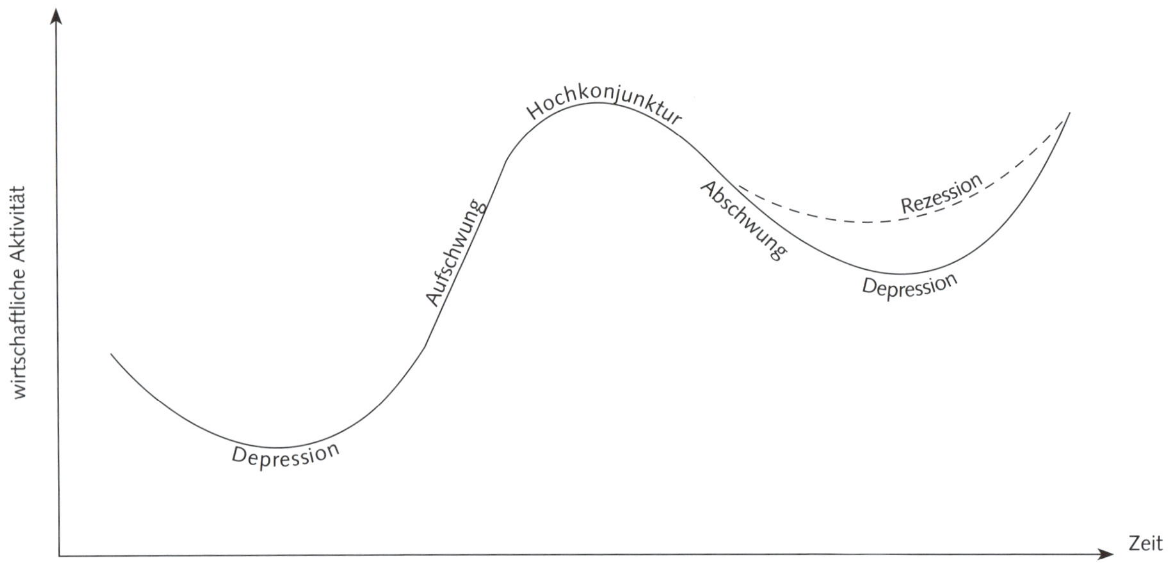

Konjunkturpolitik 6.20

Die Auswahlantworten **3.**, **5.** und **6.** sind richtig. 3 5 6

Zu 3. Die Senkung der Abschreibungssätze oder die Abschaffung von Sonderabschreibungen verringert die Investitionsneigung der Unternehmer und wirkt insofern konjunkturdämpfend.

Zu 5. Durch Steuererhöhungen wird Kaufkraft abgeschöpft, die Konjunktur wird gedämpft.

Zu 6. Vom Staat gebildete Haushaltsrücklagen beschränken die Nachfrageausweitung. Die Bildung einer Konjunkturausgleichsrücklage (Hinterlegung bei der Bundesbank) soll staatliche Ausgaben stabilisieren bzw. verlagern und ist damit ein restriktiv wirkendes Konjunkturinstrument.

Zu 1. Durch Senkung der Steuern stehen den Privathaushalten mehr Einkommen zur Verfügung, die über eine konsumtive Verwendung die Nachfrage steigern sollen.

Zu 2. Staatliche Investitionen beleben die Konjunktur über Einkommenseffekte und beabsichtigte Kapazitätseffekte (Schaffung zusätzlicher Einkommen und Erweiterung des betrieblichen Leistungsumfangs).

Zu 4. Durch Erhöhung von Transferleistungen (Sozialrenten, Pensionen u. dgl.) entsteht mehr Einkommen, das die Nachfrage steigern soll.

Zu 7. Die Möglichkeit zur Sonderabschreibung erlaubt den Unternehmen eine Schmälerung von Gewinn und Steuerschuld (überhöhte Abschreibungen führen zu einer Steuerverschiebung und sollen besonders in Rezessionsphasen die Investitionsneigung der Unternehmer steigern).

Zu 8. Durch Abbau der Sparförderung steigt die Konsumquote der Privathaushalte in Ergänzung zur sinkenden Sparquote: die Nachfrage steigt, die Konjunktur wird belebt.

6.21 Fiskalpolitik

6.21.1 Fiskalpolitik (antizyklisch)

Die Auswahlantworten **2.** und **3.** sind richtig.

2 3

In der Entwicklung des Bruttoinlandsproduktes spiegelt sich der Konjunkturverlauf wider. Das Bruttoinlandsprodukt ist die Summe aller im Land in einer Periode erzeugten Güter und erbrachten Dienstleistungen, bewertet in Landeswährung, unabhängig davon, ob die Leistung von Inländern oder von Ausländern erbracht worden ist.

Maßnahmen des Staates, über Einnahmen und Ausgaben die Konjunktur zu beeinflussen, bezeichnet man als Fiskalpolitik. Eine antizyklische Fiskalpolitik verlangt, dass der Staat im Konjunkturaufschwung die Einnahmen (Steuern) erhöht und die Ausgaben kürzt, um eine Überhitzung der Konjunktur zu vermeiden. Um die Konjunktur zu beleben, senkt er im Konjunkturabschwung die Einnahmen und erhöht die Ausgaben. Verschuldet sich der Staat, um die Konjunktur zu fördern, spricht man von deficit spending (Politik des Haushaltsdefizits).

6.21.2 Neuverschuldung

Die Neuverschuldung in diesem Jahr beträgt:

%	,
4	3

Da der Schuldenstand insgesamt 78 % des BIP entspricht, lässt sich die Höhe des BIP wie folgt errechnen:

78 % – 1.248 Mrd. €
100 % – ? Mrd. € (BIP)

$$? \text{ Mrd. €} = \frac{1.248 \cdot 100}{78} = 1.600 \text{ Mrd. €}$$

Das Staatsdefizit in Höhe von 68,80 Mrd. € ist in Prozent vom BIP auszurechnen:

1.600 Mrd. € – 100 %
68,80 Mrd. € – ? %

$$? \% = \frac{100 \cdot 68{,}80}{1.600} = \underline{\underline{4{,}3 \%}}$$

Zahlungsbilanz 6.22

a) Die Aktivseite der Handelsbilanz erfasst die Warenexporte, die Passivseite die Warenimporte. Da die Warenexporte höher als die Importe sind, befindet sich der Saldo auf der Passivseite.

aa) Handelsbilanz

A			P
Warenexporte	150	Warenimporte	80
		Saldo	**70**
	150		150

+/–	Mrd. GE
+	7 0

ab) Dienstleistungsbilanz

A			P
Einnahmen aus Dienstleistungsexporten	40	Ausgaben für Dienstleistungsimporte	70
Saldo	**30**		
	70		70

+/–	Mrd. GE
–	3 0

ac) Übertragungsbilanz

A			P
Empfangene Übertragungen	10	Geleistete Übertragungen	20
Saldo	**10**		
	20		20

+/–	Mrd. GE
–	1 0

ad) Kapitalbilanz

A			P
Forderungen des Auslands	40	Forderungen des Inlands	65
Saldo	**25**		
	65		65

+/–	Mrd. GE
–	2 5

ae) Veränderungen der Auslandsaktiva

A			P
Devisen-verbindlichkeiten	10	Devisen-forderungen	15
Saldo	**5**		
	15		15

+/–	Mrd. GE
–	0 5

6.22 Zahlungsbilanz

b) Das Zahlungsbilanzschema der Deutschen Bundesbank sieht folgende Grobeinteilung der Teilbilanzen vor:

A. Bilanz der laufenden Posten und des Kapitalverkehrs
- I. Laufende Posten (Leistungsbilanz)
  1. Handelsbilanz
  2. Dienstleistungsbilanz
  3. Übertragungsbilanz
- II. Kapitalverkehr
  1. Langfristiger Kapitalverkehr
  2. Kurzfristiger Kapitalverkehr

B. Veränderungen der Auslandsaktiva (Devisenbilanz)

C. Saldo der nicht erfassten Posten und der statistischen Ermittlungsfehler

ba) 4
bb) 5

Sind in der Handelsbilanz Warenexporte und -importe gegenübergestellt, werden in der Dienstleistungsbilanz die an das Ausland gewährten und vom Ausland erhaltenen Dienstleistungen verrechnet. Fasst man die Salden der Handels- und Dienstleistungsbilanz zusammen, spricht man auch vom Außenbeitrag. Ist der Saldo aktiv, dann hat die inländische Volkswirtschaft mehr an das Ausland an Leistungen abgegeben, als sie erhalten hat. Entsprechend umgekehrt verhält es sich bei einem passiven Saldo.

Wenn nun eine Leistung an das Ausland erbracht wird, die auf Kredit gewährt wurde, entsteht für die inländische Volkswirtschaft ein Forderungsanspruch. Auf Kredit gewährte Leistungen an das Ausland bezeichnet man als Kapitalexporte, die in der Kapitalbilanz passiviert werden. Kapitalimporte werden dort aktiviert.

Leistet die Volkswirtschaft an das Ausland ohne eine Gegenleistung (z. B. Entwicklungshilfe), wird dieser Vorgang in der Übertragungsbilanz passiviert. Erhält die Volkswirtschaft vom Ausland unentgeltliche Leistungen (z. B. Schenkungen), werden diese aktiviert.

Werden Exporterlöse bei der Bundesbank gegen Inlandswährung eingetauscht, besteht seitens der inländischen Volkswirtschaft eine Devisenforderung an das Ausland, die als Veränderung der Auslandsaktiva erfasst wird. Eine Veränderung der Auslandsaktiva liegt auch vor, wenn für Importgeschäfte erforderliche Devisen bei der Bundesbank gekauft werden (Devisenverbindlichkeiten dem Ausland gegenüber).

Da in der Praxis die Zahlungsbilanz aufgrund statistisch nicht erfasster bzw. erfassbarer Vorgänge (z. B. Schmuggel, private Gewährung von Krediten) unausgeglichen ist, erfasst man den „unerklärten Rest" als Saldo der nicht erfassten Posten und der statistischen Ermittlungsfehler.

Wechselkurse 6.23

Teil I

a) Die Auswahlantworten **1.** und **4.** sind richtig. 1 4

Zu 1. und 4. Durch das staatlich garantierte Austauschverhältnis zweier Währungen zueinander, können die am internationalen Handel beteiligten Importeure und Exporteure ihre Aufträge sicherer kalkulieren, da sie nicht mit Kursschwankungen zu rechnen brauchen (kein Kursrisiko).

Zu 2. Flexible Wechselkurse bilden sich nach dem Gesetz von Angebot und Nachfrage, verhindern somit wettbewerbsverzerrende Über- bzw. Unterbewertungen einzelner Währungen.

Zu 3. Angenommen, der Export der Bundesrepublik Deutschland in die Schweiz steigt bei gleichbleibendem Import an, dann erhöht sich das Angebot an Schweizer Franken auf dem deutschen Devisenmarkt. Dies führt zum Sinken des Wechselkurses. Durch den gesunkenen Wechselkurs wird nun der Import günstiger, was zu einer Ausweitung der Einfuhr führt.

Wenn der Import steigt, dann steigt auch die Nachfrage nach Euro auf dem Devisenmarkt, während das Angebot unverändert bleibt. Der Wechselkurs steigt für den Schweizer Franken. Dadurch wird nun der Export günstiger, was zu einer Ausweitung der Ausfuhr führt. Hieraus lässt sich die Tatsache ableiten, dass flexible Wechselkurse für einen Ausgleich von Export und Import sorgen. Dies begünstigt das Gleichgewicht der sich verändernden Auslandsaktiva (Devisenbilanz).

Zu 5. und 6. Es besteht kein zwingender Zusammenhang zwischen der Verbilligung von Ex- bzw. Importen und festen Wechselkursen. Über die Verbilligung (Preissenkung) entscheidet das Kräftespiel zwischen Angebot und Nachfrage nach Export- bzw. Importgütern. Grundsätzlich aber gilt: Je stärker der Euro gegenüber einer Fremdwährung ist, desto preiswerter sind die im Fremdwährungsland angebotenen Importgüter. Je schwächer der Euro gegenüber einer Fremdwährung ist, desto preiswerter sind die im Euroland angebotenen Exportgüter.

b) Die Auswahlantworten **3.** und **4.** sind richtig. 3 4

Zu 3. Bei flexiblen Wechselkursen stört das Kursrisiko den Handels- und Kapitalverkehr. Es entstehen kursbedingte Zufallsgewinne bzw. Zufallsverluste.

Zu 4. Die unter 3. beschriebene Wirkung überträgt sich auch auf die Investitions- und Produktionsplanung außenhandelsabhängiger Unternehmen.

Zu 1. Bei festen Wechselkursen haben Staaten mit unterbewerteten Währungen Vorteile im Wettbewerb, da sie Ausfuhrüberschüsse erzielen, weil sie ihre Produkte zu billig verkaufen.

Zu 2. Staaten mit überbewerteten Währungen haben analog zu Antwort 1. Wettbewerbsnachteile. Das Land mit der überbewerteten Währung wird mehr importieren als exportieren.

Zu 5. und 6. Zwischen der Verteuerung von Ex- bzw. Importen und festen Wechselkursen besteht auch kein zwingender Zusammenhang. Über die Verteuerung (Preisanstieg) entscheiden die Marktteilnehmer mit ihrem Angebot und ihrer Nachfrage nach Export- bzw. Importgütern. Vgl. auch die Erläuterungen zu 5. und 6. im Teil a).

6.23 Wechselkurse

Teil I

c)

ca) Lösung mittels Dreisatz:

$$1\ \text{EUR} = 1{,}4152\ \text{USD}$$
$$6.440\ \text{EUR} = x\ \text{USD}$$
$$x\ \text{USD} = \frac{1{,}4152\ \text{USD} \cdot 6.440\ \text{EUR}}{1\ \text{EUR}}$$
$$= 9.113{,}888 \approx \underline{\underline{9.113{,}89\ \text{USD}}}$$

USD | 9 1 1 3 , 8 9

cb) Die Aussagen **1.** und **5.** sind richtig. | 1 5

Die Grafik zeigt die Veränderung des Kurswertes von Euro zum US-Dollar, d. h. steigen diese Wechselkurse, so steigt der Wert des Euro, sinken sie, so sinkt auch der Wert des Euro zum US-Dollar.

Konnten z.B. noch Ende 2008 für 1 EUR 1,3994 USD gezahlt werden, mussten Ende 2009 bereits 1,4325 USD aufgewendet werden. Dies entspricht aus US-amerikanischer Sicht einer Verteuerung von etwa 2 Prozent. Der Wert des US-Dollars hat folglich in dieser Zeit gegenüber dem Euro abgenommen und der Euro demnach gegenüber dem US-Dollar zugenommen.

Genau andersherum verhält es sich im Zeitraum von Ende 2009 bis Mitte 2010 – hier nimmt der Wert des US-Dollars gegenüber dem Euro zu. Das Feinmechanik-Produkt „EXACTA 3000" kostete Ende 2009 umgerechnet 9.225,30 US-Dollar, Mitte 2010 hingegen nur noch 7.863,88 US-Dollar.

cc) Lösung mittels Dreisatz:

$$1{,}2211\ \text{USD} = 1\ \text{EUR}$$
$$1\ \text{USD} = x\ \text{EUR}$$
$$x\ \text{EUR} = \frac{1\ \text{EUR} \cdot 1\ \text{USD}}{1{,}2211\ \text{USD}}$$
$$= 0{,}81893\ldots \approx \underline{\underline{0{,}8189\ \text{EUR}}}$$

€ | 0 , 8 1 8 9

Wechselkurse 6.23

Teil II

Am Devisenmarkt werden Guthaben in einer bestimmten Währung gehandelt, wobei sich der Preis in Form des Wechselkurses aus dem Zusammenspiel von Angebot und Nachfrage bildet. Bei der Mengennotierung werden Guthaben in Inlandswährung (hier: EUR) gehandelt, deren Preis in Auslandswährung (hier: USD) ausgedrückt wird.

Die **4.** Aussage ist **falsch**! 4

Die an Gordon & Co. gelieferte Ware wird, da sie in EUR fakturiert wurde, mit EUR bezahlt. Diese EUR müssen von Gordon & Co., Inc. mit USD am Devisenmarkt beschafft werden. Insofern ist der Importeur EUR-Nachfrager, nicht jedoch die BGA GEURTS GmbH.

Zu 1. Die BGA GEURTS GmbH erhält für ihre Lieferung USD. Diese wird sie am Devisenmarkt gegen EUR eintauschen wollen und somit als EUR-Nachfrager agieren.

Zu 2. Gordon & Co. wird den in EUR gezahlten Rechnungsbetrag in USD tauschen wollen, d. h., sie wird EUR anbieten um USD zu erhalten.

Zu 3. Soll Gordon & Co. die Rechnung in EUR zahlen, muss sie USD in EUR tauschen, tritt also als EUR-Nachfrager am Devisenmarkt auf.

Zu 5. Die BGA GEURTS GmbH tauscht am Devisenmarkt EUR in USD, bietet also EUR an, die sie sich mit den benötigten USD bezahlen lässt.

Teil III

Durch die gestiegene Nachfrage nach EUR im Zeitraum Anfang April bis Mitte Mai d. J. ist es zu einer Aufwertung des EUR bzw. Abwertung des USD gekommen.

a) Die Ersparnis beträgt: **– 2.244,36 EUR**

+/–	€	,
–	2 2 4 4	3 6

Vor der Aufwertung (N 1 Anfang April d. J.) hätte die BGA GEURTS GmbH noch
300.000 USD : 1,3897 USD/EUR = 215.873,92 EUR für die Waren aus den USA zahlen müssen.

Nach der Aufwertung verbilligen sich die Waren auf
300.000 USD : 1,4043 USD/EUR = 213.629,56 EUR. Somit erwirbt die BGA GEURTS GmbH die Waren um folgende Differenz günstiger:

	213.629,56 EUR	(zum Wechselkurs Mitte Mai d. J.)
–	215.873,92 EUR	(zum Wechselkurs Anfang April d. J.)
= (–)	2.244,36 EUR	

6.23 Wechselkurse

Teil III

+/-	US-$
+	2 9 2 0,0 0

b) Die Verteuerung beträgt: **+ 2.920,00 USD**

Vor der Aufwertung hätte der amerikanische Importeur
200.000 EUR x 1,3897 USD/EUR = 277.940,00 USD zahlen müssen.

Nach der Aufwertung des EUR (= Abwertung des USD) verteuern sich die Waren auf 200.000 EUR x 1,4043 USD/EUR = 280.860,00 USD. Somit erwirbt der amerikanische Importeur die Waren um folgende Differenz teurer:

	280.860,00 USD	(zum Wechselkurs Mitte Mai d. J.)
–	277.940,00 USD	(zum Wechselkurs Anfang April d. J.)
= (+)	2.920,00 USD	

6.24 Bevölkerungsentwicklung

Die Auswahlantworten **2.**, **4.** und **5.** sind richtig.

2 4 5

Die seinerzeit von Malthus prognostizierte Entwicklung ist zwar in ihrer mathematischen Konsequenz nicht eingetreten; das von Malthus erkannte Grundproblem der Wachstumsgrenzen beschäftigt die Wissenschaft jedoch heute mehr denn je (vgl. Diskussionen um Kernenergie, Umweltschutz usw.).

Die Rohstoffvorkommen auf der Erde sind nicht reproduzierbar; selbst die noch nicht entdeckten oder geförderten Mengen stehen nur begrenzt zur Verfügung. Ein grenzenloses Wachstum in der Sachgüterproduktion ist demnach eine Utopie. Wachstumsgrenzen im Bereich der Dienstleistungen (z. B. Verkehrswirtschaft, Versicherungen, Medien) sind heutzutage allerdings noch nicht erkennbar.

Zu 1. Malthus ging von einer ständigen Verdoppelung der Bevölkerungszahl in gleichen Zeitabständen aus.

Zu 2. Der Nahrungsmittelproduktion prophezeite Malthus Wachstumsraten in arithmetischer Reihe.

Zu 3. Die exponentiell verlaufende Kurve A zeigt den idealtypischen Verlauf der von Malthus angenommenen Bevölkerungsentwicklung.

Zu 4. Die Wachstumsraten der Nahrungsmittelproduktion werden durch die proportional verlaufende Kurve B (winkelhalbierende Gerade) gekennzeichnet. Die zwischen den Kurven A und B sich öffnende Schere verdeutlicht die von Malthus angenommene Güterlücke in drastischer Weise.

Zu 5. Malthus ging von einer in gleichmäßigen Raten anwachsenden Nahrungsmittelproduktion aus.

Zu 6. Der Bevölkerungsentwicklung sagte Malthus Wachstumsraten in geometrischer Reihe voraus.

Zu 7. Siehe Erläuterung zu 4.

Konsum- und Sparfunktion 6.25

Die gesamtwirtschaftliche Konsumfunktion C = f (Y) zeigt die Beziehung von gesamtwirtschaftlichem Verbrauch (C) und gesamtwirtschaftlichem Einkommen (Y) auf. Das Modell geht davon aus, dass die Höhe des Volkseinkommens den Umfang der Konsumnachfrage bestimmt, d. h. steigt das gesamtwirtschaftliche Einkommen, steigt auch die Konsumgüternachfrage.

a) Wenn das Gesamteinkommen voll für Konsumzwecke ausgegeben wird, lautet die Gleichung für die Einkommensverwendung: Y = C. Dies ist der Fall, wenn die winkelhalbierende Einkommensgerade (45°-Linie) mit der Konsumfunktion einen Schnittpunkt bildet. In diesem Schnittpunkt sind Einkommen und Konsum gleich hoch (500 Mrd. $). Dieser Schnittpunkt bildet gleichzeitig die sog. Sparschwelle. Vor diesem Punkt wird mehr verbraucht als verdient, d. h. die Einkommenslücken müssen durch Auflösung von Ersparnissen (= Entsparen) oder Kreditaufnahmen gedeckt werden. Nach diesem Punkt wird mehr verdient als verbraucht, d. h. die Nachfragelücke entsteht dadurch, dass mit zunehmendem Einkommen (hier: ab 500 Mrd. $) im steigenden Maße Ersparnisse gebildet werden (Y = C + S).

Mrd. $ | 5 0 0

b) Zur Finanzierung des Konsums einer Periode stehen neben dem Einkommen dieser Periode auch Ersparnisse der Vorperioden bzw. Konsumkredite zur Verfügung. In der Darstellung wird davon ausgegangen, dass der einkommensunabhängige gesamtwirtschaftliche Mindestkonsum (Konsumausgaben zur Sicherung des Existenzminimums) 200 Mrd. $ beträgt.

Mrd. $ | 2 0 0

c) Das gesamtwirtschaftliche Einkommen wird ab einer bestimmten Einkommenshöhe (hier: ab 500 Mrd. $) aufgeteilt in einen Konsum- und in einen Sparteil. Da die Einkommensverwendungsgleichung Y = C + S lautet, ergänzen sich die Werte für C und S immer zum vollen Wert (= 1). Bei einem Einkommen von 750 Mrd. $ beträgt die Sparsumme 100 Mrd. $. Das entspricht einer durchschnittlichen Sparquote von 13 1/3 %:

750 Mrd. $ ≙ 100 %

100 Mrd. $ ≙ x %

$$x = \frac{100 \cdot 100}{750} = 13{,}\overline{3} \approx \underline{\underline{13{,}3\ \%}}$$

% | 1 3 , 3

6.26 Arten von Unternehmenszusammenschlüssen

Teil I

a) Die Form der gewählten Unternehmensverbindung ist das **Kartell**. 2

Kartelle sind Verträge zwischen Unternehmen zwecks Marktbeherrschung oder Einschränkung des Wettbewerbs. Zwar sind Kartelle nach dem „Gesetz gegen Wettbewerbsbeschränkungen" grundsätzlich verboten, es gibt jedoch zahlreiche Ausnahmen.

Das Konditionenkartell ist „ *...ein Kartell zur Regelung allgemeiner Geschäfts-, Lieferungs- und Zahlungsbedingungen. Nach § 1 GWB und Art. 81 I EGV grundsätzlich verboten. Bei der Prüfung, ob ein bestimmtes Konditionenkartell im Einzelfall nach § 2 GWB und Art. 81 III EGV von diesem Verbot ausgenommen ist, sind maßgeblich die „Leitlinien zur Anwendbarkeit von Art. 81 EGV auf Vereinbarungen über horizontale Zusammenarbeit" heranzuziehen.*"

Quelle: Gabler Verlag (Herausgeber), Gabler Wirtschaftslexikon, Stichwort: Konditionenkartell, online im Internet: http://wirtschaftslexikon.gabler.de/Archiv/1602/konditionenkartell-v5.html

GWB = Gesetz gegen Wettbewerbsbeschränkungen
EGV = Vertrag zur Gründung der Europäischen Gemeinschaft

Zu 1. Beim Joint Venture (gemeinschaftliches Risiko) handelt es sich um ein Gemeinschaftsunternehmen mehrerer verbündeter Firmen, meist, um in neuen Auslandsmärkten Fuß zu fassen.

„Begriff: spezifische Kooperationsform. Beim Equity Joint Venture handelt es sich dabei um eine rechtlich selbstständige gemeinsame Unternehmung zweier oder mehrerer Partner mit Kapitalbeteiligung. Die Partnerunternehmen sind jeweils mit Kapital am Joint Venture beteiligt, tragen gemeinsam das finanzielle Risiko der Investition und nehmen Führungsfunktionen im gemeinsamen Unternehmen wahr. Die Kapitalbeteiligung der Partnerunternehmen kann unterschiedlich hoch sein; i.d.R. beeinflusst die Höhe der Kapitalbeteiligung das Ausmaß der Entscheidungsbefugnis der beteiligten Unternehmen im Joint Venture. Beim Contractual Joint Venture hingegen wird kein Gemeinschaftsunternehmen gegründet, sondern es bestehen lediglich Vertragsbeziehungen, die Kosten-, Risiko- und Gewinnverteilung regeln. Sobald die Partner oder das Joint Venture und die Partner aus unterschiedlichen Staaten stammen, handelt es sich um ein internationales Joint Venture."

Quelle: Gabler Verlag (Herausgeber), Gabler Wirtschaftslexikon, Stichwort: Joint Venture, online im Internet: http://wirtschaftslexikon.gabler.de/Archiv/968/joint-venture-v7.html

Zu 3. *„Sind ein herrschendes und ein oder mehrere abhängige Unternehmen unter der einheitlichen Leitung des herrschenden Unternehmens zusammengefasst, so bilden sie einen Konzern. Die einzelnen Unternehmen sind Konzernunternehmen. Liegt ein Beherrschungsvertrag oder eine Eingliederung vor, sind die Unternehmen als unter einheitlicher Leistung zusammengefasst anzusehen. Sind rechtlich selbstständige Unternehmen, ohne dass das eine Unternehmen von dem anderen abhängig ist, unter einheitlicher Leitung zusammengefasst, bilden auch sie einen Konzern (§ 18 AktG)."*

Quelle: Gabler Verlag (Herausgeber), Gabler Wirtschaftslexikon, Stichwort: Konzern, online im Internet: http://wirtschaftslexikon.gabler.de/Archiv/2612/konzern-v7.html

Zu 4. *„Unter fusionierten Unternehmen werden Zusammenschlüsse zuvor selbstständiger Unternehmen verstanden, die nach dem Zusammenschluss keine rechtliche und wirtschaftliche Selbstständigkeit mehr besitzen. Das Umwandlungsgesetz (UmwG) unterscheidet bezüglich der Fusion:*

- *Die Verschmelzung durch Aufnahme, bei der ein Unternehmen sein Vermögen als Ganzes auf ein anderes, bereits bestehendes Unternehmen überträgt. Nach der Fusion existiert nur noch die übernehmende Gesellschaft als selbstständiger Rechtsträger.*
- *Die Verschmelzung durch Neugründung, bei der zwei oder mehr Gesellschaften ihr Vermögen jeweils als Ganzes auf eine neue, von ihnen gegründete Gesellschaft übertragen."*

Quelle: Olfert, K. (Herausgeber), Einführung in die Betriebswirtschaftslehre, Ludwigshafen (Rhein), 2005, S. 64 f.

Zu 5. Konsortien zählen zu den Gelegenheitsgesellschaften und sind Kooperationen zur gemeinsamen Durchführung bestimmter Geschäfte (meist zeitlich befristet) auf der Grundlage eines Konsortialvertrages. Als Rechtsform wird i. d. R. die Gesellschaft bürgerlichen Rechts (GbR) gewählt. Typische Beispiele sind Bankenkonsortien (z. B. bei Börseneinführung einer AG) und Industriekonsortien (z. B. Abwicklung von Großanlagengeschäften). Während geschäftsbedingt ein kleiner Teil der wirtschaftlichen Selbstständigkeit verloren geht, bleibt die rechtliche Selbstständigkeit vollends erhalten.

b) Das Kartell hat den unter **5.** aufgeführten Status. 5

Während die wirtschaftliche Selbstständigkeit teilweise aufgegeben wird (Vereinheitlichung der Geschäftsbedingungen), bleibt die rechtliche voll erhalten. Siehe auch Erläuterungen zum Kartell (Teil a) Nr. 2).

Zu 1. Siehe Erläuterungen zum Konsortium (Teil a) Nr. 5).

Zu 2. Siehe Erläuterungen zum Konzern (Teil a) Nr. 3).

Zu 3. Siehe Erläuterungen zur Verschmelzung durch Neugründung (Teil a) Nr. 4).

Zu 4. Siehe Erläuterungen zur Verschmelzung durch Aufnahme (Teil a) Nr. 4).

Teil II

Allgemeine Erläuterungen

Horizontale Konzentration:
Zusammenschluss von Unternehmen der gleichen Produktions- oder Dienstleistungsstufe (siehe Fälle a und c).

Vertikale Konzentration:
Zusammenschluss von Unternehmen nachgelagerter Produktions- oder Dienstleistungstufen (siehe Fälle d und e).

Diagonale (auch laterale, anorganische, konglomerate) Konzentration:
Zusammenschluss von Unternehmen verschiendenartiger Produktions- oder Dienstleistungsstufe (siehe Fall b).

a)	1
b)	3
c)	1
d)	2
e)	2

Fortsetzung auf der nächsten Seite

6.26 Arten von Unternehmenszusammenschlüssen

Teil II

Fortsetzung

Zu a) Warenhaus 1 — Warenhaus 2 — Warenhaus 3 ... →

Zu b) Computerzubehör
↘ Süßwarenindustrie
↘ Automobilzulieferer
↘ Logistikdienstleister
↘

Zu c) Möbelhaus 1 — Möbelhaus 2 — Möbelhaus 3 ... →

Zu d) Walzwerk
| Karosseriebauer
| Kfz-Montage
↓

Zu e) Landwirtschaft
| Schlachthof
| Fleischerei
| Restaurants
↓

Konvergenzkriterien 6.27

Richtig sind die Aussagen **Nr. 1** und **4.** 1 4

Im Land A beträgt der Schuldenstand 60 %, das Staatsdefizit 3 % des Bruttoinlandproduktes. In der Grafik steht es auf Position 2. Es ist damit das einzige Land, welches die Konvergenzkriterien erfüllt.

Der Schuldenstand in Land D von insgesamt 368,0 Mrd. € entspricht 80 % des BIP von 460,0 Mrd. €.

Zu 2. Land D hat einen Schuldenstand von 80 % und eine Neuverschuldung (Staatsdefizit) von 15 % des BIP (460,0 Mrd. €). Es nimmt damit die Position 3 in der Grafik ein.

Zu 3. Die Neuverschuldung in Land C liegt bei 6 % des BIP.

1.066 Mrd. € – 100 % (BIP)
63,96 Mrd. € – ? %

$$? \% = \frac{100 \cdot 63{,}96}{1.066} = 6 \%$$

In der Grafik hat es die Position 5.

Zu 5. Land B wird in der Grafik durch Punkt 1 abgebildet. Sein Schuldenstand insgesamt liegt bei 60 %, das Staatsdefizit bei 9 % des BIP.

Zu 6. Die in der Grafik durch die Punkte 1, 2, 6 und 7 positionierten Länder erfüllen das Kriterium eines Schuldenstandes von maximal 60 % des BIP.

Bildnachweis

Fotos	**Seite**
Creditreform Wirtschaftsforschung	27
© Franz Pfluegl – Fotolia.com	95
© matttilda – Fotolia.com	138
MEV Verlag	25

Titelbild

© Sergey Nivens – Fotolia.com

uform

Prüfung? Kein Problem!

Prüfungs- und Arbeitshilfen für die kaufmännische Ausbildung

Sicher in die Abschlussprüfung

Wirtschafts- und Sozialkunde Erläuterte Stichworte
Best.-Nr. 72

- Nachschlagewerk für die wichtigsten Begriffe und Zusammenhänge in der Wirtschafts- und Sozialkunde (u. a. Grundlagen des Wirtschaftens, Rechtliche Rahmenbedingungen, Menschliche Arbeit im Betrieb, Markt und Preis)

16,90 €

Prüfungstrainer Fit in WiSo 3 Bankkaufmann/-frau
Best.-Nr. 785

- Der WiSo-Prüfungstrainer speziell für Bankkaufleute.
Inhalte gemäß aktuellem Prüfungskatalog für die IHK-Abschlussprüfungen (Hrsg. ZPA Nord-West)

22,90 €

Der clevere Formel-Trainer
Best.-Nr. 973

- Über 100 Rechenaufgaben in drei Schwierigkeitsstufen zu allen kaufmännischen Rechenarten. U.a. Rabatt und Mehrwertsteuer, Skonto, Zinsrechnung, Währungsrechnung, Anschaffungskosten und Abschreibungen, Kalkulation.

12,50 €

Das clevere Formelheftchen
Best.-Nr. 971

- Alle wichtigen kaufmännischen Rechenarten und Formeln werden anhand eines Beispiels erklärt. U.a. Dreisatz, Prozentrechnung, Skonto, Kalkulation, Lagerkennzahlen.

6,80 €

10 + 1 Clevere Tipps für die mündliche Prüfung
Best.-Nr. 95

- Kleiner Ratgeber im handlichen "Hosentaschenformat" zur Vorbereitung auf die mündliche Prüfung. Ein humorvoller Ratgeber für alle, die ihrer Prüfung gelassen entgegensehen und sie dennoch mit Erfolg bestehen wollen.

6,50 €

Clevere Tipps zum Prüfungsendspurt
Best.-Nr. 981

- Jetzt wird es ernst. Noch einmal richtig Gas geben für den Ausbildungsendspurt. Was Sie dabei beachten müssen, wie Sie sich auf die Prüfung vorbereiten und wie es dann weiter geht – all das ist Thema der cleveren Tipps zum Prüfungsendspurt.

6,50 €

Clevere Tipps für den Geschäftsbrief
Best.-Nr. 961

- Zahlreiche Tipps für repräsentative, gute und formal richtige Geschäftsbriefe.

6,50 €

Clevere Tipps für den Verkauf
Best.-Nr. 97

- Dieser kleine Ratgeber im handlichen Hosentaschenformat gibt Ihnen viele wertvolle und praxisnahe Tipps und Tricks rund um den Alltag im Verkauf. Themen: richtiges Verhalten im Kundengespräch, Umgang mit Reklamationen u. a.

5,00 €

Bestellschein

Bitte hier Ihre Kunden-Nummer eintragen:

Absender/Stempel (genaue Versandanschrift)

U-Form Verlag
Hermann Ullrich (GmbH & Co) KG
Cronenberger Straße 58
42651 Solingen

E-Mail

Datum/Unterschrift

Bitte achten Sie darauf, dass Sie nur auf einem Weg bestellen, um Doppellieferungen zu vermeiden.

Telefon 0212 22207-0 oder **Fax 0212 208963** oder **E-Mail: uform@u-form.de** oder **Internet: www.u-form.de**

Titel	Bestell-Nr.	Anzahl	Einzelpreis	Gesamtpreis

Preise einschließlich Mehrwertsteuer (außer bei Einstellungstests), zuzüglich Versandkostenpauschale von 5,90 €, Angebot freibleibend

☐ **Eilservice 5,50 €**

Summe

Zusätzlich möchte ich einen kostenlosen Prospekt zu den angekreuzten Themen:

- ☐ Automobilkaufmann/-frau
- ☐ Bankkaufmann/-frau
- ☐ Bürokaufmann/-frau
- ☐ Florist/Floristin
- ☐ Gastgewerbe
- ☐ Industriekaufmann/-frau
- ☐ Immobilienkaufmann/-frau
- ☐ IT-Berufe
- ☐ Kfm./Kffr. f. Bürokommunik.
- ☐ Kfm./Kffr. für Versicherungen und Finanzen
- ☐ Kfm./Kffr. im Einzelhandel Verkäufer/in
- ☐ Kfm./Kffr. im Groß- und Außenhandel
- ☐ Kfm./Kffr. f. Spedition und Logistikdienstleistung
- ☐ Lagerberufe
- ☐ AkA/IHK Veröffentlichungen